U0583663

集刊

集人文社科之思 刊专业学术之声

集 刊 名： 风险与危机管理研究
主管单位： 西北政法大学
主办单位： 风险与危机管理研究中心
主　　编： 张荣刚
副 主 编： 李晓宁　杨柳青

RESEARCH ON RISK AND CRISIS MANAGEMENT

学术委员会委员（按姓氏笔画排序）

王　倩（西北农林科技大学）
刘力云（审计署审计科研所）
刘鹏伟（西北政法大学）
周志忍（北京大学）
郭永辉（新疆生产建设兵团）
覃　征（清华大学）
冯喜良（首都经贸大学）
闫亚林（西北政法大学）
陈　进（对外经济贸易大学）
周维培（南京审计大学）
常　凯（中国人民大学）

编辑部：《风险与危机管理研究》编辑部
地址： 陕西省西安市长安区西长安街 558 号西北政法大学诚意楼 602 室
投稿信箱： fxywjgl@126.com
电话： 029-88182570

编　辑

王爱霞　杨　洁　杨谨铖　肖央航　张涛涛
张轶妹　赵杭莉　高夏媛　蔚　钏

2024年第2辑（第9卷）

集刊序列号：PIJ-2024-501
集刊主页：www.jikan.com.cn/ 风险与危机管理研究
集刊投约稿平台：www.iedol.cn

风险与危机管理研究

Research on Risk and Crisis Management

2024年

第2辑（第9卷）

主　编　张荣刚

副主编　李晓宁　杨柳青

社会科学文献出版社

SOCIAL SCIENCES ACADEMIC PRESS (CHINA)

·公共事务与应急管理·

·财务审计与风险管理·

·数字治理与网络安全·

复杂舆论生态下企业和企业家强化互动叙事策略对比研究*

蔡宁伟　葛明磊**

摘　要：本文在梳理企业印象管理、企业叙事策略以及领导力和企业文化关系的基础上，选择中国代表性民企华为“孟晚舟事件”为案例，分析企业和企业家在印象管理中的叙事策略。通过将华为的公司声明作为企业叙事、任正非的访谈讲话作为企业家叙事的“双线”对比和互动，借助编码来发掘主要命题，提炼华为和任正非在“孟晚舟事件”这一印象管理过程中的叙事表达特征模型。研究发现：企业在印象管理中核心的特征是冷静、理性，企业在印象管理叙事表达中核心的特征是发布及时、内容理性、表达精练、观点客观、对象全面。而企业家叙事表达可以更加频繁、兼顾感性、更长篇幅、观点丰富、对象广泛。企业家可以通过“强化”叙事表达解释、拓展和坚定企业在印象管理中的叙事观点和策略，并通过直接间接相结合的印象管理策略与采取直接印象管理策略的企业叙事形成“互动”。最终提炼为企业印象管理中企业和企业家的叙事策略强化互动模型，并提出企业和企业家在印象管理中的对策建议。

关键词：叙事策略　印象管理　强化互动　复杂舆论生态

一　引言

当前部分中资企业特别是高科技企业面临的新形势、新问题，主要源自“逆全球化”“中美脱钩”“大国博弈”等政治风险、国别风险和制裁风险[1~2]。特别是在芯片、5G 等高科技领域，以华为、大疆等为代表的中国制造企业遭到“莫须有”的污名化以及包括制裁涉诉在内的持续打压。对此，习近平总书记早在 2013 年就前瞻性地提出：“要采取‘非对称’赶超战略，发挥自己的优势……在关键领域、卡脖子的地方要下大

* 【基金项目】中共北京市委党校 2022 年基地项目“中国共产党人精神谱系在现代企业中的传承与创新性发展研究”（22JQN001）。

** 【作者简介】蔡宁伟，中信银行总行合规部正高级经济师，研究方向为合规管理、组织行为等；葛明磊，中共北京市委党校首都干部领导力与心理素养研究中心，研究方向为组织与人力资源管理。

功夫。”企业印象管理可以帮助企业维护良好的声誉，更好地保持核心竞争力，同样需要科学管理和及时应对[3~6]。而企业声明、企业文件等企业叙事作为企业发展过程的客观表达和真实记录，涵盖了日常经营管理和印象管理，反映了企业的战略方向和策略执行，展现了企业发展的历程[7~9]。

华为技术有限公司（以下简称“华为”）是中国民营企业的代表，遭受美方包括制裁在内的“极限施压”[2]，与其密切相关的“孟晚舟事件”作为中美博弈的代表性事件之一，具有典型性。该事件影响之大，当选2021年十大国内新闻；持续之久，前后跨越五年。华为作为企业以及任正非作为企业创始人在“孟晚舟事件”中的印象管理特别是叙事表达的策略和特征，尤为值得总结，但目前研究领域鲜有相关案例呈现。企业家叙事是企业家思想意志的直接体现，也是企业叙事的重要补充，二者搭配互动可以起到互为补充、相互促进、相辅相成的效果。但是，目前相比于热度较高的企业家叙事研究[10~11]，企业叙事及其和企业家叙事关系研究还比较薄弱，特别是中国企业和企业家叙事策略研究仍比较有限，特别需要案例研究来补充企业印象管理中的叙事策略。

二　文献综述

（一）企业印象管理

印象管理（Impression Management）原指塑造他人对自己形象感知的行为和信息控制[12]，后来逐步延伸到组织管理领域，成为企业开展危机管理、声誉管理的理论支撑[13]。当处于争议事件或危机事件中时，企业实际上可能面临着一定程度的正当性危机，需要对其行为或行动向受众做出合理的解释，管理或重建其组织正当性，在受众中获得可靠可信的积极印象[14~16]。印象管理策略一般分直面危机的直接印象管理策略、“曲线救国”的间接印象管理策略两种[17]，尝试采取不同路径实现转“危”为“机”。危机管理作为公共管理领域的范畴，可以上升到国家宏观视角[18]，推动集体意义建构和阴谋叙事[19]；也可以聚焦组织微观领域，帮助企业应对突发事件，如表现为及时识别、灵机应变和同仇敌忾[3]。因此，针对危机的印象管理不仅体现了企业日常经营管理的风格和水平，更体现了企业面对突发情况时的战略定力和管理能力[20,6]。彭长桂、吕源研究发现：面临类似的制度压力，不同企业可以做出不同的战略选择，继而采用不同的策略来构建和管理自己的组织正当性并完成印象管理的目标[4,9]。

华为官方声明和任正非发言都具有明显的印象管理色彩，致力于构建或恢复自己受损的组织正当性[21]。因此，从官方声明考察华为的正当性构建过程，有助于理解企业做出“依法抗辩”战略选择之后的组织行为[4]。由于华为采取了公司声明、企业家叙事的“二元路径”并取得了孟晚舟回国、美方放弃指控等实效，在企业印象管理领域，企业和企业家各自具备何种叙事特征，采取怎样的叙事策略都值得关注和探讨。重大危机印象管理需要较长时间才能完全化解[22]。“孟晚舟事件”是企业危机的一种[2]，亟须印象管理加持[14~15]。“孟晚舟事件”作为华为印象管理的重要组成和博弈焦点，既涉及国家之间的宏观博弈，也涉及企业之间的微观竞争。华为对可能面临的各种危机一直在苦练内功，采取积极而非消极的印象管理策略[5]，依靠产品和技术实现对对手的超越，凭借质量和口碑赢得客户的真心，力争自主解决困难、主动化解危机[23]。

（二）企业叙事策略

企业叙事是企业经营管理的要求、记录和体现，属于组织和管理研究范畴[24]，也称“组织话语”[13]，一般分为企业内部叙事、企业外部叙事两类。企业内部叙事主要针对企业内部干部员工，如国有企业的“红头文件”[7]、民企的总裁办电子邮件等；企业外部叙事主要针对社会公众，如公司公告，企业声明，企业年报、财报、通报和说明等[25]。企业叙事如果恰当积极、表达方式具有自身特色，有助于讲好企业故事，促进企业文化建设和经营管理水平提升[8]。不难看出，企业内部叙事和外部叙事分别承担了不同功能：内部叙事主要基于文件、信件或邮件的内容，承担了任务部署、上传下达、凝心聚力等作用，多用于企业内部管理、沟通和文化建设[11]；外部叙事主要基于公告、通报或报告的内容，发挥对外协调、要事发布、宣传交流等作用，多用于企业外部的经营、协调和宣传[26]。由于企业叙事表达因对象差异而表达内容、手段和渠道内外有别，企业印象管理受形势所迫，对企业叙事必然提出更高要求。

所以，企业叙事也是企业经营管理的一种，是日常管理风格的客观体现，是包括企业印象管理、企业家精神和企业文化建设在内的真实写照，也是企业发展的经验总结[27]。由此，企业叙事策略值得关注，外界可以通过叙事来理解危机[28]，也可通过危机来解释叙事，地位越高的民企越偏好声明等叙事[29]。因此，在企业面临危机紧要关头时，企业叙事必须思之又思、慎之又慎。高群和彭澜提出在企业叙事表达过程中的策略主要包括：一是简洁留白；二是起伏吸睛；三是叙事评论；四是整合传播[8]。Weick 认为：“危机叙事”是在持续意义系统的背景下创建的动态结果，包括对风险和威胁的信念[28]。Clementson 和 Beatty 将情境危机沟通理论（SCCT）扩展到叙事说服力，研究了企业发言人与企业形象的互动关系[30]。目前，无论是对华为在印象管理下的企业叙事，还是对任正非作为企业创始人“救火队员式”的个体叙事，都还比较缺乏系统、深入的案例研究，亟待挖掘。

（三）企业家与企业叙事

作为企业的缔造者和精神领袖，创始企业家在企业叙事特别是企业危机叙事中的作用不容忽视。研究发现，企业发言人口头说明的形式和内容在争议事件的印象管理中非常重要[14~15]，而任正非在“孟晚舟事件”中恰恰扮演了企业主要发言人或新闻发言人的角色。但是，由于目前国内对企业家叙事、企业家印象管理的研究还比较薄弱[31]，上述作用和效果的分析还处于起步阶段。事实上，企业叙事表达还与企业家特质和领导力、企业文化密切相关，企业叙事在企业文化建设中扮演了“缔造者、诠释者、传播者、教育者”等重要角色[32]。企业经营管理离不开企业家的印记及其对企业文化的塑造，已有研究探讨了企业文化建设和传播的路径，揭示了“讲故事”等企业叙事是传播企业文化的有效手段[32、8]。积极的企业文化在企业危机管理中具有正向作用，反之亦然；同时，在企业文化对企业危机发生作用的过程中，企业家等高管态度及其行为具有重要作用[22]。企业印象管理和企业叙事表达都离不开企业家的分析、研判和决策，而后续的危机缓释与化解、企业叙事的持续与落地更离不开企业家的引导、熏陶和共情。

在中国企业情境中，无论是国企还是民企，企业叙事都会受到企业家，特别是企业创始人、重要变革者兼董事长或总经理的长期影响，可以说企业家通过自己和企业文化两个途径影响企业叙事[33~35]。例如，张瑞敏之于海尔、褚时健之于红塔、宁高宁之于中粮、傅成玉之于中海油、宋志平之于中国建材等、任正非之于华为、刘永好之于新希望、曹德旺之于福耀玻璃、王传福之于比亚迪、董明珠之于格力等，他们的行为受到持续关注[36、10、34、37~39、2]。企业创始人的特质和精神常常代表着企业文化，对企业叙事甚至企业制度等有着潜移默化的影响，而且随着企业的发展，企业文化又可以反过来提升领导力[33、35]。例如，任正非有军旅经历，因此在华为“狼性文化”备受推崇，“华为基本法”也蕴含了企业“学习、创新、获益、团结”的敏锐嗅觉、进取精神和集体奋斗精神。现阶段，企业印象管理领域对企业家叙事与企业叙事特征、关系和模式的研究较少，有待学者基于典型案例来补充和完善。

三 研究设计

（一）案例架构

从印象管理、危机管理和叙事策略视角看，“孟晚舟事件”是非常有代表性的典型案例。华为从企业范畴框架出发，与企业家实现了协同化险，依靠国家支持和依法力争，历时五年之久实现了事件比较圆满的解决，值得深入分析、挖掘和总结。但是，目前国内基于上述视角的管理学案例极少[23]，相关研究多从法律适用、新闻传播等视角展开[40~41]。这一现状导致研究者容易忽视企业与企业家的叙事策略配合，也容易忽视企业和企业家的印象管理过程。但上述两方面恰恰是印象管理、危机管理、策略管理和企业管理所缺乏的，也是“一带一路”建设和中资企业“出海”所急需的。本文以“孟晚舟事件”为案例，将企业华为与企业家任正非的叙事策略进行“双线”对比和互动，发掘二者如何在印象管理过程中实现完美配合与差异化管理，借助编码来分析二者叙事的主要对象和特征，进而发掘主要命题，提炼企业和企业家在“孟晚舟事件”这一印象管理过程中的叙事表达特征模型，尝试分析和解释华为作为中国民企的翘楚、任正非作为中国知名企业家如何基于印象管理理论化“危”为“机”、化险为夷，从中总结若干特征，提出对策建议。

（二）案例选择

华为成立于1987年，2013年华为首次超越爱立信位居信息与通信技术行业之首；2019年至2021年，华为蝉联中国民企500强第一名。基于理论抽样选择，“孟晚舟事件”中华为和任正非的叙事十分契合本文研究的印象管理主题和叙事策略设计，本文将重点探讨“孟晚舟事件”中华为和任正非的叙事表达及其策略技巧。华为所处的叙事位置非常复杂，一言不当，就可能授人以柄。任正非是华为的主要创始人，1988年任华为总裁。孟晚舟是任正非的长女，1993年加入华为，历任公司国际会计总监、华为香港公司首席财务官、财务管理部总裁，现任副董事长、轮值董事长、公司CFO。

（三）研究方法

案例有利于展示某种现象及其所处情境下的复杂互动关系，适合于研究当代发生但无法控制相关因素的事件[42]。“孟晚舟事件”作为中国企业印象管理的典型案例，本文采用编码分析（Coding Analysis）方法完成案例研究。编码分析主要是在模型提炼过程中对典型案例的相关文献，特别是新闻报道等出现的当事人访谈记录、录音整理、笔录、调研等一手资料做编码分析。编码分析被视为扎根理论（Grounded Theory）的重要内容和手段，可通过编码来理解案例的过程和内容，挖掘案例之间的联系，有助于解释企业和企业家叙事策略的过程管理机制[43]。

（四）信效度检验

根据扎根理论的案例研究规范要求，需要考虑和检验信度和建构效度（也称构念效度）、内部效度、外部效度，客观记录并说明研究过程的信效度，控制和检验整个研究过程。其中，建构效度的数据源自目前国内权威的中国知网（CNKI）数据库，包括期刊全文、重要报纸全文等两类，华为官方网站的公开声明以及权威媒体的报道；实现了对不同数据库的交叉验证，如期刊全文库选取案例与从重要报纸全文库选择新闻报道案例的交叉验证等，且期刊和报纸中的新闻报道具有真实性、简明性、及时性的特征，有助于保证所选案例的信度。

四　研究过程

（一）叙事过程

1. 企业叙事

（1）公司声明

本文从华为官网以及新华网、新浪网、环球网等权威网络媒体遴选了华为从企业角度针对“孟晚舟事件”的官方声明或公告，主要包括9份声明。以第一份声明为例，前半部分重在陈述客观事实，使用“暂时扣留”一词（见表1），并未使用很多媒体当时所用的“拘禁”或者“被捕”等词。声明中使用了“并不知晓”不意味着此事没有发生，只是“不知晓”，体现出客观、公允的态度。“公司相信……华为遵守业务所在国的所有适用法律法规……”两句的叙事主体是华为，即尽管“孟晚舟事件”虽然所获信息很少，难以判断，但华为都遵守规则和法律，合理控制了危机的强度和舆情的范围。考虑到孟晚舟作为任正非女儿的特殊身份，华为在声明中将公司和孟晚舟做了适度切割[23]。从公司声明的时效性上看，除第一份声明因“孟晚舟事件”突发，间隔5天搜集信息和了解情况外，其余声明都非常及时且具有针对性。例如，第二份声明就是针对加拿大法院刚刚通过的保释裁决做出的。

表1　华为对“孟晚舟事件”发布的官方声明

时间	发布人（形式）	主要内容
2018-12-06	华为（声明）	针对12月1日公司CFO孟晚舟在加拿大转机被加拿大当局代表美国政府暂时扣留，面临纽约东区未指明指控，声明相信加美法律体系最终能给出公正结论。
2018-12-12	华为（声明）	针对12月11日加拿大法院做出裁决，批准华为公司首席财务官孟晚舟的保释申请，声明期待美加政府能及时、公正地结束这一事件。
2019-03-02	华为（律师声明）	针对3月1日加拿大司法部就孟晚舟案签发授权进行令，声明对此感到失望，孟晚舟没有任何不当行为，美国对她的起诉与引渡是对司法程序的滥用。
2019-05-09	华为（声明）	针对5月8日加拿大卑诗省高等法院再就孟晚舟引渡听证会重新开庭，声明指出针对孟晚舟发起的刑事案件完全基于不实指控，违反了美加引渡条约及加拿大《引渡法》的核心原则——双重犯罪原则。
2019-06-07	华为媒体事务副总裁本杰明·豪斯（Benjamin Howes）（声明）	针对6月6日加拿大卑诗省高等法院决定，将孟晚舟引渡案正式聆讯时间定在2020年1月20日，声明美国对孟晚舟的指控在加拿大法律下并不构成犯罪，引渡申请不符合加《引渡法》的核心原则，加方执法存在严重的程序滥用，孟晚舟的宪法权利被侵害。

续表

时间	发布人（形式）	主要内容
2020-05-28	华为（声明）	针对5月27日加拿大法院宣布对孟晚舟有关案件裁决结果本质为“欺诈罪”，孟晚舟未能获释，声明对不列颠哥伦比亚省高等法院的判决表示失望，华为一直相信孟晚舟是清白的，也将继续支持她寻求公正判决和自由。
2020-09-28	华为加拿大公司（声明）	针对9月28日加拿大不列颠哥伦比亚省高等法院就孟晚舟案再次举行庭审，讨论涉案证据信息披露问题，声明华为将继续支持孟晚舟追求正义和自由。
2021-08-18	华为加拿大公司（声明）	针对8月18日孟晚舟引渡案在不列颠哥伦比亚省高等法院的审理结束，法官未立即宣判，声明对孟晚舟因此所遭受损害的唯一补救方法是终止引渡程序。
2021-09-25	华为（声明）	针对9月24日加拿大卑诗省高等法院宣布终止引渡裁决，声明期待孟晚舟尽快安全回国，华为将继续在美国纽约东区法院的公司诉讼中维护自己的权利。

注：本表为作者自行编制，下同。

（2）媒体报道

本文还从期刊、报纸和权威媒体中甄选了华为从企业角度针对“孟晚舟事件”的表态，作为上述公司公告的验证。从实际情况对比来看，报刊和权威媒体新闻报道与公司公告一致，多重数据来源使验证结果更加可靠。

2. 企业家叙事

（1）创始人发言

本文从报刊和权威媒体中遴选了当事人父亲任正非本人就“孟晚舟事件”中所做的重要发言（包括访谈、讲话、对话等），摘选部分主要观点、代表性谈话做展示和编码。以2019年为例，凡涉及圆桌群访都选择作为编码样本，涉及国际、中国、日本、意大利、北欧、中东非洲、德国、拉美、西班牙9次；凡涉及中国、美国（危机溯源国）、加拿大（危机发生国）、英国（危机发生国密切关联国）四方对“孟晚舟事件”影响力较大的媒体专访，选择其一作为编码样本，合计4次；还有唯一一家地方媒体即深圳卫视专访，合计1次。2020年和2021年采取相似的思路，分别选择了2次（1次面向中外媒体发言和1次美国媒体专访）和1次（中外媒体群访）。这些采访、发言等累计超过17万字，平均每次超过1万字，强度较大。

值得关注的是，另有对外披露的内部讲话或信件等，但类似于企业叙事内外有别的功能差异，任正非已披露的内部讲话均未涉及“孟晚舟事件”，而更专注于华为的战略发展、研发目标、内部管理、工作动员和队伍建设等。如2019年任正非发表于华为

《心声社区》的系列讲话等。因此，尽管将其纳入样本，但后续经过评估，并未纳入编码范畴，而更聚焦任正非接受群访、专访、对话和署名文章等外部叙事。累计选择17次，占全部50次的34%。

（2）媒体报道

本文还从《环球时报》等报刊和新华社（新华网）、新浪网等权威媒体中甄选了任正非先生作为企业家针对“孟晚舟事件”的表态，作为对个人意见的验证。从实际情况对比来看，多个媒体报道的内容基本一致，表明数据比较可靠。

（二）编码分析

1. 企业叙事之华为声明

华为官方声明对各方的诉求和态度都比较明确。首先，华为对加拿大方面四类主体，包括政府、司法、法庭和官员（高官）等的主要观点或动作涉及12个核心编码、12个关联编码和13个初始编码。编码分为初始编码、关联编码、核心编码三级；并分别对应明确核心编码的初始对象、关联对象与核心对象。其中，初始编码为华为声明中的原文，初始对象为华为声明中的原对象；关联编码主要为初始编码的精简，关联对象主要为初始对象和归总；核心编码主要为关联编码的提炼，核心对象主要为关联对象的提升并上升到国际层面。例如，对加拿大司法是呼吁公正判决、还孟晚舟女士清白；对加拿大法庭和加拿大高官并未表明诉求或态度。其次，华为对美国方面四类主体，包括政府、司法、法院、FBE的主要观点或动作涉及14个核心编码、14个关联编码和15个初始编码。其中，对美国司法是呼吁公正判决；对美国FBI和美国法院并未表明诉求或态度。最后，华为对中国方面三类主体，包括华为（同事）、孟晚舟、孟律师团队（见图2）的主要观点或动作涉及16个核心编码、18个关联编码和20个初始编码，整体强调相信孟女士清白、支持孟女士追求正义和自由等。

2. 企业家叙事之任正非观点

任正非作为华为创始人的观点对各方诉求和态度也比较明确，对象比华为官方声明范围更广，其观点成熟和游刃有余[44]。编码分级与过程、编码对象分级与过程均与华为声明类似。同样以任正非对加拿大方面的编码为例，任正非对加拿大方面六类主体，包括国家、司法、法庭、监狱、官员（高官）和狱友的主要观点或动作涉及16个核心编码、20个关联编码和22个初始编码。其中，对加拿大司法表态认为相信加拿大的司法是公开、公平、公正、透明的，并期待最终的正确结论；对加拿大法庭表态相信其尊事实、重证据，最终会做出公正、公平、公开、透明的判决；并感谢女子监狱的人性化管理、感谢两位检察官、感谢女子监狱狱友的善待，充分表达了好感与善意。华为和任正非叙事具体编码过程略，如感兴趣，可向作者索取。

五 研究结论

（一）命题归纳

叙事实际上属于后现代主义范式[13]，借鉴“热奈特叙事理论”（Genette Narrative Theory）分叙事时间、语式和语态三个维度[26]，结合案例研究与编码结果，从时间、内容、篇幅、态度、对象等五个维度来总结和提炼[23]。华为官方声明在“孟晚舟事件”全过程中如同严谨的律师文件，依托印象管理针对事件直接相关方态度明确，没有任何情绪化的表达，表现得理性、克制、得体、客观。这种“冷静”的企业对外叙事视角，彰显了华为的自信与专业。当时特朗普政府对待华为不仅要削弱，而且竭尽全力遏制；美国政府中的“权威人士”不遗余力地攻击和抹黑华为，并试图联合盟友一起抵制。如果华为站在“被伤害者”的角度做出情绪化表达，很容易获得舆论更多的同情。而华为主动放弃打“感情牌”，尽最大能力把此事放进了理性框架中讨论，控制了叙事中的情感力量，促使叙事策略和印象管理双双回归法律和理性。作为一家艰苦奋斗、百折不挠的民企，华为深知情绪解决不了问题，要破这个局，需要表面讲程序，背后靠实力。同时，华为对“孟晚舟事件”的声明发布得非常及时，符合面对危机事件企业应该在第一时间进行信息披露的要求，以满足投资者的信息需求，尽早赢得公众的理解和舆论的支持，更好地把握危机沟通管理中的主动权[45]。综上，得出命题一。

命题一：企业在印象管理中核心的特征是冷静、理性，企业在印象管理叙事表达中核心的特征是发布及时、内容理性、表达精练、观点客观、对象全面，从而有助于通过企业叙事尽快掌握印象管理的主动权。

如果说华为官方声明严谨理性可以理解，那么任正非作为一个有血有肉的父亲呢？同时任正非还作为华为的创始人和民营企业家如何在印象管理中进行叙事和表达呢？根据上文编码分析，任正非一直拒绝煽动情绪。数十年来他以低调著称，公开接受媒体采访的次数寥寥可数。但自“孟晚舟事件”发生后，他每月都会接受多场中外媒体采访，其中不乏多家媒体的圆桌群访。据统计，任正非在 2019 年上半年共接受 23 场、百家中外媒体采访，至少公开表达了 25 万多字，几乎说了“一辈子的话”。他偶尔会讲述一些过往与女儿相关的成长经历，饱含真情，呈现了更为丰富的风格[46~47]，但核心是：这个与华为无关，正走法律程序，等待法律的结果。他甚至在内部会议上表示“我已经做好此生再也见不到女儿的准备了，华为不会牺牲国家和人民的利益去换取女儿孟晚舟的自由”的最坏打算。企业是创始人的精神投射，任正非和华为的叙事风格基本一致。田涛和吴春波曾指出，华为从创立之初到现在，每个阶段都充满了妥协，而商业的灵魂在于妥协[48]。华为虽然有狼性文化等进攻性风格，但妥协文化能使企业在反复磨合中获得生存。2007年，任正非曾将“开放、妥协、灰度”三个词并列，认为这是华为快速发展的秘密武器，也是华为叙事的底层逻辑——拒绝走向极端，实用主义优先。尽管任正非谈论的对象较之华为更广，但针对性更强，与当事人孟晚舟叙事的“聚焦互动策略”显著不同[23]。综上，得出命题二。

命题二：企业在印象管理中的特征与企业家和企业文化的特质休戚相关；企业家在印象管理叙事表达中核心的特征是发布频繁（频率较高）、内容兼顾（理性为主）、表达弹性（篇幅较长）、观点丰富（持续一致）、对象广泛；企业家可通过“强化”叙事表达解释、拓展和坚定企业在印象管理中的叙事观点和策略。

（二）模型建构

结合上述命题，不难看出企业和企业家在企业印象管理中的叙事策略差异，最终形成叙事策略五种“强化互动”特征。这种“强化互动”使得华为在面对“孟晚舟事件”这一印象管理时显得各有分工、游刃有余，最终用“组合拳”化压力为动力，实现了转“危”为“机”、化险为夷的“双赢”。对此，尝试建构图1“孟晚舟事件”中企业和企业家的叙事策略强化互动模型。“孟晚舟事件”期间，华为、任正非和孟晚舟等共同坚持，保障公司主业未因此而受太多影响，且与国家社会等各方力量实现了有效协同，提升了组织韧性和抗打击能力，有利于企业可持续发展。在中美关系演变的大势下，最终使“孟晚舟事件”基本化解迎来了转机。“孟晚舟事件”尽管表面上是针对孟晚舟，实质上是针对任正非和华为，最终是为了打压中国科技企业。对此，任正非判断非常准确，他曾在访谈中谈道：“抓我的家人，就是想影响我的意志，我家人给我的鼓舞就是鼓舞我的意志。”这类格局高远、信念坚定、意志决绝的叙事可以使任正非站在道德的高点，提升叙事说服力、认同感和可信度[44]。如图1所示，华为作为企业的叙事表达尽力避免牵扯国家诉求，采取了更加客观的叙事策略，极力避免企业危机的扩大化，针对性解决危机，突出了“就事论事”的特点。不难看出，华为和任正非形成了一种互补策略，即企业“以理服人”而企业家在“以理服人”的基础上还增加了“以情动人”。

令人感动的是，党和政府始终没有放弃华为、没有放弃孟晚舟，自始至终采取了坚决的态度和据理力争的策略。相比之下，法国阿尔斯通当事人作为公司时任高管并未得到企业和国家支持，因遭受美国的“长臂管辖”而锒铛入狱[49]。对此，华为作为企业不方便声明的内容，任正非作为华为创始人和孟晚舟父亲的双重身份则可以充分表达对国家、政府、人民乃至社会各界的感激之情。这使得企业家在拓展叙事对象的同时心怀感恩，在强化企业理性叙事的同时兼顾感性。

结合图1的模型，进一步将“孟晚舟事件”抽象提炼为企业印象管理，总结归纳出图2企业印象管理中企业和企业家的叙事策略强化互动模型。经过总结提炼，发现

华为叙事策略之就事论事
时间：及时
内容：理性
篇幅：精炼
态度：明确
对象：全面

企业对象	加方	企业家对象
×	国家	√
√	政府	×
√	司法	√
√	法庭	√
×	监狱	√
√	官员（高官）	√
×	狱友	√

企业对象	中方	企业家对象
×	党和国家	√
×	国家	√
×	政府	√
×	人民	√
√	华为（同事）	√
×	任正非	√
×	父女（关系）	√
√	孟晚舟	√
×	孟母亲丈夫	√
√	孟律师团队	×

企业对象	中美双方	企业家对象
×	贸易争端	√

企业对象	美方	企业家对象
×	国家	√
√	政府	√
√	司法	√
×	制裁	√
×	司法部	√
√	法院	√
√	FBI	×
×	（顾问）公司	√
×	（供应）厂商	√
×	新闻机构	√
×	总统、权威	√
×	律师	√

企业对象	他方	企业家对象
×	社会各界	√
×	网友、朋友	√
×	客户	√
×	外国记者	√

企业家叙事策略之强化解释
时间：适时/频繁
内容：理性+感性
篇幅：整体较长
态度：连续坚定
对象：更加全面

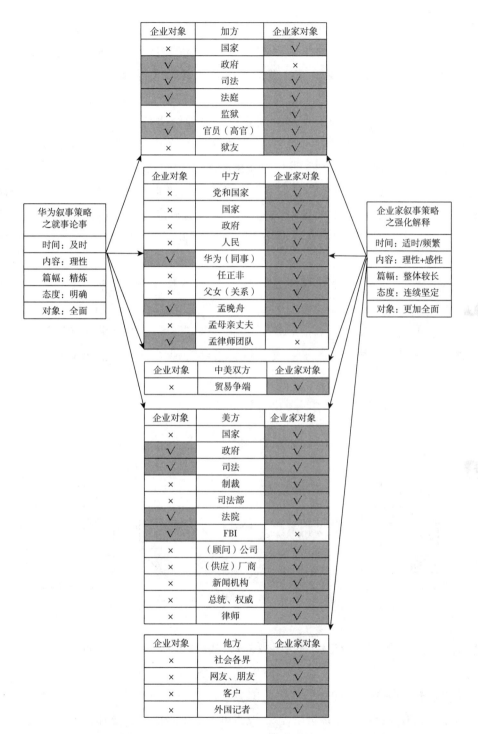

图 1　“孟晚舟事件”中企业和企业家的叙事策略强化互动模型

注：图 1 左侧指的是华为的叙事策略和叙事对象，“√”表示华为叙事提到的对象，“×”表示华为叙事未提到的对象。与之类似，图 1 右侧指的是任正非的叙事策略和叙事对象，“√”表示任正非叙事提到的对象，“×”表示任正非叙事未提到的对象；司法指司法体系或者司法系统，不包括具体司法机构。

华为和任正非都采取了有助于维护企业形象的积极印象管理策略[5]，但在企业印象管理中，企业和企业家的叙事策略存在很大不同。就组织自身而言，企业利益最大化是其根本目的，因此企业印象管理情境下企业的最大诉求是及时有效化解风险、平稳渡过危机。由此，企业叙事最优策略是针对相关涉事方分门别类，集中企业资源和组织力量尽快冷静、理性地解决问题，针对性解决危机（只针对企业危机的直接关联方叙事，不轻易拓展叙事对象），避免危机扩大化，尽可能大事化小、小事化了，属于直接印象管理策略[17]；否则容易陷入“言多必失”“漫无目的”的困境。相比之下，“孟晚舟事件”中任正非具有企业家和孟晚舟父亲双重角色，与企业印象管理深度绑定，用强化叙事的手段与华为企业声明形成互动，迅速将孟晚舟与华为做了“切割”（多次声明这是孟晚舟个人的事）、“降温”（多次强调孟晚舟不可能做华为接班人）和“利好”（多次解释“孟晚舟事件”对磨炼孟晚舟个人意志以及加强华为内部团结、避免堕怠涣散的积极意义）。由于其身份是企业家个体，也是当事人的父亲，可以脱离组织危机处理尽可能理性的要求束缚，反而显得更加得心应手、游刃有余。上述叙事策略，对于尽快、尽量、尽可能解决“孟晚舟事件”起到了战略定向、舆论引导和技术支撑等重要作用，最终实现了企业和企业家叙事策略与印象管理的“殊途同归”。

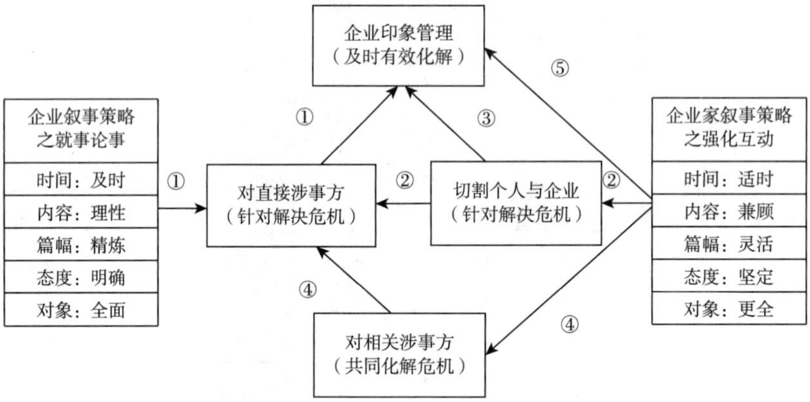

图 2　企业印象管理中企业和企业家的叙事策略强化互动模型

据企业和企业家的叙事对象，企业家叙事可以分为四种路径类型，既有直接印象管理策略，也有间接印象管理策略[17]，较当事人孟晚舟的路径更加多元和丰富[23]。企业和企业家的叙事均为了及时有效化解危机，保持企业的正当性[15]。一是企业叙事与企业家叙事方面一致、对象一致、内容一致。即不仅叙事涉及方一致、叙事对象一致、叙事内容也一致；在图 2 的模型中，分别以路径①和②来表示，最后一步“殊途同归”，通过直面直接涉事方来解决危机，如华为官方声明和任正非访谈均对加拿大司法呼吁公正处理。二是企业叙事与企业家叙事方面一致、对象一致、内容不一致，企业家的内容范围更加拓展。某种意义上讲只有企业危机得以化解，个体危机才能迎刃而解，以路径③来表示，如华为声明指出美国存在司法程序滥用，而任正非在此基础上还坦承美国具有许多机制体制优势。三是企业叙事与企业家叙事方面一致、对象不一致，内容自然也不一致。企业家叙事可以感谢上述相关涉事方，这些涉事方对企业比较支持，并可能游说和影响直接涉事方，而企业叙事根本不涉及上述对象，以路径④来表示，如华为声明提到了 FBI 而任正非并未提及，而任正非回答了记者关于特朗普总统的提问但华为声明并不涉及。四是企业叙事与企业家叙事方面、对象和内容均不一致。企业家叙事多次强调企业不涉及中美贸易争端，并多次感谢社会各界对企业的支持，以路径⑤来表示，上述强调和感谢都出自任正非之口而非华为的官方声明。由于企业家叙事的频率更强、整体篇幅更长、涉及对象更全面，针对各类支持者建立化解危机的“统一战线”，实质上形成对企业叙事的“强化”，加强了对企业叙事的解释、拓展和支持；同时，由于上述企业家叙事四类路径中的两类②和④与企业叙事路径①本质上“殊途同归”，实质上形成与企业叙事的过程“互动”；与之类似，企业家叙事四类路径中的两类③和⑤与企业叙事路径①本质上目的一致，实质上形成与企业叙事的结果“互动”。不难看出，企业家作为企业发言人角色相对于企业在组织正当性管理中可以扮演更加重要的角色，可以发掘更多维护企业形象、实现印象管理的路径[14~16]，实现了“殊途同归”。也正因为如此，将图 3 的模型命名为企业印象管理中企业和企业家的叙事策略强化互动模型。

六 研究展望

（一）研究意义

首先，在案例选择和理论拓展上，“孟晚舟事件”是华为作为典型中资企业遭遇的重大印象管理案例。根据编码分析归纳出了两个命题，区分了企业和企业家在印象管理中的叙事策略，既关注了组织也关注了个体[31]。企业和企业家在印象管理过程中可以形成一种“互补策略”，即企业“以理服人”而企业家还能“以情动人”，实现“情”和“理”的并行影响，在实践中切实管理和化解了突发危机和舆情，树立了在国家支持和外交斡旋下以法律途径解决企业跨国风险的成功典范。企业采取直接印象管理策略与企业家采取直接和间接印象管理策略“殊途同归”，丰富了正当性管理和印象管理理论[14~15、17]。

其次，在模型构建和理论应用上，本文属于经典叙事学的研究范畴，聚焦叙事结构、叙事话语等[26]。依据上述两个命题建构了企业印象管理中企业和企业家的叙事策略强化互动模型，从理论上努力完善企业“就事论事”的叙事策略、企业家“强化互动”叙事策略等空白领域，发现企业家可通过四种路径类型来“强化”叙事表达解释、拓展和坚定企业在印象管理中的叙事观点和策略。这一提炼和发现有助于完善企业印象管理理论中的策略，有助于健全企业和企业家叙事策略中的主体角色和路径选择，从而更好地形成持续“互动”，保持正当性、化解企业危机[15]。面对突发的危机事件即典型的“被动型事件”，企业家可以针对不同主体积极采取对应叙事，起到“分化瓦解”“合纵连横”“统一战线”等效果，带领企业转“危”为“机”、化弊为利、化险为夷，减少企业的“脆弱性”，增强企业的韧性和正当性[14~15,5]。

最后，在实践作用和案例推广上，本案例在实践中给其他企业提供一种面对危机时可采取的有效的、成功的叙事策略，值得借鉴。企业叙事具有以言表意、以言行事、以言取效三方面作用[4]，随着“孟晚舟事件”的圆满解决，华为声明和任正非发言实质上涵盖了上述三方面作用——表达了观点、采取了行为、取得了实效，减少甚至规避了机会主义行为[25]，在企业案例研究中并不多见[4]。本案例表明，企业可以通过叙事来理解危机[28]，否则可能适得其反[19]。目前，国内对企业叙事策略和印象管理、危机管理的相关研究仍然较少，本研究恰恰尝试补充和丰富了这一领域，具有一定的原创性和开拓性。

（二）研究局限

本文还存在如下局限。首先，任正非在“孟晚舟事件”发生后，以坚强的意志、惊人的毅力和宽广的胸怀发表了大量长篇访谈，通过查询华为官方渠道和权威媒体已经发现了50篇，累计超过50万字。尽管绝大多数对外采访和谈话都可以纳入编码范畴，但考虑到强度过大、篇幅过长，且任正非的谈话观点一致、访谈内容存在一定的相似性，故只选择了代表性的17次访谈作为编码对象，合计编码内容约17万字。如能将所有访谈发言“一网打尽”，可能会有更多的发现，更有助于企业家叙事策略的总结和验证。其次，受篇幅所限，本文不得已将任正非言论、编码过程等环节做了大量精简，未能“原汁原味”地展示出来。

（三）展望建议

从本质上看，企业叙事是组织叙事的一种，企业家叙事是个体叙事的一种。尽管本文尝试了构建二者在企业印象管理中的联系，发现了两者在五个维度上的区别，但未来的研究还有很多方向可以继续深入。一方面，宏微观叙事需要互补，企业和个体叙事也需要互补[50]。另一方面，叙事内容还有进一步细化的空间。高群、彭澜提出企业叙事需要包含真实可信、情感共识、绩效导向和行为预期四大要素[8]。不难看出，前者实质上属于后经典叙事学的范畴，研究聚焦关联叙事、跨领域叙事等；后者实质上属于经典叙事学的范畴，研究聚焦叙事结构、叙事话语等[26]。随着“一带一路”建设进程的加深和中资企业不断“走出去”，期待涌现更多与华为同样具有国际眼光和战略定力的企业；关于中国企业管理研究，特别是非常态下的印象管理研究、应急管理研究的体系和案例将越来越多，未来的研究将能做出更多的理论贡献，以便有力地指导企业实践。

参考文献

［1］刘胜军．“平视外交”亮剑，孟晚舟回家［DB/OL］．亚当斯密经济学，2021-9-26.

［2］邱国栋，郭蓉娜，顾飞．从“二元”到“三元”：基于“极限生存假设”的战略变革模型［J］．南开管理评论，2022（6）：171-184.

［3］王新宇，余明阳．企业危机处理、企业声誉与消费者购买倾向关系的实证研究［J］．经济与管理研究，2011（7）：101-110.

［4］彭长桂，吕源．组织正当性的话语构建：谷歌和苹果框架策略的案例分析［J］．管理世界，2014（2）：152-169.

［5］冯锐，张爱卿．危机事件中企业印象管理策略与受众反应——基于归因理论的情境实验［J］．经济与管理，2015（4）：51-57.

［6］孙继伟，李晓琳，王铁群．企业危机管理中自媒体舆论引导策略的探索性研究［J］．管理科学，2020（5）：101-114.

［7］郭毅，王兴，章迪诚，朱熹．“红头文件”何以以言行事？——中国国有企业改革文件研究（2000~2005）［J］．管理世界，2010（12）：101-110.

［8］高群，彭澜．构建和传播企业文化的叙事框架——基于H公司的案例分析［J］．上海商学院学报，2013（1）：41-46.

［9］彭长桂，吕源．制度如何选择：谷歌与苹果案例的话语分析［J］．管理世界，2016（2）：149-169.

［10］武亚军．“战略框架式思考”、“悖论整合”与企业竞争优势——任正非的认知模式分析及管理启示［J］．管理世界，2013（4）：150-167.

［11］田志龙，钟文峰．企业家讲话中如何清楚表达“为何做”？——华为任正非基于利益相关者要素的意义沟通及其话语逻辑分析［J］．管理学报，2019（10）：1423-1434.

［12］Goffman E. The presentation of self in everyday life[M].New York: Doubleday, 1959.

［13］吕源，彭长桂．话语分析：开拓管理研究新视野［J］．管理世界，2012（10）：157-171.

［14］Elsbach K D & Sutton R I. Acquiring organizational legitimacy through illegitimate actions: A marriage of institutional and impression management theories[J].*Academy of Management Journal*, 1992, 35(4): 699-738.

［15］Elsbach K D. Managing organizational legitimacy in the California cattle industry: The construction and effectiveness of verbal accounts[J].*Administrative Science Quarterly*, 1994, 39(1): 57-88.

［16］Vaara E & Tienari J. On the narrative construction of multinational corporations: An antenarrative analysis of legitimation and resistance in a cross-border merger[J].*Organization Science*, 2011, 22(2): 370-390.

［17］杨洁，郭立宏．负面报道后国企和民企间接印象管理策略比较研究——基于“双组件”模型的分析［J］．管理评论，2017，29（12）：127-140.

［18］吕孝礼，朱宪，徐浩．公共管理视角下的中国危机管理研究（2012~2016）：进展与反思［J］．公共行政评论，2019（1）：169-196.

［19］ Nadesan M. Crises narratives defining the COVID-19 pandemic: Expert uncertainties and conspiratorial sensemaking[J].*American Behavioral Scientist*, 2022(4): 1.

［20］ Claeys A S & Coombs W T. Organizational crisis communication: Suboptimal crisis response selection decisions and behavioral economics[J].*Communication Theory*, 2020, 30(3): 290-309.

［21］ Kostova T & Zaheer S. Organizational legitimacy under conditions of complexity: The case of the multinational enterprise[J].*Academy of Management Review*, 1999, 24(1): 64-81.

［22］ 王平，唐开康．企业文化在企业危机管理中的作用——基于雷曼兄弟的案例研究［J］. 管理案例研究与评论，2019（3）：301-314.

［23］ 蔡宁伟，葛明磊，张丽华．危机管理中组织和个体叙事特征与互补策略——以华为“孟晚舟事件”为例［J］. 管理案例研究与评论，2022（6）：595-605.

［24］ Hartelius E J & Browning L D. The application of rhetorical theory in managerial Research: A literature review[J].*Management Communication Quarterly*, 2008, 22(1): 13-39.

［25］ 原东良，郝盼盼，马雨飞．积极型还是防御型：期望绩效反馈与年报印象管理策略——来自管理层语调向上操纵的证据［J］. 财贸研究，2021（7）：83-98.

［26］ 许群航，王倩．热奈特叙事学理论视角下的中美企业社会责任报告对比分析［J］. 西安外国语大学学报，2021（2）：36-40.

［27］ Clarke J & Holt R. The mature entrepreneur: A narrative approach to entrepreneurial goals [J]. *Journal of Management Inquiry*, 2010, 19(1): 69-83.

［28］ Weick K E. Narratives of crisis: Telling stories of ruin and renewal [J].*Administrative Science Quarterly*, 2017, 62(3): 39-41.

［29］ 杨洁，郭立宏．声明还是缄默：负面报道后国企和民企印象管理行为差异研究［J］. 南开管理评论，2017（1）：83-95.

［30］ Clementson D E & Beatty M J. Narratives as viable crisis response strategies: Attribution of crisis responsibility, organizational attitudes, reputation, and storytelling[J].*Communication Studies*, 2021, 72(1): 52-67.

［31］ 刘景东，江珊．创新可以持续吗——过渡期新任 CEO 印象管理与企业创新［J］. 科技进步与对策，2023（14）：74-82.

［32］ 游冬娥，刘志迎．论企业故事及其功能［J］. 中北大学学报（社会科学版），2007（1）：57-76.

［33］ 朱立言，孙健．学习型组织文化与领导角色［J］. 国家行政学院学报，2007（4）：85-88.

［34］ 赵毅，朱晓雯．组织文化构建过程中的女企业家领导力特征研究——以董明珠的创新型组织文化构建为例［J］. 中国人力资源开发，2016（8）：80-87.

［35］ 埃德加·沙因，彼得·沙因．组织文化、谦逊领导力与开放互信式关系——埃德加·沙因与彼得·沙因对话录［J］. 清华管理评论，2020，（11）：6-10.

［36］ 朱瑞博，刘志阳，刘芸．架构创新、生态位优化与后发企业的跨越式赶超——基于比亚迪、联发科、华为、振华重工创新实践的理论探索［J］. 管理世界，2011（7）：69-97.

［37］ 王彦蓉，葛明磊，张丽华．矛盾领导如何促进组织二元性——以任正非和华为公司为例［J］. 中国人力资源开发，2018（7）：134-145.

［38］ 高中华，赵晨，付悦，刘永虹．团队情境下忧患型领导对角色绩效的多层链式影响机制研究［J］. 管理世界，2020（9）：186-201.

［39］ 魏江茹，李雪，宋君．华为创新发展过程中企业家悖论式领导研究［J］. 管理案例研究与评论，2020（5）：553-565.

[40] 禹建强，解晴晴．主体弱化与公共重塑：对微博平台孟晚舟归国事件的社会网络分析［J］．现代传播（中国传媒大学学报），2023（3）：151-158.

[41] 冯宇轩，王震．对于“长臂管辖权”和“双重犯罪原则”的反制路径研究——以孟晚舟事件为例［J］．甘肃开放大学学报，2024（2）：62-67.

[42]〔美〕罗伯特·K. 殷．案例研究方法的应用［M］．周海涛，等译．重庆：重庆大学出版社，2009.

[43] 蔡宁伟，王欢，张丽华．企业内部隐性知识如何转化为显性知识？——基于国企的案例研究［J］．中国人力资源开发，2015（13）：35-50.

[44] Clementson D E. Narrative persuasion, identification, attitudes, and trustworthiness in crisis communication[J]. *Public Relations Review*, 2020, 46(2): 101889.

[45] 罗进辉，黄震，谢达熙．危机管理中企业应该第一时间进行信息披露吗？——基于中国上市公司116起危机事件的实证研究［J］．经济管理，2015（1）：43-46.

[46] 蔡宁伟，庞宇，王震，张丽华．领导类型的源起与演进：从一元到多元［J］．商学研究，2019（1）：18-31.

[47] 邓舒文，潘永刚．刻板印象下女性领导者的性别角色印象管理策略［J］．领导科学，2020（21）上：89-91.

[48] 田涛，吴春波．下一个倒下的会不会是华为？［M］．北京：中信出版社，2017.

[49]〔法〕弗雷德里克·皮耶鲁齐，马修·阿伦．美国陷阱［M］．法意译．北京：中信出版社，2019.

[50] 周晓虹．口述史、集体记忆与新中国的工业化叙事——以洛阳工业基地和贵州“三线建设”企业为例［J］．学习与探索，2020（7）：6-10.

基于动态数据驱动的城市风险应急治理研究

李　刚*

摘　要：当前，城市风险管理不断出现新的变化和产生新的问题，这对城市风险应急治理提出了更高的要求。城市风险应急治理在于减少风险带来的损失，但其面临着城市风险的复杂性和多样性、城市风险应急治理需要各个层面的合作与协调、城市风险应急治理存在信息不对称和不完全的问题等挑战，因此，大数据时代的来临，使得城市风险治理出现了重大变革。本文分析了数据在城市应急管理发挥的重要作用，如为决策提供科学依据、提高应急响应效率、模拟和预测突发事件的影响等。当然，数据收集和分析在城市应急管理中也面临一些挑战，本文提出做好基于数据的城市应急响应与决策、城市应急治理策略和方法，并对城市应急治理的未来发展做出展望。

关键词：城市风险　应急治理　动态数据

一　引言

城市风险应急治理是基于应对城市面临的各类风险和灾害事件而展开的一项重要工作。在现代城市化进程中，城市面临着诸多的自然和人为风险，如自然灾害、公共卫生事件、交通事故等[1]。这些风险事件不仅可能给人民的生命财产造成巨大损失，还会对城市的稳定和社会的发展产生不利影响[2]。通过加强对城市风险的评估和分类，制定科学合理的预案和管理措施，建立完善的组织体系和分工合作机制，能够提升城市的抵御能力[3]，促进城市的可持续发展，提升城市的整体管理水平。这对于确保城市的安全稳定和人民的利益最大化具有重要的作用[4]。

在城市风险应急治理中，案例分析是总结和借鉴经验的重要手段。通过对真实的风险事件进行分析和总结，可以发现问题、提取经验教训，为今后的风险应急工作提供参考和借鉴[5]。以某地发生的一次自然灾害为例，该地区在遭受洪涝灾害时，应急

* 【作者简介】李刚，哈尔滨剑桥学院工商管理学院副教授，研究方向为应急管理、城市风险治理。

响应及时、措施有力，取得了较好的效果。首先，该地在平时就重视洪涝灾害的风险评估和预案制定工作，制定了详细的应急预案和组织机制。在灾害发生时，各部门和单位迅速响应，按照预案分工合作，迅速展开救援和抢险工作[3]。其次，该地注重公众参与和宣传引导，及时发布风险信息和采取应对措施，引导公众做好自我保护，减少人员伤亡。同时，该地还积极与周边地区进行协调合作，借用外来的救援力量和物资支援，提高了救援的效率和质量[6]。

城市风险应急治理的核心目标是减少风险对城市发展和居民生活的影响，保障城市的可持续发展和居民的安全。在实际应用中，城市风险应急治理取得了一些显著的效果，但同时也面临着一些挑战。城市风险应急治理的效果主要体现在减少风险带来的损失。通过采取适当的预防和控制措施，可以有效减少自然灾害、社会安全问题和经济风险等所带来的负面影响。例如，在自然灾害方面，通过加强建筑抗震能力、改善排水系统和制定应急预案，可以降低灾害造成的损失和人员伤亡。在社会安全方面，加强社会治安管理和恐怖袭击预防，能够有效减少社会风险的发生和对居民的威胁。在经济风险方面，建立起完善的金融体系和风险应急治理机制，可以减少金融风险对经济发展的不利影响。然而，城市风险应急治理也面临着一些挑战。首先是风险的复杂性和多样性。城市风险来源众多、种类繁多，需要考虑自然因素、社会因素和经济因素的综合影响。这种多样性给城市风险应急治理带来了很大的挑战，需要科学、全面地识别和评估风险，并采取针对性的措施。其次，城市风险应急治理需要各个层面的合作与协调。城市发展涉及政府、企业和市民，需要各方共同参与和努力，形成有效的合力。然而，在实践中，不同部门之间的协同和沟通仍然存在一定的障碍，制约了城市风险应急治理的效果。此外，城市风险应急治理还面临着信息不对称和不完全的问题。在风险识别和评估阶段，需要大量的数据和信息支持，但存在着信息的不对称和不完全。政府和企业可能拥有更多的信息资源，而市民对风险的了解和参与程度有限。这导致在决策制定和风险应急治理过程中，存在信息的不准确性和不完整性问题，影响了风险应急治理的效果。

大数据时代的来临，使得城市风险治理出现了重大变革。多案例研究表明，尽管大数据最近才被广泛关注，但在实践中已自觉或不自觉地得到了运用。这一治理模式能够促进非营利组织积极参与，彰显“第三方治理”的独特优势，也有利于形成“自上而下”与“自下而上”双向治理的新格局。与传统治理模式相比，它有利于从简单因果假设向复杂相关分析、从应激式向预警式、从行政化向“互联网+”、从忽视个体向精细化、从感性向量化治理模式转变。精细化管理是有效防范常态风险、潜在风险、突发风险，提升城市风险治理能效的路径。基于对特大城市风险治理智能化的逻辑分析，借鉴城市风险治理智能化的经验，大数据在特大城市风险治理中的应用如何，受何种因素制约，是亟待回答的问题。既有研究大多局限于理论倡议或个案探讨，缺乏对大数据应用状况的总体把握，尤其缺乏对“组织影响技术”的“全链条”分析。实践证明，大数据的应用能否得到组织协调的响应，是其在风险防控中发挥作用的关键。

二　数据在城市应急管理中的应用

数据在城市应急管理中扮演着至关重要的角色。首先，数据的收集和分析可以为决策提供科学依据。对历史事件的归纳总结以及对城市基础设施、居民区域和人口密集地的信息收集，可以为城市应急管理部门提供丰富的数据支持，以便于制定行之有效的预防和应对措施[7]。其次，数据的实时监测和分析可以提高应急响应效率。随着科技的进步，城市中各类传感器和监测设备的广泛应用，可以实时收集和传输各类有关城市环境状况、交通状况、气象预警等重要信息。这些实时数据可以帮助应急管理部门及时了解突发事件的发生和发展趋势，以便于及时采取应对措施，减少损失[8]。此外，数据还可以用于模拟和预测突发事件的影响。通过建立合适的数学模型和算法，可以模拟各类突发事件对城市的影响程度和范围。这种模拟可以为应急管理部门提供重要参考，帮助其制定合适的预案和确保城市应急响应的迅速和准确[9]。

（一）数据收集与分析在城市应急管理中的作用

数据收集和分析是城市应急管理中的关键步骤，对于确定应急情况、制定应对策略以及评估应对效果起着重要作用。数据的准确性和全面性直接影响着应急决策的科学性和结果的可靠性。首先，数据收集是获取各类应急信息的基础。城市应急管理部门需要对各类潜在的灾害风险进行综合分析和评估，以制定相应的防范和应对措施。数据收集包括对灾害历史数据、城市基础设施数据以及人口分布和建筑结构等信息的搜集，通过数据处理和分析，为应急管理部门提供决策支持[10]。其次，数据分析是对收集来的数据进行深入研究和评估的过程。通过对数据进行统计、分类、建模分析等手段，可以从大量的数据中挖掘出有用的信息和规律，为应急管理部门提供科学依据。例如，利用历史灾害数据和相关影响因素，可以建立起预测模型，提前预测潜在的灾害风险；利用实时的传感器数据，可以监测突发事件的发展趋势，及时做出响应和决策[11]。此外，数据分析还可以帮助城市应急管理部门优化资源配置。在灾害发生后，如何合理快速地配置救援物资和人力资源对于保障公共安全至关重要。通过对数据的分析，可以评估不同地区和不同时间段的灾害需求，并合理调度资源，提高应急响应的效率和准确性[12]。

（二）数据应用于城市应急管理面临的挑战

数据收集和分析在城市应急管理中的应用已经取得了显著的成果，但也面临一些挑战。例如，数据收集的准确性和实时性，以及大数据处理和分析的技术能力等方面的问题，都需要不断完善和提高。此外，数据的共享和隐私保护也是一个重要的考虑因素。只有解决了这些挑战，才能更好地利用数据为城市应急治理提供科学支持[13]。数据驱动的城市应急治理是指通过收集、分析和利用大数据来指导城市应急治理决策和行动的一种方法。随着数据技术的不断发展和应用，数据驱动的城市应急治理面临着一些挑战，但也有着广阔的前景。首先，数据的质量和准确性是数据驱动城市应急治理的关键挑战之一。数据的质量和准确性直接影响着决策和行动的科学性和有效性。然而，由于数据的来源和收集过程的复杂性，数据中可能存在错误、偏差和缺失等问题。因此，需要建立起科学的数据采集和处理机制，提高数据的质量和准确性[14]。其次，数据处理和分析的能力也是一个重要挑战。随着数据量的增加和多样性的提高，对数据处理和分析的技术和能力提出了更高要求。城市应急治理部门需要具备相应的数据处理和分析技术，能够对海量的数据进行快速有效的处理和分析，从中提取有价值的信息和规律，为决策和行动提供科学依据[15]。此外，数据的共享和隐私保护也是一个挑战。城市应急治理需要各类部门和机构的数据共享和交流，但数据共享也面临着数据安全和隐私保护的风险。因此，需要建立起相应的数据共享机制和隐私保护制度，确保数据的安全和隐私不受侵犯[16]。

（三）数据应用于城市应急治理的前景

数据驱动的城市应急治理也有着广阔的前景。首先，通过数据的收集、分析和利用，可以实现城市应急治理的精细化和智能化。数据可以帮助应急管理部门及时了解事件的发展态势、影响范围和需求情况，从而能够做出及时准确的决策和行动。其次，数据可以提供全面和客观的信息支持，帮助应急管理部门制定科学有效的预案和应对策略。通过对历史数据和实时数据的分析，可以揭示灾害事件的规律和影响因素，为决策提供科学依据。此外，数据驱动的城市应急治理还可以促进各类部门和机构之间的协同和合作，实现资源的整合和信息的共享，提高城市应急治理的水平和效率[17]。

三　基于大数据的城市应急响应与决策

基于数据的城市应急响应和决策是指利用数据采集、分析和处理的结果进行科学有效的应急响应和决策的过程。在突发事件发生时，城市应急管理部门可以通过数据的收集、分析和利用，迅速了解事件的情况和影响范围，从而制定合理的响应措施。

首先，基于数据的城市应急响应需要建立起科学高效的指挥调度系统。通过数据的收集和传输，应急管理部门可以实时获取有关突发事件的信息，如灾害类型、发生地点、规模等。这些信息可以通过在地图上标注和整合等方式直观清晰地展示出来，为指挥调度提供依据。同时，还可以通过数据分析和建模预测事件的发展趋势，为应急指挥提供科学依据。其次，基于数据的城市应急决策需要充分利用历史数据和实时数据。历史数据是指过去灾害事件的相关数据，可以通过分析和挖掘找出灾害的规律和影响因素，为应急决策提供借鉴和参考。实时数据是指在事件发生后实时收集的数据，如监测设备传输的各类环境数据、社会数据等。通过对实时数据的分析和处理，可以快速了解事件的发展态势和影响程度，从而做出及时准确的决策。此外，基于数据的城市应急响应和决策还需要充分考虑多种数据资源的整合和共享。在城市应急治理中，存在各类数据源和不同部门之间的信息孤岛问题，导致数据分散和难以综合利用。因此，建立起数据共享机制，促进不同部门和机构的数据交流和整合，可以更好地实现数据的有效利用，提高应急响应的效率和准确性。

综上所述，基于数据的城市应急响应与决策是利用数据采集、分析和处理的结果，进行科学有效的应急响应和决策的过程。通过充分利用数据资源、建立科学高效的指挥调度系统和推动数据的整合与共享，可以提高城市应急管理能力和水平。然而，数据质量和隐私安全问题仍然是需要重视和解决的挑战，只有克服了这些问题，才能更好地利用数据为城市应急治理提供科学的支持。

四 城市风险应急治理的策略、方法和发展趋势

（一）城市风险应急治理的策略与方法

城市风险应急治理的策略与方法是保障城市安全和可持续发展的关键。在制定风险应急治理策略时，需要考虑城市的特点、风险的来源和可能带来的影响。同时，要综合运用各种管理工具和技术，以有效地预防和应对城市风险。

首先，制定预防性策略是城市风险应急治理的基础。一是通过加强城市规划和建设，合理利用土地资源，避免建设在高风险区域，减少自然灾害发生的可能性。二是加强环境保护，提高生态系统的恢复能力，能够减少环境污染和生态破坏带来的风险。三是在城市规划中考虑到社会安全因素，加强人口管理和社会治安，能够减少社会风险的发生。其次，建设应急响应体系是城市风险应急治理的重要手段。城市应建立完善的应急响应机制，包括应急预案、人员培训和演练，以提高城市灾害应对能力。同时，建立信息化平台，实现信息共享和快速响应，能够加强风险监测和预警，及时采取相应的应对措施。

最后，科学的风险评估和管理方法也至关重要。通过概率分析、风险矩阵和风险指标等方法，可以对风险的概率、影响程度进行定量分析，为制定科学的风险应急治理策略提供决策依据。同时，采取风险应急治理综合措施，如保险制度、风险分担和合作机制，能够降低风险的经济损失，并提高城市的抵御能力。

（二）城市风险应急治理的未来发展趋势

城市风险应急治理在未来将面临新的挑战和发展趋势。随着科技的不断进步和全球化的快速发展，城市面临的风险也愈发复杂和多样化。在这种背景下，城市风险应急治理需要不断创新和进步，以更好地适应新的需求和挑战。

首先，信息技术的应用将成为城市风险应急治理的重要趋势。通过建立信息化平台和城市数据中心，可以实现对城市风险的实时监测和预警，加强风险信息的共享和传播。同时，人工智能、大数据和云计算等技术的应用，可以提供更精准的风险评估和管理方法，帮助城市制定更合理和可行的风险应急治理策略。其次，跨学科合作将在城市风险应急治理中起到更重要的作用。城市风险应急治理涉及地质学、气象学、环境科学、社会学等多个学科领域，需要专业人员的协同合作和交叉融合。未来，要进一步加强学科之间的合作和交流，建立跨学科的研究团队和机构，共同解决城市风险应急治理中的复杂问题。最后，风险治理和防控将成为城市风险应急治理的重要方向。传统的风险应急治理主要侧重于事后救灾和灾后恢复重建，未来将更加注重风险治理和防控的整体思路。即从源头上减少风险的产生，并采取综合措施降低风险的影响。这包括加强基础设施的抗风险能力，改善城市规划和建设，提高居民的风险意识和自我保护能力等。

五　城市风险应急治理中的数据安全与隐私保护

在城市应急管理中，数据的安全和隐私保护是重要的考虑因素。随着数据技术的不断发展和广泛应用，越来越多的个人和敏感信息被收集和处理，如何保护这些数据的安全和隐私成为一个紧迫的问题。

首先，数据安全是保障城市应急管理的重要基础。在收集、传输和存储数据过程中，必须采取相应的安全保护措施，防止数据在传输和存储过程中被非法获取和篡改。例如，应急管理部门需要建立起严格的数据访问权限控制机制，确保只有被授权人员可以访问和操作数据。此外，还需要采用加密技术、防火墙等手段，防止黑客攻击和网络安全威胁。其次，数据隐私保护是保护个人权益和社会公平的重要保障。在收集和使用数据的过程中，必须遵守相关的法律法规和道德规范，保护个人隐私和数据所有权。例如，应急管理部门需要明确数据使用的目的和范围，并取得数据主体的合法授权。同时，还需要对数据进行去标识化处理，确保个人身份和敏感信息的匿名性，以免造成个人隐私泄露和滥用。最后，数据安全和隐私保护也需要加强对数据共享的管理和监督。在城市应急管理中，各类部门和机构之间需要进行数据共享和交流，以实现资源整合和信息协同。然而，数据共享也伴随着数据安全和隐私保护的风险。因此，需要建立起完善的数据共享机制，明确数据共享的目的和范围，并制定相应的管理流程和技术措施，保障数据的安全和隐私。

参考文献

［1］唐皇凤，杨婧．中国特色政党主导型城市应急管理体系：运行机制与优化路径［J］．学海，2021（5）：54-63.

［2］李琼，宋慧娟．韧性治理视阈下上海城市风险评估及防控研究［J］．贵州社会科学，2023（6）：100-106.

［3］周晶．大数据和人工智能在城市风险管理方面的应用和探索［J］．互联网周刊，2023（3）：10-12.

［4］袁玉玲，陈位志．现代化视野下的城市风险治理：研究综述与展望［J］．南方论刊，2023（1）：48-49+60.

［5］吴晓林，左翔羽．大数据驱动的特大城市风险治理有效吗？［J］．行政论坛，2022，29（4）：56-63.

［6］吴福生，蒋光艳，徐军委．大数据技术驱动下城市应急管理面临的挑战与机遇［J］．软件导刊，2023，22（8）：151-155.

［7］胡贵仁．模糊应对、数字赋能与敏捷治理——超大城市风险防控的逻辑转向及困境超越［J］．城市问题，2022，(9)：87-94.

［8］周利敏．迈向大数据时代的城市风险治理——基于多案例的研究［J］．西南民族大学学报（人文社科版），2016，37（9）：91-98.

［9］张锋．特大型城市风险治理智能化研究［J］．城市发展研究，2019，26（9）：15-19.

［10］孙建平．提升城市风险治理能效的精细化管理路径［J］．上海城市管理，2021，30（2）：4-8.

［11］黎鸣鹤．基于大数据运用的城市应急管理能力提升［D］．南昌大学，2022.

［12］李晰睿，佀庆民，郭昕曜等．国家中心城市应急管理体系建设对策研究——以郑州市为例［J］．郑州航空工业管理学院学报，2022，40（5）：43-49.

［13］阳杰，李灿峰，姚元琪，等．超大型城市应急管理数字赋能的困境及深圳探索［J］．中国应急管理，2022（10）：46-49.

［14］杨灵芝．智慧城市应急管理体系研究［J］．经济研究导刊，2022（23）：147-149.

［15］范鹏震．城市应急能力评价及提升研究［D］．吉林建筑大学，2022.

［16］张广利．超大城市应急管理体系国内外典型模式分析与经验借鉴［J］．科学发展，2022（3）：79-87.

［17］肖露．韧性治理视角下的城市应急管理体系建设研究［D］．电子科技大学，2022.

结构功能主义视角下“归雁经济”发展中政府履责风险研究

龚会莲　种惟一*

摘　要： 在乡村振兴战略下“归雁”成为引领农村创业的重要力量，识别“归雁经济”发展中政府面临的履责风险意义重大。本文依托“价值-制度-角色”理论框架，研究表明：“归雁经济”发展中政府履责在实践中面临着价值冲突、制度供求失配和角色错位三重风险。基于以上结果，本文提出以下对策：第一，确保价值取向与发展战略一致；第二，增强制度建设与发展需求适配性；第三，强化角色定位与行动落实协调性。本文努力在避免政府履责风险，激发“归雁”活力，促进我国农业农村现代化建设全面推进方面做出一定的贡献。

关键词： 结构功能主义　“归雁经济”　政府履责风险　乡村振兴

一　问题的提出

党的二十大报告指出，全面建设社会主义现代化国家，最艰巨最繁重的任务仍然在农村……加快建设农业强国，扎实推动乡村产业、人才、文化、生态、组织振兴。[1]在此背景下，新乡贤作为乡村振兴的关键力量，带着积累的资金、技术、经验和人脉，以“归雁”姿态投身家乡创业投资，催生出充满活力的“归雁经济”，为农村经济发展注入新动能。随着“归雁经济”的蓬勃发展，政府在其间的履责风险愈发凸显。如发展与保护价值失衡，损害乡村生态和文化；土地政策适应性不足、金融协调不畅；监管尺度难控，角色定位出现混乱。这一系列风险相互交织，亟待深入剖析和有效应对，以保障“归雁经济”在乡村振兴的道路上稳健前行。因此，本文基于结构功能主义理论基础，依托“价值—制度—角色”分析框架，从政府在“归雁经济”发展中履责风险的多维度视角出发，深入分析价值层面经济发展与生态

* 【作者简介】龚会莲，西北政法大学政治与公共管理学院教授，研究方向为公共政策与智库建设、公共服务供给机制创新等；种惟一，西北政法大学商学院（管理学院）硕士研究生。

文化保护失衡的深层原因，梳理制度层面土地政策和金融协调问题的关键所在，剖析角色层面监管与定位混乱的症结，为政府在“归雁经济”发展中防范履行职责风险提供建议，助力乡村振兴战略有效落实。

二 理论基础及分析框架

在对“归雁经济”发展的研究中，如何借助结构功能主义理论来剖析政府履责风险，并将其与“归雁经济”发展紧密关联起来，构成本研究的重要基础。当前学界在这方面的理论阐释尚不充分，针对“归雁经济”发展中政府履责风险的分析框架也较为欠缺。而在“归雁经济”不断推进的过程中，政府作为关键推动力量，其履行职责的情况与“归雁经济”能否健康、可持续发展息息相关。由此可见，运用结构功能主义来分析“归雁经济”发展中政府履责风险具有显著的理论意义和现实价值。

20世纪40年代，美国社会学家帕森斯致力于建立系统性的结构功能主义理论[2]。以结构功能分析为特征，他引入了“地位-角色”作为基本分析单位，其中“地位”指行动者在社会系统中的位置，“角色”则是社会对该位置的行为期待，促进个人与社会之间的互动[3]。帕森斯在分析政府系统结构时，采用了价值、制度和角色三维划分方法。他将政府系统结构分为三个层次：首先是价值系统，作为结构总体分析的参照基点，需要在高层次上进行阐述；其次是制度层次，制度是规范的模式，需要在具体和分化的层次上被调节行动一般化；最后是集体或角色层次，集体是个体互相作用的具体系统，而角色则是个人在集体中参与活动的综合体[4]。以结构功能主义的视角来审视“归雁经济”发展，我们可以认识到：“归雁经济”是一个融合了经济发展、生态维护、社会和谐等多重要素的复杂系统，各要素之间的相互关系与组织形式体现出其系统层面的结构性要求。而要实现“归雁经济”系统整体功能的良好发挥，必然依赖于具体的行动主体。政府作为其中最为关键的行动主体，在“归雁经济”发展中承担着重要职责，但同时也面临着诸多履责风险。运用结构功能主义对政府履责风险进行审视，能够为深入探究“归雁经济”发展中政府履责存在的风险提供有效的分析视角和方法。首先，能够深入剖析“归雁经济”发展中政府履责风险所涉及的内部结构要素，涵盖价值结构层面、制度结构层面以及角色结构层面，这些都是政府在“归雁经济”发展过程中基于价值判断、制度设立、角色定位等因素而形成的可能引发履责风险的组合模式。其次，可以全面把握“归雁经济”发展中政府履责整体情况，能够深入分析政府在“归雁经济”发展中责任履行的各种偏差现象。综上所述，结构功能主义与“归雁经济”发展中政府履责风险分析在理论层面存在着紧密的契合性，是深刻理解“归雁经济”发展与政府履责风险之间联系的有效工具，为防范政府履责风险提供了科学合理的应用路径。本文构建的“价值-制度-角色”三维分析框架见图1。

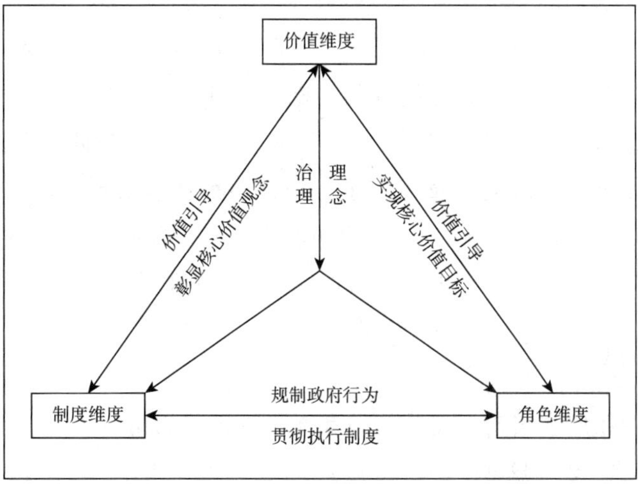

图 1 “价值-制度-角色”三维分析框架

（一）价值维度

价值维度是政府在推动“归雁经济”发展过程中所坚守的核心价值和目标体现，政府政策通常反映社会的核心价值观念与目标。对于“归雁经济”发展政策而言，政府会考量社会在农村经济发展、农村居民脱贫、可持续发展等方面的价值观念，其政策目标包括促进农村创业、提高农村生活水平、保护环境等，这些目标与社会价值观念紧密相连，且政策会对社会价值观念产生深远影响，或改变或强化特定价值观念，同时政策制定也是为了实现特定社会价值目标，政府通过政策引导社会行为以达成目标，如通过制定促进“归雁经济”发展的政策，推动人才向乡村社会流动，为乡村振兴注入至关重要的新动能[5]。从价值层面看，价值是结构总体分析的参照核心，政府的责任在于精准反映社会价值观念，对“归雁经济”发展予以支持和引导，因此政府需将社会公平、可持续发展和经济增长等核心价值置于重要地位，这样才能为“归雁经济”的发展奠定正确的价值导向，避免价值偏差带来的发展风险，从源头上保障“归雁经济”沿着符合社会整体利益的方向发展。

（二）制度维度

制度维度是指政府所建立和维护的规章制度，以实现上述核心价值。这一维度包括了多个关键要素，在“归雁经济”发展中占据举足轻重的地位。制度作为规范性框架，为“归雁经济”有序推进提供根本保障，它是政府在制度层面履行职责的关键环节，这些制度建设措施相互关联且缺一不可。从宏观层面来看，良好的制度体系能明确各方权利和义务，为“归雁经济”各类主体提供行为准则，还能营造稳定的发展环境，这种稳定、可预期的环境是吸引“归雁”创业者和投资的重要因素。政府通过建立健全经济、法律和社会制度，可增强市场信心，降低不确定性风险，为“归雁经济”的持续发展创造有利条件。而且，制度的不断创新和完善是推动“归雁经济”发展的动力源泉，随着经济社会发展，“归雁经济”面临新挑战和机遇，政府需要与时俱进，不断创新和完善制度体系以适应发展需求。任何一个环节出现问题，都可能成为履责风险点，影响“归雁经济”发展，而结构功能主义理论能帮助政府从整体上审视制度体系，发现潜在风险，从而制定更具针对性和系统性的制度。

（三）角色维度

角色维度是指政府在实现上述价值和制度中所扮演的角色。政府作为政策制定者，有责任制定一系列支持“归雁经济”的政策，以此创造良好创业环境，为“归雁”提供广阔发展前景。同时，政府肩负着监管者使命，要对经济活动进行监管，确保“归雁经济”在法定框架内合法规范运营，防止欺诈和不正当竞争，保障市场公平透明。此外，政府还是服务者，通过提供资金支持、补贴或担保等形式，协助“归雁”获取启动资金，降低其经营风险，从而鼓励更多人投身创业。这些多元化政府职能相互交织，共同构建起支持“归雁经济”的框架，促进“归雁”经济蓬勃发展和成功，推动农村地区经济繁荣和社会进步。若政府在履行这些角色过程中出现错位或缺失，必然引发一系列风险，影响“归雁经济”发展。而结构功能主义理论能为政府在角色定位中提供清晰指导，使其明确自身角色边界和职责内容，有效应对可能出现的风险，政府的使命就在于协调并平衡这些职能，以实现“归雁经济”的长期可持续发展。

三 “归雁经济”发展中政府履责存在的风险

农村创新创业环境不断改善为发展“归雁经济”提供了机遇，同时也对政府提出了新的要求。政府在界定和履行责任时的合理性直接影响着“归雁经济”的发展。从“价值-制度-角色”分析框架出发，可以发现政府在“归雁经济”发展中面临着价值冲突、制度供求失配和角色错位等风险。这些风险在一定程度上影响了政府履责中的主动性和创新性，从而制约“归雁经济”的健康发展。

（一）价值层面：经济主导与价值维度冲突的风险

在“归雁经济”发展的进程中，政府的价值导向在整个经济发展中扮演着关键角色，深刻影响着其走向和质量，而这与政府履责息息相关。然而，当前在价值层面，政府面临着因过度聚焦经济价值而弱化其他关键价值维度所带来的价值冲突风险，这凸显出政府在履行职责过程中的偏差。政府在推动“归雁经济”发展时，往往将经济增长视为首要目标，这种以经济为核心的价值取向，在一定程度上反映出政府在履责时对生态和人文价值重视不足的问题。表 1 呈现了 S 县 G 镇乡村振兴战略考评细则（部分）。

表 1　S 县 G 镇乡村振兴战略考评细则（部分）

考核指标	分值（分）	考核标准
经济发展	60	地区生产总值增长率达 10%以上得 15 分；“归雁”创办企业数量年增长率达 20%以上得 15 分；招商引资额同比增长 30%以上得 15 分；工业增加值占 GDP 的比重提高 5 个百分点以上得 15 分，未达目标按比例得分。
生态保护	20	空气质量优良天数比例较上一年不降低得 5 分（若降低则不得分）；工业企业污水达标排放率达 80%得 5 分（每降低 10 个百分点扣 2 分）；对因经济发展破坏生态环境行为无主动监管措施扣 10 分。
文化发展	20	传统民俗文化活动经费投入占财政支出的比重不足 0.5%扣 10 分；未对古村落、古建筑保护制定专项计划扣 10 分（有计划但执行不力酌情扣分）。

从生态价值角度来看，在“归雁经济”项目落地过程中，尤其是涉及农业产业升级和农村工业发展相关的项目，政府履责的重点不应仅仅局限于经济指标。若政府仅以经济指标来衡量项目的可行性，对企业不加引导，是政府在履行生态保护和经济引导职责方面的漏洞，企业可能会为了降低成本破坏当地的生态平衡，影响农村的生态系统服务功能，导致严重的生态问题。长此以往，不仅会影响当地农产品的质量和产量，也会对农村居民的生活环境造成负面影响，进而制约“归雁经济”中依赖生态环境的相关产业发展。同时在人文价值方面，政府若在履行职责时过度偏向经济发展，忽视文化传承和社会和谐，也会产生诸多负面效应。乡村是承载着丰富传统文化和独特社会结构的地域，“归雁经济”的发展应与乡村人文价值相融合。如果政府在政策制定和项目审批过程中忽视人文价值，这是在履行职责过程中的重大失误，可能会导致乡村传统文化逐渐消逝，乡村原有的社会关系网络和社区凝聚力也可能因不合理的经济发展模式而受到冲击。过度商业化的开发可能会导致村民之间因利益分配问题产生矛盾，改变原有的和谐人际关系，降低乡村对“归雁”人才的吸引力，使“归雁”无法从乡村文化中获得归属感和认同感[6]，最终影响“归雁经济”的可持续发展。这一系列风险都警示着政府需要重新审视并完善自身在“归雁经济”发展中的履责内容和方式。

（二）制度层面：制度供给与发展需求失配的风险

政府在“归雁经济”发展中肩负着建立和维护相关规章制度的重任，其目标是保障人才顺利回流乡村，推动农村经济发展、助力农民脱贫以及实现农村经济可持续发展。然而，在此过程中，政府在制度层面面临着供给偏离发展需求的风险，这对“归雁经济”的发展构成了严峻挑战。

发挥政策组合效应。在土地、金融、税收等多个领域制定协同扶持政策[7]，在土地制度方面，城乡发展不均衡以及土地利用规划不合理的问题凸显，导致乡村土地资源配置出现严重问题，给政府保障“归雁经济”土地资源合理利用带来风险。一方面，土地使用权界定模糊，归雁创业者在乡村开展经济活动时，政府未能清晰明确其土地使用权限与范围。这表明政府在土地制度的设计与执行环节存在不足，可能导致土地资源闲置或低效利用，影响“归雁经济”项目的落地和发展[8]。另一方面，土地流转困难重重，复杂的流转程序和严格的审批要求成为阻碍。这反映出政府在土地流转制度的监管和优化上存在漏洞，使“归雁”创业者难以获取足够的土地资源来扩大生产规模或开展新的项目，从而延缓了“归雁经济”的发展步伐，增加了发展的不确定性[9]。金融支持制度也与“归雁经济”的发展需求相偏离，给政府保障创业者资金支持带来风险。“归雁”创业者在创业初期往往面临资金短缺问题，而银行等金融机构对其贷款审批极为严格，要求价值较高的抵押物或担保条件，且缺乏专门针对“归雁”的金融产品和服务[10]。这体现出政府在构建完善的金融支持体系方面有所欠缺，未能有效协调金融机构与“归雁”创业者之间的关系。这种情况使得创业者融资渠道受限，资金短缺问题难以解决，进而制约了“归雁经济”的发展活力和创新能力，可能导致一些有潜力的项目因资金问题而夭折。税收优惠制度同样存在不足，给政府激励“归雁经济”发展带来风险。目前的税收优惠政策对“归雁经济”的针对性不强、优惠力度不够，“归雁”创业者在经营过程中面临较高的税收负担，增加了经营成本，降低了创业积极性。这反映出政府在制定税收政策时没有充分考虑“归雁经济”的特殊性和发展需求，未能通过合理的税收优惠来降低创业者的负担，鼓励其扩大生产和创新，可能使“归雁经济”的发展规模受限，对人才的吸引力下降，不利于长期稳定发展。

（三）角色层面：角色定位与实际行动错位的风险

在“归雁经济”蓬勃发展的背景下，政府承担着保障和引导的重要使命，其角色定位对于整个经济系统的顺畅运行和持续发展至关重要。然而，当前政府在这一经济模式中面临着由角色定位与实际行动错位而产生的风险。

作为引导者，政府应通过科学合理的政策规划为创业者导航，引导各类资源向潜力领域汇聚。但实际上，政策可能缺乏前瞻性和针对性，这使得政府在履行引导职责时面临风险。这种风险体现为无法为“归雁”创业者提供有效的决策指导，进而可能导致创业者盲目行动，错过发展机遇，阻碍“归雁经济”的健康发展。作为监管者，其目标是维护经济活动的合法性、公平性和可持续性。然而，实践中却存在监管角色错位的问题。监管力度的失衡会给“归雁经济”带来负面影响。过度监管会增加创业者的经营成本和负担，限制其创新和发展的活力；监管不足则会破坏市场秩序，损害消费者权益和公共利益。比如在农村小微企业发展过程中，由于监管力量薄弱或标准模糊，部分企业可能出现违规生产、污染环境等问题，这不仅危害当地生态环境，也会对整体经济发展造成冲击，这是政府在履行监管职责时面临的风险体现。作为服务提供者，本应积极主动地为“归雁”创业者提供政策咨询、技术培训、融资支持等全方位服务。但实际情况是，服务的不及时和不到位现象时有发生，这使创业者在发展过程中可能因缺乏必要的支持而陷入困境，影响“归雁经济”的发展速度和质量，这也凸显了政府在履行服务职责方面面临的风险。

四 “归雁经济”发展中政府履责风险防范策略

政府作为推动“归雁经济”发展的重要主体，厘清自身在“归雁经济”发展中的责任，防范履行责任的风险是关键。鉴于此，本文运用“价值-制度-角色”分析框架，针对上述三重风险，靶向构建防范风险的策略。

（一）价值层面：确保价值取向与发展战略一致

在“归雁经济”的发展进程中，政府在价值层面履行责任时面临的风险不容忽视，规避这些风险对于保障“归雁经济”的可持续发展至关重要。这需要政府从多维度出发，对经济、生态和人文价值进行全面而深入的统筹与协调。

首先，政府应重塑价值观念，确立生态、人文价值与经济价值平等的地位。在规划“归雁经济”项目时，需进行深度且全面的实地调研，充分掌握当地的生态本底、文化脉络和社会结构。对于项目的评估，要构建综合的价值评判体系，避免仅以经济增长为单一衡量标准。在生态保护层面，构建全流程、动态化的监管体系。在项目引入阶段，要将严格且细致的环保要求以合同条款的形式明确告知企业，并确保企业理解和接受。在项目实施过程中，建立定期检查与不定期抽查相结合的监督机制，对企业环保措施的执行情况进行严格审查。对于发现的生态破坏行为，迅速采取有效措施，责令企业整改，并依法依规追究责任。同时，积极发挥引导作用，推广先进的环保技术和可持续发展模式，鼓励企业开展资源循环利用项目，提高资源利用效率，降低对生态环境的压力。此外，通过建立生态保护奖励机制，对在生态保护方面表现卓越的企业给予实质性奖励，激励企业积极履行生态保护责任。在人文价值的保护与融合方面，在政策制定过程中要将乡村传统文化和社会和谐因素作为核心考量内容。在项目审批环节，要强化人文价值评估指标，确保项目能够积极促进乡村文化传承和社区凝聚力提升。积极介入乡村社会关系的协调，通过组织村民参与项目决策、收益分配协商等民主活动，保障村民的合法权益，维护公平公正的利益分配格局，避免因经济利益纷争破坏乡村社会和谐。同时，积极推动民俗节庆、传统手工艺展示等文化活动的开展，为乡村文化的传承与发展创造有利条件，增强“归雁”人才对乡村文化的认同感和归属感。形成政府引导、企业配合、民众参与的良好发展态势[11]，有效规避价值层面的履责风险，推动“归雁经济”健康、持续发展。

（二）制度层面：增强制度建设与发展需求适配性

发展“归雁经济”，政府还需对现行制度框架进行全面且细致的评估，识别出哪些具体制度存在调整和优化的必要性，使其更贴合“归雁经济”发展的特殊要求。这一过程不仅有助于提升制度的适配性和有效性，也是确保政策与经济发展同步、促进农村社会稳定和经济增长的重要步骤。

在土地制度方面，政府应致力于清晰界定土地权利。开展全面的乡村土地清查与确权工作，明确土地的所有权、承包权和经营权归属，尤其要针对归雁创业者的土地使用情况制定详细规则，明确其使用权限和范围，避免因模糊不清导致的资源闲置或低效利用。同时，简化土地流转程序，对土地流转审批流程进行全面审查和优化。减少不必要的环节和手续，建立一站式土地流转服务平台，为“归雁”创业者提供便捷、高效的土地流转服务。此外，加强对土地流转市场的监管，规范流转行为，保障各方的合法权益。对于金融支持制度，积极协调金融机构。通过政策引导，鼓励银行等金融机构创新金融产品和服务，专门针对“归雁经济”设计灵活的贷款产品，根据创业者的项目前景、个人信用等多维度评估贷款资格[12]。建立“归雁经济”专项风险补偿基金，当金融机构为“归雁”创业者提供贷款出现一定风险损失时，给予相应的补偿，提高金融机构的积极性。同时，拓宽融资渠道，发展多元化金融服务，引入风险投资、天使投资等[13]，为“归雁”创业者搭建与资本市场对接的平台。在税收优惠制度上，强化政策针对性。深入调研“归雁经济”各行业、各阶段的经营特点和需求，制定与之匹配的税收优惠政策。加大优惠力度，如在创业初期给予一定期限的免税期，在发展阶段根据企业吸纳就业人数、带动农民增收幅度等指标给予相应的税收减免。建立动态评估机制，定期对税收优惠政策的实施效果进行评估和调整，确保政策能够切实减轻归雁创业者的负担，激发其创业热情和创新活力，促进“归雁经济”规模扩大和可持续发展。通过以上多维度的制度改进，使制度供给与“归雁经济”发展需求相契合，保障其健康发展。

（三）角色层面：强化角色定位与行动落实协调性

有效推动“归雁经济”发展，政府还需防范其角色定位与实际执行之间的偏差所带来的风险，必须从引导、监管和服务三个维度对政府履责进行系统性的优化。

在引导者角色方面，应构建科学的政策规划体系。建立全面且深入的“归雁经济”发展信息收集机制，整合包括市场趋势、技术创新、人才流动等多方面的数据，以此为基础制定前瞻性政策。同时，政策制定需引入专业评估机制，由经济、社会、科技等领域专家组成评估团队，对政策的针对性进行评估，确保政策能准确指向潜力领域，为创业者提供精准指导，减少盲目行动。对于监管者角色，需建立精准的监管平衡机制。首先，明确监管标准，依据不同行业特点和发展阶段，制定清晰、细致且可操作的监管规则，涵盖生产规范、环保要求、质量标准等各个方面。其次，建立动态监管力度调整机制，根据经济活动的实际情况，运用大数据等技术手段监测市场变化，避免过度监管或监管不足。当发现市场秩序良好、创新活力不足时，适当放宽监管尺度；当出现违规行为频发、损害公共利益现象时，及时加强监管力度，确保监管的适度性和有效性，维护经济活动的合法性、公平性和可持续性。在服务提供者角色维度，要完善高效的服务供给体系。建立统一的“归雁经济”服务平台[14]，整合政策咨询、技术培训、融资支持等各类服务资源。通过平台实现信息实时更新和共享，确保创业者能及时获取所需服务。同时，强化服务监督与反馈机制，定期对服务质量进行考核，根据创业者反馈及时改进服务内容和方式，提高服务的及时性和到位率，保障创业者在发展过程中得到充分支持，促进“归雁经济”的高质量发展[15]。通过这些措施，使政府在“归雁经济”中的角色履行与实际行动相匹配，保障经济发展的稳定与可持续。

结　语

综上所述，在“归雁经济”发展进程中，政府所扮演的角色不可或缺，强化政府责任、构建负责任的政府体系已然成为推动“归雁经济”发展的核心关键。本文借助结构功能主义中的“价值-制度-角色”三维分析方法，搭建起理论分析架构，从结构功能主义视角出发，将“归雁经济”发展中政府履责风险作为独立研究课题展开系统且深入的剖析。促进“归雁经济”发展，政府需保障农村核心价值观传承不息，构建行之有效的制度支撑体系，全方位履行多样化角色，进而推动农村经济繁荣与社会发展。这要求政府明晰“归雁经济”发展的价值导向，并据此制定配套政策，对相关制度加以改革，同时明确自身角色定位。由此，使“归雁”成为引领乡村产业发展的关键力量，助力富民乡村产业蓬勃发展，为实现共同富裕筑牢物质根基。本文虽对政府在“归雁经济”发展中政府面临的履责风险进行了初步探究，然而，如何将理论有效转化为实践，并持续开展探索与创新，仍任重道远。我们必须坚持实践与理论紧密结合，积极优化政策和服务模式，为乡村振兴战略的深入实施添砖加瓦，促使“归雁经济”在乡村振兴的伟大征程中展现出更为强劲的发展活力与潜力。

参考文献

[1] 习近平：《高举中国特色社会主义伟大旗帜　为全面建设社会主义现代化国家而团结奋

斗——在中国共产党第二十次全国代表大会上的报告》，人民出版社，2022：31-32.

［2］刘润忠．试析结构功能主义及其社会理论［J］．天津社会科学，2005（5）：52-56.

［3］颜德如，张玉强．乡村振兴中的政府责任重塑：基于“价值-制度-角色”三维框架的分析［J］．社会科学研究，2021（1）：133-141.

［4］李炜永．价值、制度、角色：人民政协利益表达功能的结构分析［J］．中共福建省委党校学报，2016（5）：49-56.

［5］易承志，韦林沙．城乡融合背景下新乡贤参与乡村公共治理的实现机制——基于制度与生活视角的个案考察［J］．行政论坛，2022，29（3）：90-98.

［6］付翠莲，张慧．“动员-自发”逻辑转换下新乡贤助推乡村振兴的内在机理与路径［J］．行政论坛，2021，28（1）：53-58.

［7］曹兵妥，李博，李仙娥．嵌入式发展：青年返乡创业助力乡村振兴的逻辑、困境与路径［J］．西安财经大学学报，2025（1）：105-116.

［8］王轶，刘蕾．农民工返乡创业何以促进农民农村共同富裕［J］．中国农村经济，2022（9）：44-62.

［9］钱再见，汪家焰．“人才下乡”：新乡贤助力乡村振兴的人才流入机制研究——基于江苏省L市G区的调研分析［J］．中国行政管理，2019（2）：92-97.

［10］宋琳．推进乡村全面振兴背景下返乡再农化研究［J］．东岳论丛，2024（10）：133-140.

［11］农业农村部关于印发《全国乡村产业发展规划（2020~2025年）》的通知［N］．中华人民共和国农业农村部公报，2020（8）：63-73.

［12］农业农村部　国家发展改革委　教育部等关于深入实施农村创新创业带头人培育行动的意见［N］．中华人民共和国农业农村部公报，2020（7）：9-12.

［13］王海林，郭新立，武延平．农民工返乡创业助推乡村振兴战略的路径探析——以“归雁兴菏”行动为例［J］．山东人力资源和社会保障，2022（4）：45-47.

［14］创响“归雁兴菏”靓丽品牌打造返乡创业“菏泽模式”——记“全国农民工工作先进集体”菏泽市返乡创业服务中心［J］．山东人力资源和社会保障，2022（9）：43.

［15］李毅．培育契合乡村振兴的新乡贤［J］．人民论坛，2019（34）：78-79.

［16］许源源，门垚．在邀功与避责之间：基层政府履责行为波动探微——基于Q县项目资金运作过程的观察［J］．行政论坛，2024，31（5）：90-100.

［17］曹兵妥，李博，李仙娥．嵌入式发展：青年返乡创业助力乡村振兴的逻辑、困境与路径［J］．西安财经大学学报，2025，38（1）：105-116.

［18］王轶，刘蕾．返乡创业质量与农民共同富裕［J］．统计研究，2024，41（5）：124-136.

［19］刘彩萍，薛振东．新乡贤内涵及在全面推进乡村振兴中的作用研究［J］．山西农业大学学报（社会科学版），2024，23（4）：89-98.

［20］刘沛．农村创新创业的政策环境、项目及模式［J］．中国农业资源与区划，2024，45（2）：9+48.

［21］杨玲．共同富裕与农村创业的关联逻辑与联动机制［J］．农业经济，2024（2）：81-83.

［22］王轶，刘蕾．农民工返乡创业何以促进农民农村共同富裕［J］．中国农村经济，2022，（9）：44-62.

网络维权舆情治理研究

——基于行动者网络理论的分析

周　鑫　杜永豪*

摘　要：网络舆情与社情民意息息相关，网络维权舆情的涌现将私人议题转变为社会关注的网络舆情公共问题。本文以探索网络维权舆情的治理路径为研究目的，选取T市多人微博短视频维权事件，基于行动者网络理论框架对行动者识别、转译环节的演变和强制通行点的转变进行动态分析。研究发现，在网络维权舆情治理过程中，除了需要关注网络维权的理性层面外，还需注重隐藏的情感诉求。从不同的行动者视角出发，围绕舆情伤害、舆情应对、系统能力、舆情环境的现实问题，本文提出了关注情感诉求、实施动态监控、深化顶层设计、保护个人隐私的治理路径，为网络维权舆情治理路径的探索提供理论和实践指导。

关键词：行动者网络理论　网络维权舆情　舆情治理

一　引言

互联网科学技术的不断进步和网络平台应用的可及性，使网络空间成为社会大众抒发情绪、探讨热点、分享生活的虚拟现实世界。网络舆情属于社会舆情的特定表现形式，是以互联网为载体，网民针对特殊对象或事件所产生的具有倾向性意识形态的网络表达、互动、传播、演化等活动的集合[1]。

网络维权是人们利用网络进行自身权益维护的方式，具有公开性、虚拟化、便捷化、成本低、见效快的特点[2]。短视频时代的到来，为用户生成内容（UGC）提供更加多元的平台。中国互联网网络信息中心（CNNIC）发布的第54次《中国互联网络发展状况统计报告》指出，短视频成为新增网民“触网”的重要应用，新增网民群体中首次使用的互联网应用，短视频应用占比达37.3%[3]。短视频已经渗透人们的日常生

* 【作者简介】周鑫，西藏民族大学管理学院硕士研究生；杜永豪，西藏民族大学管理学院副教授，研究方向为网络治理与信息安全。

活，人们的行为方式会受到网络的影响做出决策行为，利用短视频进行网络维权的现象逐渐引起关注。目前，短视频维权多用于消费者维权、著作权、版权等网络维权的学术探讨。本文基于T市多人短视频维权事件，案例中的短视频维权是指当事人手持身份证且暴露上半身的方式拍摄维权内容，或是自媒体流量博主整合图文信息做成维权视频。短视频的形式相比于图文或博文介绍，能够更好地表达完整的维权内容，短视频成为自媒体环境下较为热门的网络维权方式，使得较小范围的网络私人舆论上升为较大范围的网络舆情公共问题。

网络维权舆情是一个由用户生成维权内容通过网络传播而形成的动态过程，其中多元主体不断地参与和互动。行动者网络理论是一个致力于揭开“黑箱”，展现社会进程内在机理的理论，同时，这种机理揭示过程是一种跟随行动者行动的过程[4]。行动者网络理论为多元主体间的互动、角色演变以及网络维权舆情的整体动态演化提供了一个新的分析框架，从质性分析的角度，分析行动者在各个阶段的行动逻辑，从而提出有效治理路径。

二 文献综述

网络维权是公民以网络为媒介，通过论坛、博客、微博、贴吧、网站、手机等形式，以引起网民、政府人士、法律人士、政府部门等关注受害者、弱势群体，进而解决违法、违规事件为目标的一种新型维权方式[5]。网络维权研究内容主要有三个研究视野。其一，从理性维权和感性维权角度，理性维权角度多数分布在消费者维权领域和法律领域，如张宝生等基于具体案例，运用演化博弈方法构建消费者、涉事企业和政府三方主体的博弈模型，提出新媒体时代保障消费者利益的策略[6]。边燕杰等用量化实证分析方法社会资本机制，依法有序地促进人们通过网络渠道维护权益[7]。孙卫华等从情感的角度，认为社会关切中的情感认同、理性维权的程序缺陷、社会分层的原型情感构成了情感化维权表达的逻辑动因[8]。其二，微博是网络维权事件发生的重要媒介之一，微博维权作为网络维权的一种，是一种非正式的维权方式[9]，徐增阳等指出微博维权是通过微博讲述个人遭遇或对侵权事件进行报道，从而凝聚社会力量并聚焦社会声音，以实现维护个人或群体的合法权益为目的的行为[10]。其三，从网络维权现象引发的网络舆情及治理角度，毛家武以广西地方案例探讨网络维权现象中出现的舆论问题及舆情应对措施[11]。蒋明敏等以“蛋壳公寓爆雷”维权为个案，探讨在自媒体环境中网络维权参与主体的特征分析、舆情演化机理以及治理策略[12]。朱光等将网络维权划分为维权博弈与衍生舆情传播两个阶段，探寻网络维权过程中不同主体的行为策略及其对衍生舆情传播的影响[13]。可见，网络维权涉及互联网信息的传播，主体已经从私人维权上升至网络舆情层面。

聚焦网络舆情治理的相关文献，可分为三个层面。一是舆情特征研究与情绪分析，多为负面舆情的治理研究。王家坤等聚焦网民传播行为形成逻辑，耦合情绪与收益两个层面要素，发现情绪治理效果与技术效果接近，优于制度治理[14]。唐雪梅等用情景模拟法探讨受众初始状态下负面情绪的影响机制[15]。陈珂等认为网络舆情有泛道德化的现象，需要寻求泛道德化舆情治理的价值共识[16]。初金哲等探讨认为短视频热点事件的网络舆情呈现爆发式发展趋势，大众对于热点事件的关注和评判更倾向于个人情感和宣泄[17]。二是舆情生成机制及应对策略，数字化技术在舆情治理领域运用广泛，构建政府动态处理的舆情博弈热度模型[18]、网络舆情组态路径和影响机制[19]等，数字化正向影响着舆情治理效率[20]。詹木生发现人工智能的技术化能够实现政府网络舆情的善治[21]。三是舆情预警和监测，多用量化分析搭建模型，如顾海硕等构建了基于SEIR-SPN的突发事件网络舆情预警模型，并设计模型运行路径及预警规则[22]。叶瀚等基于不同语义的不一致性构建网络暴力舆情预警模型，分析网络暴力在发展阶段的影响因素[23]。

此外，聚焦行动者网络理论与网络舆情的相关核心文献，从行动者视角出发，李明、侯甜甜用系统动力学模型结合 fsQCA 混合方法，用行动者网络的框架探究重大突发事件网络舆情导向的有效途径，认为需要重视媒体行动者和网民行动者的作用[24]。李培欢、邵春霞基于行动者网络理论视角探讨突发事件中反向议程设置及其治理[25]。李建刚等从转义系统层面对舆情的构建框架和互动机制进行研究，发现新闻媒体转译的活动性易被忽略[26]。从舆情治理整体视角出发，袁红等确定社会热点事件网络舆情治理的两大 OPP，探究多案例的社会热点事件网络舆情治理[27]。李翠敏、徐生权基于“成都 49 中学生坠亡事件”的案例，研究舆情演化过程及化解策略[28]。方淇通过行动者网络理论分析突发事件引发的网络舆情，探讨多案例舆情演化过程及舆情预警[29]。总体而言，引用行动者网络理论进行网络舆情传播或治理分析，研究方法多为定量方法或多案例组态模拟，研究范围较为宏观，较少从典型案例角度切入，研究视角仍较为局限。

基于以上分析，将网络维权与网络舆情治理相结合的文献并不多，网络维权舆情作为网络舆情的一个分支，短视频维权构成了网络维权舆情中的有效表达形式。同时，微博作为网络舆论场至关重要的平台，扮演着媒介化传播和舆情治理的关键角色。网络舆情是由行动者创造并构建的，无法避免行动者本身的角色演变，因此，本文选择应用行动者网络理论，基于 T 市多人微博短视频维权事件，从行动者的视角出发，探讨网络维权舆情中的政府治理路径。

三　网络维权舆情案例：T 市多人微博短视频维权事件

本文选取 T 市烧烤店打人案所引发的微博短视频维权事件作为研究案例，基于行动者网络理论视角，分析T市多人微博短视频维权事件中网络维权舆情的演化过程，主要包括行动者的识别、转译环节的演变以及强制通行点的转变三个部分，以期构建起该事件行动者网络舆情演化的动态图景。同时，从人类行动者和非人类行动者角度，探讨网络维权舆情治理中存在的问题及其解决路径。

（一）案例代表性

本文选取的T市多人微博视频维权事件案例，是以新浪微博为数据平台，以新浪微博热搜词条为数据主体，定位实名举报为关键词，限定发布形式为带有视频，利用爬虫工具，得出2021~2023年的微博视频维权事件共有75条数据文本，按时间排序，删除重复信息后共47条数据文本。数据发现，2022年6月11日“男子实名举报T市黑社会团伙”话题热度数据遥遥领先，紧接其后的事件为“T市三天三份实名举报”，可见T市打人案后多人实名举报黑恶势力的相关词条持续时间较长、热度较高，此事件在微博平台舆情讨论范围较广，民众反应热烈。T市打人案后的多人微博短视频维权事件成为近三年微博短视频维权舆情的高潮事件，因此选取此案例具有一定的代表性。

（二）案例简介

2022年6月10日，在H省T市发生一起烧烤店打人事件在网络上传播监控视频，视频内容的恶劣行为引起网民热议和相关公安部门关注。随后，2022年6月11日，一名男子手持身份证录制短视频实名举报当地黑恶势力，用录制短视频的方式进行网络维权，并由此引起网络舆情巨大关注，由此，在微博平台开始出现接连不断的网络维权视频，引起网民和自媒体博主的自发转载、评论等连锁反应，出现了“T市三天三份实名举报”的热榜话题，这也成功引起了公安部门及相关政府部门的关注，政府快速做出响应。2022年6月12日下午，开展社会治安整治“雷霆风暴”专项行动，后续的“百日行动”接力“雷霆行动”。2022年7月下旬抓获693人，政府相关部门有效回应了网络民众的呼声和诉求，推动负面舆情的消退。

（三）案例分析

1. 识别行动者：人类与非人类

行动者网络构建的首要任务是解构行动者，其中，包括人类行动者和非人类行动者。T市多人微博短视频维权事件，人类行动者主要包括举报人、政府、网民、被举报人、互联网平台；非人类行动者主要包括政策法规、社会声誉、舆情环境、信息技术（见表1）。值得注意的是，人类行动者与非人类行动者之间所呈现的是异质性联系，即弱对称性关系，在承认二者均具备能动性的基础上，需要认识到人类行动者具有主导地位[30]。

表 1　行动者分类及主要表现

类型	行动者	在网络维权舆情中行动者的主要表现
人类行动者	举报人	作为实名举报事件主要人物，是事件发起人和主动方、舆情导向中心、维权信息主体。
	被举报人	作为实名举报事件主要人物，是事件被动方、舆情中心人物。
	政府	主要分为网信办及舆情监管部门，举报人在网络发布实名举报视频后，相关部门快速响应与进行舆情处置，如网络谣言与虚假信息打击、纠纷处置。
	网民	主要为普通民众、流量博主和营销号，网民大众秉持着言论自由的原则，在网络上根据事件发展情况发表言论，同时会有社会共情心理，对举报人所处困境表示同情，为不公情境而义愤填膺，造成网络维权舆论环境更为复杂、传播更为迅速。
	互联网平台	主要为互联网主流平台、舆论水军组织、官方自媒体、播客。互联网主流平台如微博、微信、快手、抖音等平台，平台的介入导致信息传播速度更快，使情绪更为激化；互联网平台与水军组织勾结也会导致舆情信息传播角度更为复杂；官方自媒体平台的介入可以正确引领舆论中大众情绪的理性表达；播客主要为音频电台组织，如喜马拉雅等热点电台，传播力度较大，话题限制相对较小，与网友交流为主，容易产生更多舆论信息方向。
非人类行动者	政策法规	受到《中华人民共和国网络安全法》等法律法规的保护；中宣部、工信部、公安部等联合开展打击非法公关行为专项活动；增加顶层设计，建设全方位的监管平台等。
	社会声誉	举报人和被举报人的身份信息完全暴露在互联网平台上，个人生活与生平简介都会被大众知晓与评论，社会生活和声誉会受到正面和负面的影响。
	舆情环境	主要表现为当今时代舆论环境的复杂性、多元性、多变性，舆情信息传播速度快且信息庞杂，真假难辨，大众网民接收到的舆情信息或许并不相同，更增加了舆情环境的复杂多变，具有一定的实时性。
	信息技术	主要体现在负面舆情信息中，主动撤热搜、降低舆情讨论关注度。同时，利用人工智能主动监测舆情趋势、负面信息与虚假信息，能够主动引导舆情方向，及时改正与纠偏。

2. 转译环节：核心行动者的转变

问题呈现是转译的首要环节，使所有行动者都能够关注同一个关键问题，即需要建立一个共同目标（问题化）。在 T 市多人微博短视频维权案例中，举报人作为最初阶段的核心行动者，举报人的现实问题得不到解决，因此利用互联网影响力，希望得到社会及政府的关注和处理。通过人类行动者和非人类行动者类型的界定和主要表现，九个异质性主体及其代表的利益均不相同，如举报人的目的是维护自身权益；被举报人的目的是减少社会声誉影响；网民的目的是“冲浪吃瓜”，同时，借此由头抒发不满与“英雄正义”的情感运行；互联网平台的目的是炒热数据，吸引流量，引导网民关注舆情话题、扭转舆情方向等。因此，在“问题化”阶段，政府作为核心行动者，通过识别不同行动者的利益诉求，将共同目标设立为“有效控制舆情，及时回应维权公开诉求”，使得问题呈现的交集是所有行动者利益实现的“必经之点”，即强制通行点（OPP），确定行动者都需在此指引下可以进行相应的利益赋予，为利益征召与动员奠定基础，关系图如图1所示。

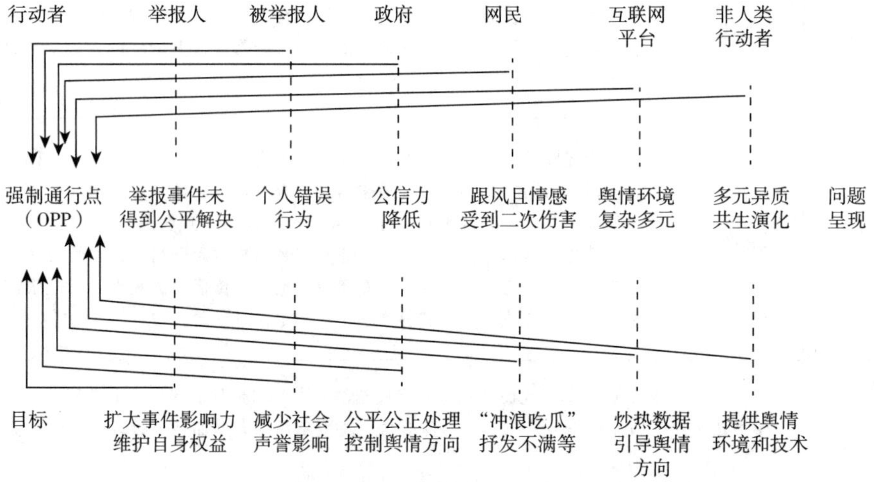

图1 T市多人微博短视频维权事件中行动者与强制通行点示意

在利益赋予阶段，行动者会以共同行动议题为主，即多人微博短视频维权事件掀起舆情风波后，行动者根据自己的利益诉求对该议题进行转译，一方面，政府作为核心行动者，与其他行动者对话协商；另一方面，短视频技术赋能的裂变式传播加速了利益诉求的跨主体渗透。短视频是产生舆情场域的重要环境，举报人借由互联网平台传播举报内容，网民抒发情感扩散舆情，政府与互联网平台响应舆情，信息扩散加强了异质行动者的联结方式，形成联动异质性网络。

在转译的前两个阶段，不同类型的行动者对共同目标做出了不同角度的转译，其暴露的问题和不足引起其他行动者逐渐加入。在最后一个阶段，即征召动员，以政府网信办及舆情监管部门为核心行动者，互联网平台和网民等多元主体加入行动者网络中进行转译与修正。一是政府网信办及舆情监管部门，从政府决策者转变为政府服务者，主动引导舆情正确方向、及时处理不实信息和谣言、回应举报人诉求并安抚社会情绪，对不良社会风气的及时修正，也是对举报人最为及时的官方处理；二是互联网平台从“建设者”变成“引导者”，从扩散信息转变为收敛信息，范围产生变化，同时及时控制快速扩散的舆情及不良言论也是互联网平台应尽的社会责任；三是网民大众从舆情信息的被动者变成舆情的支持者，网民是征召动员的最大群体，网民的舆情导向性很强，负面舆情可以通过网民的行动进行修正，同时，正面的舆情也需要正确的引导与一定人员的补充。

由此，在转译环节完成多人微博视频维权的核心行动者的转变，使政府在行动者网络中承担主导作用，“控制舆情，回应公开诉求”成为共同目标，快速做出群众回复与舆情响应动作。

网络舆情的演进实质上是多元行动者行动逻辑间的联结与冲突[4]，人类行动者在冲突中转变核心行动者与共同目标，加之非人类行动者的辅助，使行动者之间的行动逻辑经历初始与高潮，逐渐跟随时间的推移，网络维权舆情得到一定程度的化解，舆情演化失去发展空间，走向消退。

3. 情感诉求：新的强制通行点

随着舆情的发酵，以短视频网络维权的方式让私人事件变为公共事件，除了举报人的理性公开诉求外，还存在着感性隐藏诉求。人的情感是隐藏诉求最主要的因素，也是最容易被忽视的因素。一方面，微博短视频维权事件频发，从举报人角度出发，举报人遭受不公平对待，因维权信息得不到满意的处理，而选择公开自己身份隐私去进行网络维权，本就是一种孤立无援只能“闹大”的情绪所在，认为只有“闹大”事情才能得到重视与解决。另一方面，微博短视频维权能得到快速传播，并且某些事件能够成为社会公共事件，表现出当代人的社会心理。面对不公的事件，当代大众能够产生“共鸣”“移情”的情感运行。同时，互联网也让每个人都有社会参与感，可以在互联网平台上施展正义情绪，借由举报信息抒发自我内心对社会和个人期望失落等负面情绪，T市多人微博短视频维权事件由此备受关注。因此，如何在有效控制舆情、及时回应维权公开诉求的基础上，有效回应并安抚隐藏诉求，成为该网络新的强制通行点，也成为网络维权舆情治理中需要重点探讨的话题。

四　基于行动者视角的网络维权舆情治理困境

（一）人类行动者

1. 舆情伤害：举报人情感诉求易被二次伤害

举报人的公开诉求可以通过维权视频得到详细表达，而情感诉求则作为隐性诉求，具有较强的隐蔽性。举报人通过手持身份证的方式公开自己的身份信息，期望获得更广泛的曝光和关注，其背后的动机往往是感到举报、报案后未能得到及时和公正的处理。但维权视频的发布很容易引发次生舆情，导致更广泛、更深层次的网络舆情发展，这不仅可能对举报人的名誉造成影响，还可能对举报人的情感诉求造成二次伤害。因此，对于网络维权相关的舆情监测和预警方向，政府的主动作为是一个需要更深层次探讨的问题，这不仅涉及如何有效响应和处理维权事件，还包括如何减少对举报人的二次伤害，以及如何构建一个更加公正和透明的社会治理体系[31]。

2. 舆情应对：政府部门与互联网平台如何快速反应

网络维权舆情的传播在互联网上呈现点面结合、纵横交错的发展趋势。这种快速扩散的特性，无疑为网信办等相关部门的舆情治理工作带来了新的挑战和难度。首先，网络维权短视频能够实现实时传播，一旦短视频引发热议，便可能迅速登上舆论热榜，其传播范围极为广泛。其次，自媒体环境的高度融合为网络实时传播提供了更多便利，使得正面或负面信息的传播更加广泛，网民接收到的信息也更加繁杂，从而增加了舆情风险。最后，由于短视频网络维权内容多由用户自发生成，具有一定的突发性，网信办等相关政府部门与互联网平台需要能够主动辨别信息真伪并及时采取行动，这也是网络舆情发生后，政府往往采取回应式行动的主要原因。因此，网络维权相关的舆情监测和预警机制，以及政府和互联网平台的主动作为，都是值得深入探讨的议题。

（二）非人类行动者

1. 政策法规：网络维权舆情顶层设计不全面

我国网络环境受到《中华人民共和国网络安全法》的严格保护，该法律确立了网络安全的基本原则，明确了维护网络空间主权和国家安全、保护公民合法权益的重要性。中宣部、工信部、公安部等部门联合开展打击非法公关行为的专项活动，进一步强化了网络环境的治理。自党的十八大以来，我国在应对社会突发事件和网络舆情方面取得了显著进展，颁布了《中华人民共和国突发事件应对法》和《国家突发公共事件总体应急预案》等法律法规，为网络环境中发生的事件提供了更广泛的法律保护，这体现了我国对网络舆情治理的重视和对网络安全的全面保障。在网络舆情治理方面，如“12377”等举报平台的建立，显示了各级政府、网信办等部门在网络举报渠道建设上的努力。然而，维权平台并不能完全满足举报人的客观及主观需求，政府部门的管理机制和问责渠道受到互联网复杂性、多元性和多变性等特征的影响，在系统处理方面能力仍有待提升。维权舆情监管的顶层设计整体性不足，部门间责任清单和权益清单不够明确，导致维权舆情监控、风险研判以及舆情发生的前期预警、中期处理、后期安抚等环节的整体衔接不够完整。因此，加强网络维权舆情治理的顶层设计，明确各部门的责任和权益，优化网络维权舆情的管理架构，是当前网络舆情治理中需要解决的问题。

2. 舆情环境：实名身份证件滥用易造成威胁

舆情环境是指公众对某些事件、现象或问题的看法、态度和情绪的总体氛围，它受到多种因素的影响，包括但不限于社会文化背景、经济发展水平、政治环境、媒体生态、技术发展等。在当前的数字化时代，个人信息安全和隐私保护成为公众关注的焦点之一。实名身份证件作为个人身份的重要证明，其安全性和隐私性尤为重要。然而，实名身份证件容易被网友滥用，这不仅对个人隐私构成威胁，也对社会秩序和网络环境造成了负面影响。在网络空间，信息在传播过程中容易叠加和转化。实名身份证件信息的泄露和滥用可能导致一系列问题，包括但不限于身份盗窃、诈骗、网络欺凌等。这些行为不仅侵犯了个人的合法权益，还可能引发公众对网络环境的不信任，增加社会焦虑和恐慌情绪。此外，实名身份证件的滥用还可能被用于非法活动，对社会安全构成严重威胁。

五　基于行动者视角的网络维权舆情治理路径

（一）人类行动者

1. 建立全面的举报人保护机制，关注情感诉求

举报人的情感诉求因其隐蔽性而需要更多的保护与关注。从心理层面来看，举报人的内心情感诉求与他们公开表达的诉求同等重要。网络维权视频的发布可能会因个人信息的公开而干扰到举报人的正常生活。而网民作为人类行动者的另一主体，在网络中接收到不公正待遇的信息后，会产生情感共鸣，将举报人遭遇的不公情绪内化为自身的情绪体验，并在传播举报人视频时表达自己的情绪，这种情绪共鸣也促成了行动者网络中的互动联动效应。因此，无论是对个人举报人还是大众网民，关注情感诉求都变得尤为关键，它也是网络舆情传播的关键节点。政府和社会相关组织需要积极构建举报人保护机制，比如在维权视频发布后，及时与举报人取得联系并提供必要的保护，进行情感上的安抚与疏导，对其发布账号进行舆论监控，删除诽谤和造谣言论，并引导网络舆情的正面导向，以减少对举报人的二次伤害。

2. 跟踪响应网络维权舆情趋势，实施动态监测

网络维权舆情具有多变性、复杂性、多元性等特征，对政府舆情治理提出更高要求。政府作为T市多人微博短视频维权事件行动者网络中的核心行动者，需要对舆情发展做出快速响应，实施动态监测。其一，要确立预防为主、广域监测的理念。在日常工作中对于舆情信息进行广域监测，及时察觉舆情发展初期的趋势走向，并明确每阶段趋势的节点。其二，加强评估、研判风险的行动。在网络维权舆情初期，需要对舆情主动进行信息甄别与评估，区分真假和信息传播风险程度，在初期阶段做出准确评估才能判断出维权舆情风险程度。其三，面对不断变化的网络舆情，政府相关部门应采取“疏”而非“堵”的策略，不应过分依赖删除评论和视频等手段，以免激起举报人和网民的反感。相反，应重视“疏”，即迅速回应举报人的举报

内容，快速响应公众舆情，及时回复信息并安抚民众情绪。通过积极的回应消除基层政府与人民群众之间的误会，提升基层政府的公信力。

（二）非人类行动者

1. 优化网络维权舆情管理架构，深化顶层设计

首先，需要完善网络维权舆情相关的法律支撑体系。法律体系的建设是深化顶层设计最重要的一环。由于网络维权涉及的内容多样，相应的法律法规也各有不同，而网络舆情治理涉及的法律规范较为广泛，它们共同构成了网络舆情治理的法律框架。目前，尚无一部专门针对网络舆情治理的综合性法律法规。鉴于网络舆情治理涉及的法律领域广泛，可能导致网络维权舆情出现“于情合理，于理违法”的复杂情况。只有先解决法律方面的问题，其他方面方能迎刃而解。其次，加强网络维权舆情信息的技术分析和应用。网络舆情信息的真伪往往难以迅速辨别，目前涉及网络维权的舆情问题主要由网信办负责管理。尽管网信办已经建立了专门的网络举报渠道，这些渠道主要针对网络违法和不良信息，覆盖的信息类网络维权或网络舆情监测范围有限。在T市多人微博短视频维权事件中，短视频维权内容的信息源多来自现实社会中的不公正现象，通常只有当网络维权视频引发较大舆情反响时，网信办才会将相关信息转交给公安部门处理。对于短视频维权内容的真假辨别问题，仍需要依赖更先进的技术手段和专业部门的协作来克服。最后，应防控后期趋势。互联网环境具有数字化、可回溯和留痕等特点，这要求我们关注网络维权舆情的“长尾效应”。一方面，利用信息技术主动监控维权舆情环境，及时关注舆情信息对举报人和被举报人社会声誉的影响；另一方面，需要及时响应监测公共利益产生的不良影响，防止次生舆情的产生。

2. 打造网络维权舆情清朗环境，保护个人隐私

微博等社交平台上的网络维权短视频极易导致身份信息被滥用的情况，需要多方面加强管理和保护。一是互联网平台需要增强技术防护，如普及动态人脸识别等精细化识别功能，以防止身份信息被非法上传和误用，保护个人隐私，预防诈骗等犯罪行为。二是应在微博等流行社交平台上加大力度普及相关法律法规，提高用户对个人隐私保护的意识，并加强对身份证盗用等隐私侵犯行为的打击力度。三是网络舆情环境的监管需要实现“线上线下一体化”，出台具体的监管细则和规范，确保网络空间的清朗，同时推动网络维权舆情及网络维权相关法律法规的建立和完善，使用法律手段约束那些在道德层面上不被接受的行为。

结　语

本文以探索网络维权舆情的治理路径为研究目的，选取T市多人微博短视频维权

事件为案例，依照行动者网络理论的网络构建步骤，分析此事件中网络维权舆情的行动者识别、转译环节的演变和强制通行点的转变，并基于人类与非人类的不同行动者视角，提出网络维权舆情化解的治理路径。回顾舆情治理的主体变化，从治理网络演变成治理共同体[32]，期待未来有更多的研究能够在此基础上进一步探索，以实现网络空间的清朗和对公民权益的保护。

参考文献

[1] 王连喜. 网络舆情领域相关概念分布及其关系辨析 [J]. 现代情报，2019，39 (6)：132-141.

[2] 马金凤，马德俊，王永生. 信息时代的网络维权问题 [J]. 新闻爱好者，2011 (20)：72-73.

[3] 中国互联网络信息中心. 第54次《中国互联网络发展状况统计报告》[EB/OL]. (2024-08-29) [2024-11-27]. https://www.cnnic.cn/n4/2024/0829/c88-11065.html.

[4] 李翠敏，徐生权. 行动者网络理论视角下网络舆情的演化及治理研究 [J]. 情报杂志，2022，41 (2)：134-139+197.

[5] 杨国红. 浅议网络维权现象 [J]. 法制与社会，2013 (18)：183-184.

[6] 张宝生，王雪新，张庆普. 新媒体时代消费者网络维权的三方演化博弈分析——以汽车消费维权事件为例 [J]. 数学的实践与认识，2024，54 (9)：12-25.

[7] 边燕杰，王学旺. 迈向依法有序的网络维权：社会资本的力量 [J]. 福建论坛（人文社会科学版），2022 (4)：164-178.

[8] 孙卫华，咸玉柱. 同情与共意：网络维权行动中的情感化表达与动员 [J]. 当代传播，2020 (3)：93-97.

[9] 徐增阳，崔学昭，余建川. "微时代"的社会治理创新：微博维权热的冷思考 [J]. 国家治理，2018 (31)：3-12.

[10] 徐增阳，崔学昭. 微博维权的作用机制：基于公共能量场视角的案例分析 [J]. 西南民族大学学报（人文社科版），2015，36 (9)：163-167.

[11] 毛家武. 地方政府和媒体应对网络舆情的现状和问题——基于广西玉林市盛业家园事件的个案分析 [J]. 新闻知识，2011 (1)：51-53.

[12] 蒋明敏，陶林，赵春雷. 新媒体环境下网络维权舆情的演化与治理——以"蛋壳公寓爆雷"维权事件为案例 [J]. 贵州社会科学，2022 (3)：12-21.

[13] 朱光，颜燚，杨沁蓉. 基于SEIR演化博弈模型的网络维权策略及衍生舆情传播研究 [J]. 情报科学，2023，41 (3)：89-99.

[14] 王家坤，孟祥宇，郭筱彤，淳柳. 耦合情绪与收益的网络舆情传播及治理研究 [J]. 情报理论与实践，2024，47 (10)：140-150.

[15] 唐雪梅，赖胜强. 网络舆情事件特性对网络用户初始情绪的影响研究 [J]. 情报资料工作，2024，45 (3)：41-48.

[16] 陈珂，万欣荣. 网络舆情泛道德化：伴生危害、形成逻辑与治理策略 [J]. 山东师范大学学报（社会科学版），2023，68 (1)：21-29.

[17] 初金哲，周丹，许蕾. 后真相时代短视频热点事件舆情的生成、表现及纠治 [J]. 新东方，2024 (2)：37-43.

［18］王蒙，欧海鹰，刘翀宇，等．突发事件中负面网络舆情演化博弈与动态治理研究［J］．系统科学与数学，2024，44（4）：1031-1047.

［19］高晓宁，张孟伟，杨蕴琦，等．基于多案例数据的突发事件网络舆情传播组态路径及其影响研究［J］．现代情报，2025（5）：1-21.

［20］岳宇君，马艺璇．公共治理环境下数字化对舆情治理效率的影响研究［J］．学术探索，2023（12）：35-46.

［21］詹木生．人工智能时代地方政府网络舆情治理的困境与进路［J］．西南民族大学学报（人文社会科学版），2023，44（12）：178-187.

［22］顾海硕，贾楠，孟子淳，陈鹏．基于 SEIR-SPN 的突发事件网络舆情演化及预警机制［J］．情报杂志，2024，43（4）：146-155.

［23］叶瀚，胡凯茜，李欣，孙海春．基于语义不一致性的网络暴力舆情预警方法［J］．情报杂志，2024，43（4）：135-145+67.

［24］李明，侯甜甜．行动者网络视角下重大突发事件网络舆情导控研究——基于 SD 与 fsQCA 混合方法的分析［J］．信息资源管理学报，2024，14（5）：104-115.

［25］李培欢，邵春霞．突发事件中的反向议程设置及其治理——基于行动者网络理论视角［J］．当代传播，2023（2）：77-81.

［26］李建刚，谷雨微．行动者网络理论视角下微博舆情框架转义建构研究——以“易拉罐自制爆米花”事件为例［J］．中国新闻传播研究，2020（5）：229-245.

［27］袁红，李佳．行动者网络理论视域下社会热点事件网络舆情治理策略研究［J］．情报资料工作，2021，42（6）：31-44.

［28］李翠敏，徐生权．行动者网络理论视角下网络舆情的演化及治理研究［J］．情报杂志，2022，41（2）：134-139+197.

［29］方淇，封超．基于行动者网络理论的舆情演化与预警策略研究［J］．情报杂志，2023，42（12）：188-193+187.

［30］贺建芹．非人行动者的能动性质疑——反思拉图尔的行动者能动性观念［J］．自然辩证法通讯，2012（3）：78-82，127.

［31］郭琳琳，王阳．网络维权的形成逻辑及其治理策略——基于 T 市多人网上实名举报事件舆情传播机制的分析［J］．社会治理，2023（2）：71-79.

［32］孙宇．网络舆情治理：中国互联网 30 年实践的回顾与展望［J］．江西社会科学，2024，44（7）：188-195.

基于 Fuzzy-AHP 法的应急供应链运转风险影响因素研究*

王　静　蒙秋群**

摘　要：本文采用模糊层次分析法对应急供应链运转中的风险因素进行了深入研究，并构建了一个包含4个一级指标、11个二级指标和28个三级指标的风险评价指标体系，对其进行了分类和优先排序。研究发现，内部风险，尤其是供应商能力和反应能力、需求预测准确性以及运输和仓储能力，对应急供应链稳定运转至关重要。同时，战争与恐怖主义、立法缺失等外部因素也构成重大威胁。本研究的政策建议旨在通过加强内部管理与协调、多元化供应商网络、提升基础设施抗灾能力、加强信息技术应用与信息共享以及构筑外部环境风险防御体系，提高应急供应链的韧性和响应能力，为政府和相关工作人员提供风险应对的优先顺序，确保应急供应链在危机时刻的稳定运转。

关键词：应急供应链　风险管理　运转风险　Fuzzy-AHP 法

一　引言

在当今世界，地缘政治动荡、自然灾害频发以及公共卫生事件的不断涌现，使得应急供应链的稳定运转成为国家安全和社会稳定的重要保障。应急供应链在关键时刻的高效运转对于缓解危机、保护人民生命财产安全具有至关重要的作用[1]。然而，应急供应链的复杂性和不确定性使其面临多种风险因素的挑战，这些风险因素可能来源于供应链内部的运作机制，也可能来自外部环境的变化。因此，识别和评估这些风险因素，对于提升应急供应链的韧性和响应能力，确保其在危机时刻的稳定运转具有重要的理论和实践意义。目前关于产业链供应链安全稳定、韧性提升、现代化等方面研

* 【基金项目】陕西省艺术科学规划项目：面向高质量发展的文化和旅游深度融合创新研究（SYH2024023）；西北政法大学义乌研究院横向课题："一带一路"产业链供应链韧性保障商贸安全发展研究（YW2025-28-1）。

** 【作者简介】王静，工学博士，西北政法大学商学院（管理学院）三级教授，研究方向为产业经济学、物资经济学、生态经济学、物流与供应链管理、应急管理；蒙秋群，西北政法大学商学院（管理学院）硕士研究生。

究已经形成了诸多成果，但关于影响供应链稳定运转评价指标体系的研究相对较少，尤其是关于应急供应链稳定运转的评价指标体系的研究更是寥寥无几。因此，迫切需要对影响应急供应链运转的风险因素评价指标体系开展针对性研究。

鉴于此，本文旨在确定影响应急供应链稳定运转的风险因素，并对其进行分类和优先排序。文章在参考国内外文献的基础上，确定可能影响应急供应链稳定运转的具体风险因素及各自类别，构建包含4个一级指标，11个二级指标和28个三级指标的应急供应链运转风险评价指标体系，并以问卷调查的结果为基础，采用Fuzzy-AHP法确定指标权重值，试图揭示影响应急供应链稳定运转的风险因素中各类子因素及其优先排序，以提高政府和相关工作人员的风险应对能力。

二 文献综述

（一）应急供应链风险

应急供应链的风险与多种灾害事故有关，其主要任务包括确定所需物资、采购物资、整合资源、运输、存储以及配送。应急供应链的稳定运转能够有效地减缓救援压力、减轻突发事件对当地造成的影响[2]。近年来，随着全球自然灾害频发、地缘政治局势动荡以及公共卫生事件频发，应急供应链风险已成为学术界和实业界共同关注的焦点。关于应急供应链风险的研究，Chen等人认为应当公开医疗防护物资供应链的关键数据，以确保政府和医院能够准确评估每家生产商面临的供应链中断风险[3]。覃兆祥等人以来宾市为例进行实证分析，从物流、信息流、供应环节、调拨环节、分发环节、消费环节构建了应急供应链抗风险能力指标体系，并提出提高应急供应链抗风险能力的建议[4]。Wu等指出供应商违约造成的货源中断会使供应调度计划陷入瘫痪，从而阻碍应急供应准备标准化进程，增加灾后供应短缺的风险[5]。Chukwuka等利用模糊层次分析法确定了自然灾害下应急供应链影响因素的优先次序，得出合作与协调、灵活的运输能力和灵活的物资供应点是最有可能对应急供应链产生影响的因素[6]。Tay等人通过研究确定了灾害管理周期每个阶段的主要供应链风险因素，并研究了如何使用供应链策略来分别减轻风险因素[7]。Skitsko等指出应急供应链风险管理可以从战略（目标、重点、风险管理）、电子政务（软件、硬件）、用于解决特定问题的特定工具和数学模型这几个层面考虑[8]。孔进等构建了一个针对供应中断风险的决策模型，探讨不同生产商在策略组合上的最优选择，发现各生产商应对供应中断的最优策略相互依存，彼此影响[9]。Ertem等人构建了一个多式联运的数学模型，以分析公路、铁路和海运运输方式在运送救援物资方面的性能，并认可多式联运在网络中断的情况下应急供应链的运转更加稳健[10]。

（二）应急供应链运转风险影响因素

应急供应链管理中的风险管理涉及识别和减轻对供应链绩效的威胁，该过程旨在识别、评估和管理与供应链相关的风险，以降低整个应急供应链的脆弱性。在当下的商业环境中，供应链的风险管理越来越受到重视，并引起了学术界和从业者的广泛关注，但是，目前关于影响应急供应链运转风险的研究相对较少。与供应链相同，按照风险分类的不同标准，应急供应链风险可以划分为内部风险和外部风险两个部分[11]。应急供应链的不确定性来源包括主要建筑物损坏、天气条件和许多其他因素，政治、经济、社会和文化环境因素也会影响应急供应链的运转[12]。John 等人使用混合模糊 DEMATEL-ANP 模型来证明信息共享是限制应急物流受试者之间协调的关键。而协调不力往往会导致援助的浪费和分配不均，并加剧应急供应链的脆弱性[13]。Tay 等人揭示了应急供应链中的五个主要风险因素，即需求风险、供应风险、运营风险、基础设施风险以及中断风险，每个阶段每种风险的严重性和频率都不同[7]。Karuppiah 等人对可持续应急供应链进行了研究，确定了可能影响其运营的 20 个关键因素，其中设施位置、应急物资的交货时间以及不良媒体的出现是影响应急供应链可持续发展的重要因素[14]。徐文平等通过构建应急供应链弹性评价体系，揭示了政府指挥协调、应急物资储备、风险预警能力等关键因素，为提升应急响应能力提供了理论依据[15]。同时，徐文平等深入分析了应急供应链弹性的影响因素，构建了应急物流供应链弹性评价指标体系，并揭示了根本致因、过度致因和临近致因三类关键因素，强调了应急政策保障能力和决策组水平的重要性[16]。申雅琛等人认为，影响供应链应急能力的因素主要有三类：供应链网络结构的复杂程度、供应链企业的应急管理能力以及供应链企业的整体协调能力[17]。Chen 等从相关方的协调与信任、网络威胁、外包安全风险、不确定性四个方面分析了应急供应链抗灾能力和安全存在的问题，并利用贝叶斯网络从技术、组织、人力和环境四个维度来提高应急供应链抗风险能力[3]。

上述一系列文章系统地研究了可能对应急供应链稳定运转产生影响的各种风险因素，是本文研究的重要基础，但这些文章仍存在以下不足。一是国内目前较少有研究试图从科学的角度检验与应急供应链稳定运转有关的单个风险因素，并定义不同类别的风险和不确定性。二是尽管有少部分学者列出了应急供应链风险管理的评价指标，但也仅是从应急管理的其中某一过程对应急供应链风险的影响因素进行简单概括，且未对该指标进行优先排序。因此，为了弥补这一空白，本文旨在文献研究和问卷调查的基础上来识别、分类并确定影响应急供应链稳定运转的风险因素，并运用模糊层次分析（Fuzzy-AHP）法来确定各类影响因素的优先级，以更有效地提升应急供应链的韧性水平，保障应急供应链稳定运转。

三　应急供应链运转风险因素评价指标体系设计

权重是准确评价影响应急供应链稳定运转风险的关键，因此在文献研究以及专家问卷调查的基础上，采用 Fuzzy-AHP 法来确定评价指标体系的具体权重。

（一）指标体系构建的原则及方法

1. 指标体系构建原则

为了使评价指标能够客观、完整、准确地反映出应急供应链运转风险因素对应急供应链正常运转产生影响的程度，我们在指标选取的过程中必须遵循一些基本原则。

（1）可操作性原则。建立应急供应链运转风险因素评价体系是为了识别并分析在救灾行动中可能最有可能扰乱应急供应链正常运作的具体风险因素，因而，选取的指标要方便、简洁，易于实际工作者操作，同时也能够被决策者、媒体和社会公众接受。指标的数据应该能够通过调查、统计或其他特定的方法得出，以利于评价过程中的计算。

（2）全面性原则。应急供应链运转风险因素评价指标体系要能够全面地反映和衡量影响应急供应链正常运转的风险因素。否则这种评价就会以偏概全，无法达到预期的效果。影响应急供应链正常运转的风险因素众多，包括供应端的风险、需求端的风险、物流运输风险以及信息流通风险。只有确保评价体系的全面性，才能准确识别和评估潜在风险，为制定有效的风险管理策略提供依据。另外，在保证评价指标全面性的同时，还要注意各指标的相对独立性，切忌指标之间相互重叠。

（3）定性指标与定量指标相结合。定性指标是指无法直接通过数据计算分析评价内容，只能采用基本概念、属性特征等对评价对象进行客观描述和分析来反映评价结果的指标。定量指标是指可以精确衡量的数值分析指标。在实际评价过程中，影响应急供应链正常运转的风险因素的优先顺序并非能够全部用定量化的指标来计算衡量，需要结合定性指标对其进行综合分析，以更加合理准确地反映出实际绩效。

2. 基于 Fuzzy-AHP 法的评价指标权重测定方法

在现有的权重确定方法中，专家定性判断法、模糊层次分析法等较为常见[18]。应急供应链运转风险因素优先级的确定是一个典型的多指标综合评价问题，鉴于众多指标固有的模糊性质，难以精确界定其数值范围。采用 Fuzzy-AHP 法能够有效地融合定性与定量研究方法，将复杂问题拆解成多个基本组成部分，从而得出更为精确且合理的指标权重分配。因此，本文选择 Fuzzy-AHP 法对指标权重进行测定。根据 Fuzzy-AHP 法的基本思想，对每一层次的评价可以分 5 个步骤进行，分别为：（1）建立应急供应链运转风险因素的递阶层次结构；（2）构建模糊一致判断矩阵；（3）求解权重判断矩阵，并检验模糊一致性；（4）若通过模糊一致性检验，计算各元素相对权重；（5）计算最终得分，对评价对象进行综合评价。

（二）指标体系构建

1. 构建应急供应链运转风险指标体系

本文在文献回顾的基础上，参考 Chukwuka[6]、Tay 等[7]、Karuppiah 等[14]以及徐文平等[15][16]对应急供应链运转风险因素的研究，构建评价模型对应急供应链中普遍存在的风险因素进行评价。如图 1 所示，该指标体系分为五个层次，分别是目标层 A，即应急供应链运转风险管理；准则层 A_i，即应急供应链运转风险管理的 2 个维度（$i=1, 2$）；一级指标层 B，即准则层 A_i 下的 4 项指标 B_{ij}；二级指标层 C，即 4 项指标层 B 指标下具体的 11 项子指标 C_{ijk}，三级指标层 D，即二级指标层下具体的 28 项子指标 D_f。

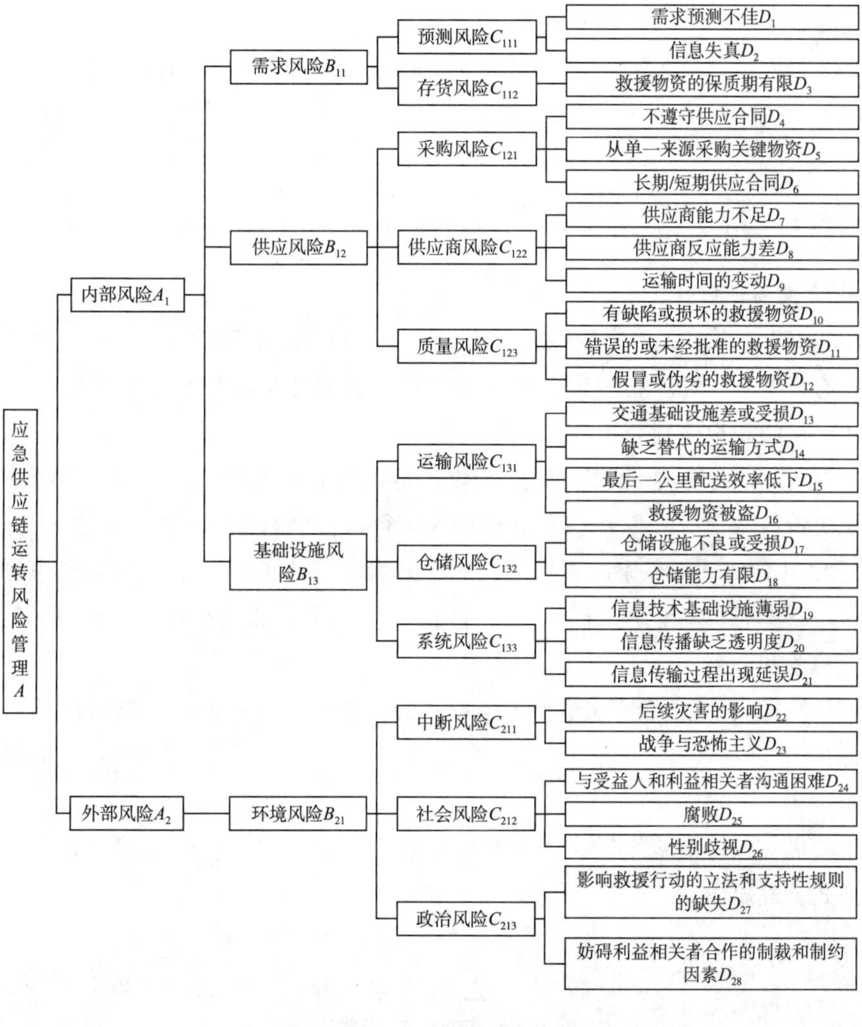

图 1 应急供应链运转风险指标体系

2. 构建模糊一致判断矩阵

为了逐一层次解决问题并获取同一阶层元素的两两相对重要程度，本文分别构建了目标层到准则层的模糊一致矩阵（共1个）、准则层到指标层的模糊一致矩阵（共1个）、一级指标层到二级指标层的模糊一致矩阵（共4个）、二级指标层到三级指标层的模糊一致矩阵（共10个），共计16个模糊一致判断矩阵。

为了测算每个指标的权重，采用专家打分评价的方法，请专家参照表1中提供的比例尺对每两个指标之间的相互权重大小进行打分。收集专家通过两两比较得到的模糊判断矩阵数据，取平均值作为指标的计算值，该分值是后文检验模糊一致性和计算指标权重的数据基础和重要依据。

表1 三角模糊会话量表

语言标度	三角模糊矩阵判断标度	三角模糊倒数标度
同等重要	（1，1，1）	（1，1，1）
略微重要	（1，3/2，2）	（1/2，2/3，1）
明显重要	（3/2，2，5/2）	（2/5，1/2，2/3）
强烈重要	（2，5/2，3）	（1/3，2/5，1/2）
极端重要	（5/2，3，7/2）	（2/7，1/3，2/5）

3. 检验模糊一致性

Fuzzy-AHP法在多因素决策中的应用不需要检验判断矩阵是否具有一致性，只需检验是否具有模糊一致性。利用接下来的步骤可以方便地检验模糊一致性问题，从而避免了层次分析法要检验判断矩阵的一致性问题。

（1）确定一个同其他元素的重要性相比得出的判断有把握的元素，不失一般性，一般假设决策者认为对 r_{11}，r_{12}，…，r_{1n} 即第一行权重值的判断比较有把握。

（2）用R的第一行元素减去第二行对应元素，若所得的 n 个差均为同一常数，即 $r_{1n}-r_{2n}=a$，则不需要调整第二行元素，否则，对第二行元素进行调整。同理，对第 k 行数据进行检验和调整。

通过计算发现16个模糊一致判断矩阵均通过模糊一致性检验，能够进行相应元素的权重计算。

4. 计算权重向量

基于模糊一致性检验结果，本文在计算各个元素相应权重时采用了公式法，即直接利用公式计算出 ω 值

$$\omega_i = \frac{\sum_{j=1}^{n} a_{ij} + \frac{n}{2} - 1}{n(n-1)}$$

其中 $i=1, 2, 3, \cdots, n$。经过计算，最终得到了 16 个模糊一致矩阵各个要素所对应的权重值，用以计算各层要素对总目标的总权重。采用同一层次中所有要素相对重要度排序的结果，就可计算对上一层次而言的本层次所有要素重要性的数值。总排序过程从上到下逐层进行，直到得出最后一层的总排序。最终各个要素的权重如表 2 所示。

表 2　各个要素的权重

目标层 A	准则层 A_i	权重	一级指标层 B	权重	二级指标层 C	权重	三级指标层 D	权重	综合权重	排序
应急供应链运转风险管理	内部风险 A_1	0.502	需求风险 B_{11}	0.332	预测风险 C_{111}	0.494	需求预测不佳 D_1	0.507	0.04174233	9
							信息失真 D_2	0.493	0.04058968	10
					存货风险 C_{112}	0.506	救援物资的保质期有限 D_3	1.00	0.08433198	4
			供应风险 B_{12}	0.346	采购风险 C_{121}	0.333	不遵守供应合同 D_4	0.341	0.01972325	15
							从单一来源采购关键物资 D_5	0.334	0.01931837	17
							长期/短期供应合同 D_6	0.325	0.01879782	19
					供应商风险 C_{122}	0.334	供应商能力不足 D_7	0.356	0.02065267	13
							供应商反应能力差 D_8	0.334	0.01937638	16
							运输时间的变动 D_9	0.310	0.01798407	22
					质量风险 C_{123}	0.333	有缺陷或损坏的救援物资 D_{10}	0.347	0.02007028	14
							错误的或未经批准的救援物资 D_{11}	0.329	0.01902917	18
							假冒或伪劣的救援物资 D_{12}	0.324	0.01873998	20
			基础设施风险 B_{13}	0.322	运输风险 C_{131}	0.348	交通基础设施差或受损 D_{13}	0.253	0.01423178	25
							缺乏替代的运输方式 D_{14}	0.251	0.01411928	26
							最后一公里配送效率低下 D_{15}	0.251	0.01411928	26
							救援物资被盗 D_{16}	0.245	0.01378177	28
					仓储风险 C_{132}	0.324	仓储设施不良或受损 D_{17}	0.515	0.02697192	11
							仓储能力有限 D_{18}	0.485	0.02540074	12

续表

目标层 A	准则层 A_i	权重	一级指标层 B	权重	二级指标层 C	权重	三级指标层 D	权重	综合权重	排序
应急供应链运转风险管理	内部风险 A_1	0.502	基础设施风险 B_{13}	0.322	系统风险 C_{133}	0.328	信息技术基础设施薄弱 D_{19}	0.331	0.01754937	23
							信息传播缺乏透明度 D_{20}	0.348	0.01845069	21
							信息传输过程出现延误 D_{21}	0.321	0.01701917	24
	外部风险 A_2	0.498	环境风险 B_{21}	1	中断风险 C_{211}	0.354	后续灾害的影响 D_{22}	0.486	0.08567791	3
							战争与恐怖主义 D_{23}	0.514	0.09061409	1
					社会风险 C_{212}	0.325	与受益人和利益相关者沟通困难 D_{24}	0.337	0.05454345	6
							腐败 D_{25}	0.333	0.05389605	7
							性别歧视 D_{26}	0.330	0.05341050	8
					政治风险 C_{213}	0.321	影响救援行动的立法和支持性规则的缺失 D_{27}	0.537	0.08584375	2
							妨碍利益相关者合作的制裁和制约因素 D_{28}	0.463	0.07401425	5

5. 敏感性分析

在评估应急供应链中的普遍风险时，并非所有风险子类都参与了与其同级的风险子类之间的成对比较过程。例如，环境风险是外部风险这一主要类别的唯一子类。同样，存货风险仅涵盖一个具体的风险因素。因此，这一子类别权重值较大，其引发的相关风险可能引起决策者的担忧。本研究中使用的模糊层次分析法采用了来自不同专家的主观判断来计算各自的权重，并对具体风险因素进行优先排序。通过改变所获得的权重来检验最终排名的有效性非常重要，因此，为了使敏感性分析更便于理解，该过程将使用特定风险因素进行。该过程包括三个步骤。第一步，权重保持不变。第二步，将某个风险因素的权重乘以其所在风险类型的因子数量。例如，预测风险包括需求预测不佳和信息失真。每个风险因素的权重将乘以 2。最后一步，将某个风险因素的权重除以其所在风险类型的因子数量。结果见表 3。

表 3 敏感性分析结果

具体风险因素	初始权重	排序	乘以对应因字数后权重	排序	除以对应因字数后权重	排序
需求预测不佳	0.04174233	9	0.08348466	9	0.02087117	6
信息失真	0.04058968	10	0.08117937	10	0.02029484	7
救援物资的保质期有限	0.08433198	4	0.08433198	8	0.08433198	1
不遵守供应合同	0.01972325	13	0.05916974	13	0.00657442	15
从单一来源采购关键物资	0.01931837	16	0.05795511	15	0.00643946	17
长期/短期供应合同	0.01879782	22	0.05639345	20	0.00626594	19
供应商能力不足	0.02065267	15	0.06195802	11	0.00688422	13
供应商反应能力差	0.01937638	17	0.05812915	14	0.00645879	16
运输时间的变动	0.01798407	19	0.05395221	24	0.00599469	22
有缺陷或损坏的救援物资	0.02007028	14	0.06021085	12	0.00669009	14
错误的或未经批准的救援物资	0.01902917	18	0.05708752	16	0.00634306	18
假冒或伪劣的救援物资	0.01873998	20	0.05621993	21	0.00624666	20
交通基础设施差或受损	0.01423178	25	0.05692714	17	0.00355795	25
缺乏替代的运输方式	0.01411928	26	0.05647712	18	0.00352982	26
最后一公里配送效率低下	0.01411928	26	0.05647712	18	0.00352982	26
救援物资被盗	0.01378177	28	0.05512707	23	0.00344544	28
仓储设施不良或受损	0.02697192	11	0.05394384	25	0.01348596	11
仓储能力有限	0.02540074	12	0.05080148	28	0.01270037	12
信息技术基础设施薄弱	0.01754937	23	0.05264810	26	0.00584979	23
信息传播缺乏透明度	0.01845069	21	0.05535208	22	0.00615023	21
信息传输过程出现延误	0.01701917	24	0.05105752	27	0.00567306	24
后续灾害的影响	0.08567791	3	0.17135582	3	0.04283896	4
战争与恐怖主义	0.09061409	1	0.18122818	1	0.04530704	2
与受益人和利益相关者沟通困难	0.05454345	6	0.16363035	4	0.01818115	8
腐败	0.05389605	7	0.16168815	5	0.01796535	9
性别歧视	0.05341050	8	0.16023150	6	0.01780350	10
影响救援行动的立法和支持性规则的缺失	0.08584375	2	0.17168749	2	0.04292187	3
妨碍利益相关者合作的制裁和制约因素	0.07401425	5	0.14802851	7	0.03700713	5

结果显示权重发生了微小变化，然而分析表明，前 10 个风险要素保持不变，这证明了研究模型的稳健性。权重的增加或减少导致风险结果的变化很小或没有显著变化。因此，这证明了该应急供应链运转风险要素评价指标体系是可接受的。

6. 研究结果分析

在应急供应链运转风险管理中，内部风险因素和外部风险因素的重要程度排序显示，内部风险因素以0.502的权重值位列第一，而外部风险因素权重值为0.498。这一结果表明，在应急供应链管理中从战略层面加强内部流程控制和优化的重要性，同时也表明外部环境因素对应急供应链的稳定运转也具有显著影响。政府和相关决策者应从战略高度出发，强化内部风险管理，同时关注外部环境变化，以有效推动应急供应链的稳定与可持续发展。

在内部风险因素中，供应风险因素以0.346的权重值占据首位，需求风险因素和基础设施风险因素分别以0.332和0.322的权重值位列其后。这表明在应急供应链的内部管理中，确保供应链上游的供应稳定性是至关重要的。决策者需要从战略层面出发，通过构建多元化的供应商网络、优化库存管理和加强供应链协调等措施，来降低供应中断的风险。同时，需求预测的准确性和基础设施的可靠性也是保障应急供应链顺畅运转的关键因素，需要通过精细化管理和持续投资来加以强化。在供应风险的子因素中，供应商风险以0.334的权重值位居第一，采购风险和质量风险的权重均为0.333。这进一步证实了供应商在应急供应链中的核心地位，以及高质量救援物资对于有效应急响应的重要性。因此政府及相关机构应与供应商建立长期合作关系、实施严格的供应商评估和选择机制，以及加强采购合同的管理和执行，从而确保在紧急情况下能够及时获得所需的救援物资。在需求风险因素中，存货风险以0.506的权重值占据主导地位，预测风险以0.494的权重值位列其次。这强调了在应急供应链管理中，对需求的准确预测和合理的库存控制是至关重要的。因此相关决策人员应采用先进的需求预测技术和库存管理策略，如动态库存调整和供应商管理库存，以减少存货风险并提高应急响应的效率。同时，提高需求预测的准确性，以确保有效满足受灾人群的需求。在基础设施风险因素中，运输风险、仓储风险和系统风险的权重值分别为0.348、0.324和0.328，表明在应急供应链的基础设施建设中，运输和仓储设施的完善性对供应链的稳定性具有显著影响。

在外部风险因素中，环境风险因素以0.498的权重值占据重要位置，其中中断风险、社会风险和政治风险的权重值分别为0.354、0.325和0.321。这表明在应急供应链管理中，外部环境的不确定性对供应链的稳定性构成了重大挑战。政府及相关机构应制定灵活的应急供应链管理策略，加强与利益相关者的沟通合作，以及政府在应急供应链中的积极作用，包括协调促进组织间的合作，制定政策和建立信任关系，从而减少外部风险对应急供应链的负面影响。

四　保障应急供应链稳定运转的优化路径

在全球化和不确定性日益增加的背景下，应急供应链的稳定运转对于国家安全和社会稳定具有重要意义。本文通过模糊层次分析（Fuzzy-AHP）法深入研究了应急供应链运转中的风险因素，并构建了一个全面的风险评价指标体系。在此基础上，本文进一步探讨如何通过政策建议来提升应急供应链的韧性和响应能力。第四部分将重点讨论保障应急供应链稳定运转的路径，包括加强供应链内部管理与协调、多元化供应商网络、提升基础设施的抗灾能力、加强信息技术应用与信息共享以及构筑应急供应链的外部环境风险防御体系，旨在为政府和相关工作人员提供科学的风险应对策略，确保在危机时刻应急供应链能够高效运转。

（一）加强供应链内部管理与协调

在应急供应链管理中，内部风险的显著性（权重 0.502）突出了内部控制和协调机制的重要性。为了提升供应链的稳定性和效率，必须对内部管理进行强化。首先，需求预测的准确性是供应链响应能力的基础，政府及相关机构可以采用先进的预测技术，如机器学习和大数据分析，来提高需求预测模型的精确度，从而减少应急物资需求的不确定性，助力应急部门有效地部署应急物资的采购、存储与分配，有效地降低应急供应链的中断风险。其次，供应链各环节之间的沟通和协调是确保供应链灵活性和响应能力的关键，政府及相关机构可以基于区块链等前沿技术建立一个跨部门、跨组织的交流沟通平台，促进各个部门和各个环节间信息的交流共享和协调行动。通过进一步加强与供应商的合作，提高供应链的透明度，增强对应急供应链中断的预警能力，从而在突发事件发生时快速做出反应。最后，在库存管理方面，政府和救援机构应倡导采用先进的库存管理策略，如延迟策略或供应商管理库存（VMI），这些策略能够有效降低库存成本，减少存货风险，并确保在紧急情况下救援物资的快速供应。通过与供应商建立长期合作关系，可以在供应链中形成稳定的物资供应网络，提高供应链的抗干扰能力。

（二）多元化供应商网络

在应急供应链管理中，供应风险的降低是确保救援物资及时供应的关键。为此，政府及相关救援机构应采取多元化供应商网络策略，以增强供应链的鲁棒性和灵活性。这一策略的核心在于减少对单一供应商的依赖，通过与多个供应商建立合作关系，分散供应风险，确保在面对突发事件时，供应链的连续性和可靠性得以维持。实施多元化供应商网络策略，首先需要对潜在供应商进行全面评估，包括其供应能力、响应速度、质量控制以及历史表现等关键指标。政府机构应通过公开招标、竞争性谈判等方式，选择多个合格的供应商，并与之建立长期合作关系。这种合作不仅限于物资供应，还应包括信息共享、风险预警和应急响应等方面。在与供应商的合作中，政府机构应在采购合同中明确规定供应条款，包括交货时间、质量标准、价格机制以及违约责任等。这些条款应具有一定的灵活性，以适应突发事件带来的不确定性。例如，合同中可以设定在特定情况下允许调整订单量或交货时间的条款，以应对需求的突然变化。此外，政府机构还应建立供应商绩效评估机制，定期对供应商的履行情况进行评估，并根据评估结果调整合作关系。这不仅有助于激励供应商提高服务质量，还能在必要时快速调整供应商结构，以应对供应链中的潜在风险。

（三）提升基础设施的抗灾能力

基础设施的抗灾能力是提升应急救援效率的重要因素，政府及救援机构应将基础设施建设与维护作为优先策略，以增强运输和仓储系统的韧性。基础设施的投资建设不仅涉及资金的投入，更关乎系统的规划与设计，以及对现有设施的升级改造。这要求政府在制定相关政策时，必须考虑到基础设施的长期可持续性，以及其在面对各类灾害时的可靠性和弹性。而提高运输和仓储设施的可靠性和弹性，需要对这些设施进行加固，使其能够抵御自然灾害如洪水、地震等的破坏。此外，应考虑建立备用系统和冗余设计，以确保在主要设施受损时，备用系统能够迅速投入使用，从而减少对整个供应链的影响。政府可以通过提供税收优惠、补贴或其他激励措施，鼓励私营部门参与基础设施的建设和维护。在发展先进的运输和物流网络上，政府应推动技术创新，如智能物流系统、无人机配送等，以提高物资分发的效率和准确性。同时，建立一个全面的物流信息平台，实现信息共享，优化资源配置，提高供应链的透明度和协调性。在灾害发生时，快速有效地将救援物资送达受灾地区是救援工作的重中之重。政府需要制定详细的应急预案，包括物资储备、运输路线规划、物流中心布局等，确保在紧急情况下能够迅速行动。此外，政府还应加强与国际组织和其他国家的合作，共享最佳实践，提高跨境救援的效率。

（四）加强信息技术应用与信息共享

信息技术的应用与信息共享机制的构建是提升响应效能的关键策略，政府及救援机构应致力于信息技术基础设施的完善，以确保信息传播的高透明度和实时性。通过部署先进的通信网络和数据管理平台，可以实现对供应链各环节的实时监控和动态调整，从而在突发事件中迅速做出反应。政府机构需推动建立一个综合性的信息共享平台，该平台应能够整合供应链上下游的数据资源，包括需求预测、库存状态、物流追踪和供应商信息等。这样的信息集成不仅能够提高供应链的可视性，还能够促进各参与方之间的协同作业，减少信息不对称导致的决策失误。此外，政府应鼓励采用标准化的数据格式和通信协议，以降低信息交换的技术障碍。通过制定相应的政策和激励措施，可以促进企业和组织之间的信息流通，提高整个供应链系统的互操作性。同时，政府还应加强对数据安全和隐私保护的监管，确保在信息共享的过程中，敏感数据得到妥善处理，避免潜在的安全风险。在实际操作中，政府可以通过公私合作模式（PPP）来推动信息技术的应用。例如，与私营部门合作开发供应链管理软件，或者通过政府采购支持创新的信息技术解决方案。这些措施不仅能够加速技术的推广和应用，还能够促进相关产业的发展，实现经济与社会效益的双赢。

（五）构筑应急供应链的外部环境风险防御体系

面对外部环境风险，政府及救援机构需采取积极的策略以保障应急供应链的稳健运作。外部环境风险，如自然灾害、政治动荡、战争与恐怖主义等，往往超出单一组织的控制能力，因此需要政府层面的宏观调控和策略部署。第一，政府应加强与国际组织的合作，通过参与国际协议和救援联盟，共享风险信息和资源。这种合作可以提高对跨国界风险的响应能力，同时在发生大规模灾害时，能够迅速获得国际支持和援助。政府还应推动建立区域性的应急物资储备中心，以减少对远程供应链的依赖，提高区域内的自给自足能力。第二，政府需要在政策层面提供支持，制定灵活的法规和激励措施，鼓励私营部门参与到应急供应链的建设中来。通过公私合作模式（PPP），可以充分利用私营部门的创新能力和灵活性，提高供应链的抗风险能力。政府还应提供税收优惠、补贴等激励措施，鼓励企业投资于供应链的韧性和可持续性建设。第三，政府应加强对关键基础设施的保护，特别是在易受灾害影响的地区。这包括对交通网络、通信系统和能源供应进行加固和冗余设计，以确保在灾害发生时，关键服务不会中断。政府还应投资于研究和开发，推动新技术在应急供应链中的应用，如无人机配送、自动化仓库等，以提高供应链的效率和响应速度。政府还应建立一个全面的风险评估和管理框架，定期评估外部环境风险，并制定相应的应对策略。这包括对供应链中的潜在风险点进行识别和分析，以及制定应急预案，以便在风险发生时能够迅速采取行动。通过这种方式，政府可以确保在面对外部环境风险时，应急供应链能够保持稳定运转，保障社会的安全和稳定。

五　研究结论、不足与展望

（一）研究结论

救援行动通常在高度不确定的条件下进行，应急供应链也面临多重风险和不确定性，因此，管理应急供应链中的风险已成为救援行动不可或缺的一部分。但是目前我国关于应急供应链运转风险的研究数量有限，应急供应链运转中遇到的风险类别仍有待实证确定和分析。因此本研究试图通过运用模糊层次分析法，提出一个系统的框架来识别和优先考虑可能在应急供应链运转时对其产生负面影响的特定风险因素，从而为应急供应链的风险管理做出贡献。灾害具有独特性，需要不同的应急供应链辅助应对，而了解供应链运转风险将最大限度地减少灾害影响。因此，本研究为应急管理的决策者提出了一个应急供应链运转风险因素评价体系。结果表明，战争和恐怖主义、影响救灾行动的立法和支持性规则的缺失、后续灾害的影响、救灾物资的保质期有限以及阻碍利益相关者合作的制裁和制约因素，是最有可能破坏应急供应链有效性的最关键风险因素。尽管内部风险被认为是最关键的风险类别，但这些具体风险因素中的大多数都是外部风险，决策者对其控制有限。因此决策者应当建立和完善更灵活的应急供应链，并与政府密切合作，制定政策和建立信任关系，以确保应急供应链的稳定运行。这一风险排序将有助于决策者在选择必要战略时改进决策，以尽量减少相关风险因素的负面影响。

（二）不足与展望

本文在文献分析和专家调查的基础上，运用模糊层次分析法，确定了影响应急供应链稳定运转的28个特定风险，并对其进行了优先排序，以支持政府决策并提高应急供应链的有效性。但研究仍存在一些局限性。首先，本文是基于各类突发事件下可能对应急供应链稳定运转产生影响的角度出发展开研究，而突发事件具有独特性，因此本文提出的风险因素不能为所有具体灾害事件下的应急供应链风险管理提供有效指导。其次，参与研究的专家人数有限，缺少应急管理部门工作人员的指导。因此，未来的研究可以将重点放在特定类型的灾害上，并扩大专家的邀请范围，重点研究有助于缓解应急供应链特定风险因素的相关供应链策略上。

参考文献

［1］谢露，李梦宇，熊承雪．双循环格局下提升产业链供应链稳定性和竞争力评价指标体系构建研究［J］．决策咨询，2024（5）：70-75+81.

［2］李凤廷，尹钥佳，卢越，等．基于 DEMATEL-ISM-ANP 的城市应急供应链韧性综合评价研究——以郑州市口粮应急供应链为例［J］．科技管理研究，2024，44（18）：50-57.

［3］Chen J, Dai H, Yuan X. Bayesian-based assessment of emergency supply chain resilience and security levels[C]//2023 7th International Conference on Transportation Information and Safety (ICTIS). IEEE, 2023: 2013-2021.

［4］覃兆祥，邓芊芊．后疫情时代来宾市应急供应链抗风险能力评估［J］．物流技术，2023，42（5）：132-137.

［5］Wu X, Yang M, Wu C, et al. How to avoid source disruption of emergency supplies in emergency supply chains: A subsidy perspective[J]. *International Journal of Disaster Risk Reduction*, 2024(102): 1-30.

［6］Chukwuka O J, Ren J, Wang J, et al. Managing risk in emergency supply chains-An empirical study [J]. *International Journal of Logistics Research and Applications*, 2024(5): 1-37.

［7］Tay H L, Banomyong R, Varadejsatitwong P, et al. Mitigating risks in the disaster management cycle [J]. *Advances in Civil Engineering*, 2022(1): 1-14.

［8］Skitsko V, Voinikov M. Emergency Supply Chain Management[C]//International Conference on

Electronic Governance with Emerging Technologies. Cham: Springer Nature Switzerland, 2022: 126-140.

[9] 孔进，李芳．供应中断风险下制造商应对策略研究［J］. 上海理工大学学报，2021，43（4）：409-420.

[10] Ertem M A, Akdogan M A, Kahya M. Intermodal transportation in humanitarian logistics with an application to a Turkish network using retrospective analysis [J]. *International Journal of Disaster Risk Reduction*, 2022(72): 1-16.

[11] 章欣．供应链风险识别与评估管理研究［J］. 现代营销（学苑版），2021（5）：166-167.

[12] Yang M, Liu Y, Yang G. Multi-period dynamic distributionally robust pre-positioning of emergency supplies under demand uncertainty[J]. *Applied Mathematical Modelling*, 2021(89): 1433-1458.

[13] John L, Gurumurthy A, Soni G, et al. Modelling the inter-relationship between factors affecting coordination in a humanitarian supply chain: A case of Chennai flood relief[J]. *Annals of Operations Research*, 2019(283): 1227-1258.

[14] Karuppiah K, Sankaranarayanan B, Ali S M, et al. Key challenges to sustainable humanitarian supplychains: Lessons from the COVID-19 pandemic[J]. *Sustainability*, 2021, 13(11): 1-19.

[15] 徐文平，刘辰夏．突发事件下应急供应链弹性影响因素分析［J］. 物流工程与管理，2023，45（6）：43-47.

[16] 徐文平，陆羽．基于 DEMATEL-AISM 的应急供应链弹性影响因素分析［J］. 物流技术，2023，42（6）：102-106.

[17] 申雅琛，项华春，李菁．突发事件下的企业供应链应急策略研究［J］. 物流工程与管理，2024，46（2）：47-50.

[18] 刘伟华，陈晓红，卢春房，等．产业链供应链可持续发展的评价指标体系设计研究［J］. 工程管理科技前沿，2024，43（2）：1-9.

文物安全责任体系的构建研究*

李晓宁　胡馨月**

摘　要：文物安全与中华民族优秀传统文化和悠久历史的赓续传承密切相关，然而，文物安全责任主体暴露出地方政府安全意识不强、流通市场执法监管不严、文物单位设施建设不力等问题，表明文物管理方面存在安全隐患。本文在进行文物安全制度检视和分析漏洞缺陷的基础上，系统构建涵盖各级党委和政府、职能部门和管理使用单位三级主体的“546”文物安全责任体系，即落实政府主体责任的专题例会、绩效考核、隐患约谈、追责问责、通报备案“五条制度”；强化职能部门监管责任的督察监察、部际联席、联合执法、公众监督“四大机制”；夯实管理使用单位直接责任的预防保护、安全生产、灾后清查、整改落实、会同研判、公告公示“六项工作”，以期为文物安全工作提供包括政策支撑、多方参与、责任细化的全方位保障措施。

关键词：文物安全　文物安全责任　责任体系构建

一　引言

当今社会进步和经济发展日新月异，物联网下富含生机活力的文化新业态出现在人们视线中，更加凸显我国历史传承和文物安全工作的重要性。党的十八大以来，习近平总书记对文化遗产保护和文物安全工作做出一系列重要论述。《国务院办公厅关于进一步加强文物安全工作的实施意见》（国办发〔2017〕81号）也明确指出健全落实文物安全责任制的重要意义。在2020年4月举行的全国安全生产电视电话会议上，首次将文物安全列入全国安全生产专项整治三年行动的重要工作内容。国家文物局时任局长强调，该行动是全面提升文物安全防护能力、加强和改进文物安全工作的重要举措。

---

* 【基金项目】陕西省哲学社会科学研究专项（陕西省文物保护利用重大课题研究项目：2023HZ1530）的阶段性成果。

** 【作者简介】李晓宁，西北政法大学商学院（管理学院）教授，研究方向为风险与危机管理；胡馨月，西北政法大学商学院（管理学院）硕士研究生。

截至2022年末，我国共有各类文物机构11340个，文物机构从业人员19.03万人，文物机构藏品多达5630.43万件。[1]习近平总书记高度重视我国文化遗产的传承和保护，对文化积淀遗产丰厚的多个省份进行过多次实地调研、切身考察，就我国历史文化古迹保护和文物安全方面的工作给予了重要指示。2023年，习近平总书记在山西运城考察时强调，要认真贯彻落实党中央关于坚持保护第一、加强管理、挖掘价值、有效利用、让文物活起来的工作要求，全面提升文物保护利用和文化遗产保护传承水平。

在习近平总书记重要指示精神的指引下，全国各级党委和政府进行了深入学习，贯彻执行国务院的工作部署，在文物安全领域取得了可喜的成绩，逐渐形成了“党委领导、政府主导、部门监管、管理使用单位严密防控[2]、社会力量广泛参与”的文物安全工作大格局。尽管如此，由于缺乏严格的政策落实机制和细化的责任监督形式，部分地区的文物安全工作实施进展存在较大的阻力，多种安全隐患交织叠加。例如，很多文物保护单位和文物管理单位存在安防设施老旧、应急预警反应迟钝、专业人员配备不足的问题，还有些监管部门疏于职守，文物安全面临着严峻的考验，要解决这一问题亟须从体制机制的源头“对症下药”。

鉴于此，本文从文物安全责任入手，尝试探索文物安全责任体系的构建，旨在明确各级政府及相关部门的责任担当，为提高文物安全生产过程中的责任履行提供有益的思考和建议，以期为健全落实文物安全责任制、保障文物工作的可持续发展以及推动历史文化财富传承贡献力量。

二 文献综述

文化遗产的安全性一直是全球文物工作的重要议题。国外学者更多地关注具体历史建筑或者文化遗产保护区的安全性和原真性。Franco-Castillo等认为目前文化遗产和艺术遗迹存在的生物变质是文物安全方面的一个长期问题，他们对抗菌纳米材料在文化遗产保护中的应用进行了综述，发现不同材料更广泛的应用潜力以及一些新兴研究的关注点，为研究文化遗产保护方面的化学家、遗产科学家以及修复保护的专业人员提供不同类型材料应用的方案建议[3]。

不仅如此，世界各地的艺术展馆和博物馆也是人们参观并了解文物历史的重要场所，因此相关博物展馆的安全性需要更加关注。Gurumoorthy等设计并开发了一种基于物联网（IoT）技术创建的博物馆文物防盗装置，该装置通过射频识别（RFID）系统的读取器和写入器确保安全设施的完备性，极大地增强了捕捉博物馆安全漏洞的准确性和及时性，最大限度地减少了文物被偷窃偷盗和非法买卖等恶劣行径[4]。许多问题往往只有在发生火灾、倒塌或水灾等灾害悲剧时才会引起人们的注意，Kristoffersen等秉持消防安全水平是影响文化遗产自身状态和地位的重要因素的观点，通过分析挪威为保护北欧木制小镇制订的十五年消防计划，指出文物安全中个人所有者的直接责任和市政当局的主体责任，建议挪威文化遗产局实施更合理的规章制度和实现更高效的知识共享[5]。

中国拥有丰富而悠久的历史，博物馆作为保存“中国历史”的地方，理应得到更好的保护和利用。Dang 梳理我国博物馆关于立法保护和政策利用的相关进展，发现我国文物工作由先前的绝对保护调整为合理利用，将重点放在博物馆文物的文化价值和经济价值上，相关政府部门及时调整政策和修订法律应对各类新型挑战，指出我国必须要找到适合自己的文物安全工作开展方向[6]。文物具有典型的不可再生性和不可替代性，宋琳琳等引用 VUCA 危机概念，分别从易变性危机（Volatility）、不确定性危机（Uncertainty）、复杂性危机（Complexity）、模糊性危机（Ambiguity）四个方面总结出博物馆所面临的挑战，针对应急管理、人员储备、物资保障、法律途径四个层面提出建议，使得博物馆对各种危机进行更科学的分类、防范和应对[7]。

由于媒体报道力度加大，文物盗窃、抢劫等诸多劣性事件进入大众视线，成为社会关注的重点。陕西省财政厅研究文物考古方面的课题组对陕西省内各级财政在文物保护利用工作中的投入及成效进行了调研，发现了一些政策落实过程中存在的问题，如责任划分不合理、投入机制不完善、资金矛盾突出等，课题组根据典型问题提出了解决办法[8]。全江伟等围绕我国文物安全管控在防控体系、动态预警、综合研判和处置权限四个方面存在的缺陷，创新升级了公安机关与文物部门联动的“三早”（早发现、早预警、早处置）动态感知能力、“三区”（核心区、保护区、防范区）跨媒体预警能力、“三防”（防盗、防抢、防破坏）保护工作、“三全”（全域、全局、全链）预警防控机制，长期为文物安全工作保驾护航[9]。

要使文物安全防控实施到位，责任体系的构建与落实必不可少，这需要多个主体合作参与。Jelinčić 和 Tišma 尝试验证有效的公共政策可以确保文化遗产的可持续性，其通过对希腊、意大利、荷兰、波兰等国家的实践应用分析，发现了各利益相关者的合作和广泛参与在确保遗产可持续性方面的重要性[10]。孙聪睿认为只有政府充分担当文物安全工作的主体责任，才能更好地培养全民保护意识。她分析了我国目前城市文物工作进程中政府职责履行的现状和问题及原因，认为应从思想、资金、法制、宣传四个方面强化政府主体责任[11]。李秀娟基于我国目前田野文物工作中存在的问题，指出要牢牢把握文物安全，建立文物保护部门、当地政府、消防、公安等安全防范的四级责任体系，形成多主体保护机制，加大巡查监管力度提升保护能力[12]。

综上所述，国内外学者的研究方向大多由文物安全、预警防控机制以及基层主体责任体制等展开，但是鲜有文献对文物安全责任体系进行系统研究，因此构建符合我国国情的文物安全责任体系是保障文物安全工作需要解决的核心问题。基于此，本文在借鉴学者们相关研究成果的基础上，分析安全责任体系构建存在的漏洞缺陷，创新提出“五条制度”“四大机制”“六项工作”来构建完善的文物安全责任体系。

三　文物安全责任体系制度检视和漏洞缺陷

（一）文物安全责任体系的制度检视

在全球发展的历史进程中，文物安全始终是国际法律体系研究的一个关键领域。从19世纪末期的《海牙公约》开始，全球范围内一直在努力制定更权威的法律框架来保护文化遗产的安全性，1977年的《日内瓦公约》附加议定书，具体规定了武装冲突期间文化财产的保护机制，由此可见文物安全的保护工作是不可间断的。联合国教科文组织（UNESCO）扮演着至关重要的角色，不仅提供许多国际合作援助框架，还制定多项国际公约，持续推进全球文物安全工作的发展进程，1972年11月16日通过的《保护世界文化和自然遗产公约》（即“世界遗产公约”），规定了相关的遗产定义以及保护条款和措施，设立了世界遗产委员会和世界遗产基金，促进了不同国家之间的协作和支持。国际古迹遗址理事会（ICOMOS）1987年在美国出台《华盛顿宪章》，对历史城镇的保护原则、目标与方法提出原则性要求和规范。除此之外，不同国家在文物安全立法上也取得了不少成效。法国1887年出台的《纪念物法》建立了国家建筑师制度，由建筑师领导各区内的遗产建筑规划工作，负责鉴定与保护管理；英国于1882年颁布的《古迹保护法》，主要对保护区内有特色建筑的拆除进行监控；日本更加注重文化遗产的存放，1929年制定的《国宝保存法》、1966年制定的《古都保存法》等法律法规，均体现了文化财产保护和城市规划、社区营造及城乡建设的结合。

我国于1982年制定的《中华人民共和国文物保护法》（以下简称《文物保护法》），对我国文物的保护对象和范围进行明文规定，制定基本原则规范文物保护单位各部门之间的关系。冯添总结提炼了十四届全国人大常委会第六次会议初次审议文物保护法修订草案的主要内容，提出我国文物保护需要坚持政府主导、多方参与，充分发挥文物的教育功能，赓续中华文脉，修订文物保护法这一举措更是贯彻落实党的二十大精神的必然要求，加固了我国文物保护和文物安全的法治根基[13]。

国家文物局于2022年4月11日发布的《文物安全防控“十四五”专项规划》（以下简称《十四五规划》）重点强调文物安全的重要性，制定了多项实施细则和工作要求，明确提出预防为主、源头治理的指导思想贯穿我国文物安全工作始终，深化压实安全责任的必要性，强化安全基础设施的建设，规范有关部门管理制度和技术标准，提高我国文物安全的防控水平，对重大安全风险进行应急防范。6月6日发布的《国家文物局关于开展全国文物系统安全生产大检查工作的通知》中明确指出，深刻吸取东航“3·21”坠机和湖南长沙居民自建房倒塌等生产安全事故教训，全面排查整治文物博物馆单位安全管理、火灾隐患、文物保护工程和考古工地安全等文物安全隐患及问题，落实安全责任，切实遏制各类文物安全案件和生产安全事故的发生，确保人员和文物安全。2023 年 5 月 9 日发布的《国家文物局关于进一步加强近期文物安全工作的通知》中，指出一些地区重特大安全生产事故接连发生，造成了人民群众生命财产巨大损失，也给文物行业安全生产和文物安全工作敲响了警钟，文物安全形势依然严峻，要求进一步强化文物安全管理，并提出了六个方面的措施。

除此之外，我国地方文物部门也充分落实文物安全工作。例如，陕西省文物局和省发展改革委于 2021 年 8 月 18 日联合印发了《陕西省“十四五”文物事业发展规划》（以下简称《发展规划》），明确到 2025 年初步实现文物治理体系和治理能力现代化，构建更加完善的文物安全责任体系，安全形势持续好转。

（二）文物安全责任体系的漏洞缺陷

1. 地方政府安全意识不强，主体责任不清

提升政府主体意识、加强“党政同责”对于完善文物安全责任体系至关重要。在许多情况下，政府部门缺乏对文物安全和风险防控重要性的充分认识，导致在政策制定和资源分配上存在不足。例如，陕西省的文物资源总体规模居全国前三位，但是文物保护专项资金的统筹规划不够合理，投入支出机制的保障体系有所缺失，甚至有些地区存在党政机关人员在文物安全意识和责任履行方面培训力度不够、覆盖范围不广，对文物安全不够重视等问题。虽然我国有较为明确规范的法律体系，但是隐患层级与重大问题分类不明确，工作备案不及时，导致不能充分履行各级政府的主体责任。

2. 流通市场执法监管不严，违法乱象横生

当今时代信息化飞速发展，传统的监督方法和管理手段可能无法满足文物安全的复杂需求，缺乏高效的联合监管，因此现代化监管思维和信息工具的创新显得尤为重要。长期以来，有关交易流通市场鱼龙混杂、物品良莠不齐，市场环境的监管却又相对滞后，尤其是随着监管漏洞加大，犯罪行为呈现团伙性、智能化特点，而文物监管部门大多依赖定期巡查、现场检查等传统方式开展工作监督，虽然在一定程度上确保了文物的安全与完整，但存在着诸多局限性，如巡查频率有限、难以做到全覆盖、现场检查极易受到时间和地点限制而导致效率不高，而且对于潜在风险隐患难以及时发现和提前预警，因此文物偷窃倒卖现象时有发生。

3. 文物单位设施建设不力，直接责任不明

有些文物管理使用单位存在非法交易、偷窃盗抢和违规违建问题，这一直是文物

安全工作中存在的重大威胁，导致文物被盗掘、盗窃的案件屡屡发生。在天津大运河、河南殷墟、湖北武当山古建筑群等多处重点关注的历史遗迹中，曾出现多个违法建筑物；河北献县汉墓群中的串联冢惨遭盗掘，盗洞呈长方形，几乎打在了汉墓的中心点处；还有西藏皮央和东嘎遗址，有7座佛塔惨遭盗窃。除此之外，违规违建以及文物安全所需三防设施不健全导致的火灾风险等级高，2014年云南发生的古城大火案，2016年湖南省省级文物单位由于道路不通消防车无法进入4座房屋被烧毁了。以上种种，表明很多文物直接管理使用单位的安防设施和责任夯实很不到位，暴露出其安全意识和素质不够高、基础设施不够完备等重大问题隐患。

四　文物安全责任体系的基本架构

《十四五规划》中对文物安全进行了明确部署，要求全面改进加强文物安全工作，严格落实属地管理和分级负责原则，压紧压实文物安全主体责任、监管责任和直接责任，健全党委领导、政府主导、部门监管、管理使用单位严密防控的文物安全责任体系。因此本文基于相关文件政策梳理我国文物安全责任的基本架构，如图1所示。

图1　文物安全责任的基本架构

（一）压紧压实政府的主体责任

政府的主体责任是文物安全责任体系中的关键环节，是相关政府以及党政部门在文物安全工作中应承担的重要责任。各级政府部门应当积极响应党中央的战略部署要求，充分学习《国务院办公厅关于进一步加强文物安全工作的实施意见》，明确考核任务和重点，合理制定考核评价体系。依据“年度工作清单”和“责任清单”的制定与完成情况进行汇总分析，保证严格履职、解决突出问题，紧盯安全生产领域，牢记安全生产理念。各级政府要严格制定规章和出台相关政策，为给文物安全工作保驾护航提供支持。

（二）跟踪落实职能部门的监管责任

部门的监管责任是职能部门与相关执法机构所承担的督察责任。充分推进我国文物安全的多部门协作，综合研判文物工作的安全形势，利用联合执法行动，加大文物安全整改措施的实施力度，提升文物安全隐患的整治水平。面对新业态环境下职能交叉带来的风险，各级监管和职能部门必须坚持“谁主管谁牵头、谁为主谁牵头、谁靠近谁牵头”的基本原则，积极主动履职尽责，杜绝推诿扯皮现象的发生。此外，监督部门要对直接关系文物安全生产的下放事务严格监控，加强对基层组织的责任监管，根据督察结果实事求是地开展工作评估，必要时收回下放的权责职能，对酿成重大事故的要严肃追责。

（三）严格履行管理使用单位的直接责任

管理使用单位的直接责任要求文物保护单位、文物研究机构及文物管理人员等在文物安全工作中承担相应的责任。文物管理使用单位要始终坚持“谁使用谁管理谁负责”的原则，严格落实安全生产责任制和自然灾害联防联控、分级管理等规定，发现“挂名责任人”形式主义、故意层层推卸责任等逃避安全责任的违法乱纪行为时，要严肃追究第一负责人的直接责任。文物博物馆的主要负责人应当积极承担第一责任人的职责，安排专人专责，及时解决安全管理工作中遇到的重难点问题。另外，文物管理使用单位深入学习推进直接责任人公示公告制度，以强化文物安全的末端守护，同时接受社会监督，将文物安全责任落实到“最后一公里”。

五 “546”文物安全责任体系的构建

为进一步保障文物安全，依据《文物保护法》以及一系列推进文物安全工作的规范文件，贯彻落实安全生产“十五条硬措施”，筑牢文物安全底线、红线与生命线，本文构建“546”文物安全责任体系，如图2所示。

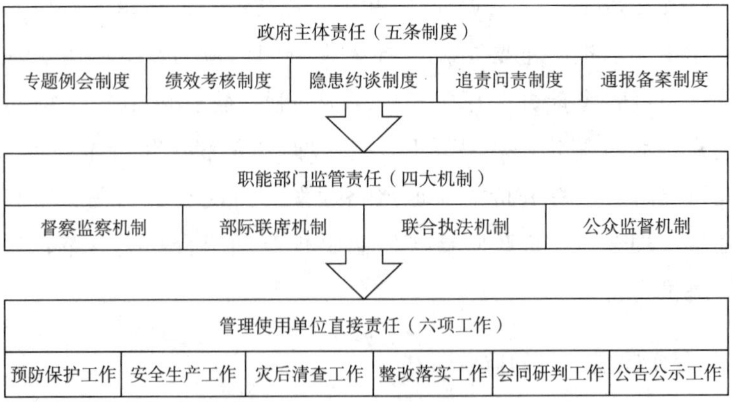

图2 “546”文物安全责任体系

（一）“五条制度”支撑，深化主体责任

1. 专题例会制度

文物安全涉及多个领域，如文化、旅游、城乡规划、公安执法等，因此需要定期召开专题例会来实现不同部门之间的密切协调与配合。会议应当重点讨论现有政策落实的审查、安全隐患的识别、解决方案的讨论以及整改进度的督促，切实鼓励和推进跨部门的协调合作。为了确保文物安全工作的每个方面都得到充分的关注和足够的资源，会议邀请所有相关部门参与，对工作进展和遇到的问题挑战提供专项调研报告，并对上次会议制定的行动计划进行执行情况反馈和评估，同时针对有关人员在实施工作过程中暴露的专业问题，加大知识储备和技能培训力度。专题例会除了沟通工作落实情况外，还应当针对突发事件（如火灾、自然灾害等）制定应急预案，定期审查这些方案的实施效果，并及时更新完善有漏洞的制度。

2. 绩效考核制度

党政各级部门应当贯彻落实文物安全工作的责任目标和质量标准，基于文物保护法以及国际文化遗产保护合约，选取具有代表性的绩效考核指标，包括文物修复率、文物安全事故减少率、文物安全责任落实率、公众文物安全意识提升率等，通过内部审计、第三方评估对党政机构在文物安全方面的工作绩效进行评估。为了提高主体责任的落实力度，把落实安全生产责任制的完成情况纳入党政各级领导干部考核和人才考察的重要评价指标，增加约束性指标如安全生产在经济社会发展评估体系中的比重。绩效评估的周期可以为年度、季度、月度甚至更短时期，结果公开透明，对表现优秀的个人或单位给予表彰奖励，对推诿扯皮或违反规定的则进行严肃惩处，后续组织教育培训，保障文物安全工作的质效，提升党政机构人员对文物安全重要性的认知高度和技能水平。

3. 隐患约谈制度

首先，各级政府要统筹规划，定期组织全面排查，建立完整的风险识别和评估机制，对文物的存放环境和安全设施进行审查，特别是对安全风险较高的文物要重点监控。其次，对于存在风险隐患的情况制定明确的约谈机制，包括触发条件、相关程序、责任追究等，对负责这些重点文物安全工作的责任人和存在安全风险隐患的单位展开约谈，明确强调问题的严重性和整改的迫切性。严格规定整改时限，紧密跟踪整改进度，确保安全隐患得到及时处置。此外，各级政府应当建立有效的信息反馈机制，使上级党政机关能够及时了解文物安全工作的实际情况和存在问题，反思上级部门指出的问题，约谈有关责任人，并及时反馈执行结果。

4. 追责问责制度

在明确各级党政机构在文物安全工作中责任层级和职能交叉的基础上，制定责任

清单，确保每个职能点都有直接的责任主体，涵盖文物安全工作的监管、维护、修复、应急管理全流程。一旦发生文物安全事故，各级部门应当立即启动追责程序，依据科学合理的追责问责制度，精准查明有关责任人，对文物安全管理中的疏忽或不当行为进行调查和审查，严格处置违规行为，确保公正、透明、有效。处理重大的文物安全生产事故，除了问责文物单位的直接责任人以外，对具备关联关系的地方党委和各级政府、监管部门一并进行严肃追责，特别是情节行径十分恶劣，如违法盗采、非法倒卖等严重违法违纪行为要重点关注，严格追究因玩忽职守、放任自流而导致发生重特大安全事故的县乡党委和政府的主要领导责任，构成犯罪的则移交至司法机关追究刑事责任。

5. 通报备案制度

党政部门要制定一套标准化流程，以指导各级政府机构如何进行通报备案，包括建立事件分类标准、通报备案的模板和指南以及提交报告的截止时间等，减少和避免领导干部以权代法、以权压法、徇私枉法，确保文物执法工作实施的独立性和权威性。各级部门应当对所有的文物安全事件进行详细记录和归档，建立完整的事件备案管理系统，实时共享信息更新，确保所有党政机构都能访问最新的文物安全信息，以便提高响应速度和决策效率。除此之外，借助内部审计和外部监督，定期检查和评估通报备案的质量和效率，对文物安全事件进行经验总结和教训汲取，预防同类事件再次发生，保障通报备案系统的有效运行。

（二）“四大机制”协调，规范监管责任

1. 督察监察机制

基于文物安全工作的特殊性，有关部门应当贯彻法制规定和政策执行的力度，明确具体监管措施和要求，细化执行标准，制定和完善具有针对性的地方性法规和部门规章。在省、市、县三级行政体系中建立文物安全监管网络，形成上下贯通、互相协调的督察监察机制，定期对文物安全状况进行监察，包括文物存放环境、安全管理制度的执行情况以及文物安全规章制度的落实情况。明确各级行政管理部门的文物安全监管责任，确保责任到人，加大文物安全管理人员的专业培训力度，提高他们的业务能力和问题识别能力，组建专门的文物安全监管团队进行日常巡查，及时发现并解决问题。

2. 部际联席机制

在多元化的社会治理体系中，建立部际联席机制是一种协调不同部门之间资源和行动的有效方式。设立固定的会议日程，定期召开文物安全工作部际联席会议，会前做好各地文物安全情况汇报，准备会议议题，保障会议内容具有针对性和实效性，协商制定全面的督察计划，明确检查的时间安排和重点方向，对重大文物安全问题进行

专题研究，提出解决方案，充分发挥联席功能和部际优化职能，提升其在政策制定和资源调配中的影响力。同时也要加大地方联席力度，各地级以上城市根据国家部际联席会议的总指导，开展相应的文物安全部门联合工作，定期收集和分析文物安全形势，及时发现和上报新的风险点，督察评估文物安全责任的落实情况，形成有效的执行链条。

3. 联合执法机制

各级文物行政部门和综合执法机构联合开展文物执法巡查，建立打击和防范文物犯罪的长效机制，组织并实施专项行动，针对文物市场、交易环节和重点区域集中打击文物犯罪，保障文物安全。首先，制定并执行联合监管计划，包括行动目标、时间表、责任分配和预期结果，协调各部门资源，对重点文物保护区进行专项监管。其次，对于大案要案需重点关注，筛选出具有重大影响力的文物犯罪案件进行挂牌督办，由高级别领导亲自督办，在重点文物区域实施联防联控措施，如增设监控、加强巡逻等，借助信息共享平台实时更新相关犯罪行为和人员信息，充分利用大数据工具进行犯罪心理和行为趋势分析，进而形成犯罪预测，制定更加全面的应急执法策略。

4. 公众监督机制

鼓励公众参与文物安全监督，可以先通过新闻媒体、社交平台、公益广告等渠道，加大文物安全知识的宣传教育活动力度，普及文物安全的常识和重要性，提高公众兴趣，强化社区参与度。再通过设立并重视管理文物投诉举报平台和“12359”监督热线，降低公众投诉的门槛，并对投诉给予及时的反馈和处理。定期开放重点文物区域和公布文物安全工作的进展成果，包括修复、管理等方面的信息，让公众近距离接触和了解文物，增强他们的文物安全意识。还可以利用网络等技术手段进行现场直播，让社会公众实时监督，借助社交媒体平台，鼓励志愿者监督文物安全工作，积极分享文物现状，形成监督网络大循环。通过这些方式，不仅可以增强公众对文物安全工作的关注度与参与度，还能够形成一个多方参与、相互监督、共同促进的良好社会监督环境。

（三）“六项工作”细化，落实直接责任

1. 预防保护工作

文物管理使用单位应当根据文物特性和存储环境，制定详尽的安全生产应急预案，明确直接责任人与各部门负责人职责，定期组织应急预案演练，提高员工的实际操作能力和协同配合能力。除此之外，还应当加大科技支撑力度，文物管理者可以与文物研究方面的专家和学者合作，共同探索物联网技术下的新型工具，研发无损检测技术和新型防护材料。同时加强对文物的实时监测，安装联网报警系统和环境监控系统，以监控温度、湿度、光照等关键参数，确保适宜的文物保存条件。完善硬件设施，通

过加固展示柜和仓库门窗，采用防弹、防震、防火的展示柜和存储设施来强化文物的安全管理，提高预防保护力度。

2. 安全生产工作

基于安全生产工作“十五条硬措施”的指导思想，文物管理机构应当详细制定针对文物日常维护的安全生产规程，严格落实安全规程上的实施细则，涵盖物品搬运、展览布置、修复作业等所有直接活动，并且根据最新的安全生产法规、技术发展和实际操作经验定期更新安全规程。制定严格的安全检查计划，定期进行安全生产大检查，重点排查消防、防盗、防灾等安全设施的运行状态，同时运用信息技术构建安全生产管理平台，实时监控，精细管理。此外，对每一起安全生产事故都要进行全面调查分析，精准追责问责到人，明确各级管理人员在安全生产中的责任，实施一岗双责，利用考核制度，将安全生产纳入员工和管理层的业绩评价体系，对直接责任人是否按照规定履行职责进行监督评价。

3. 灾后清查工作

为了评估自然灾害或其他紧急情况对文物安全产生的影响，确定损毁情况为修复和保护工作提供准确的信息，文物管理使用单位应当严格履行灾后应急响应机制。明确参与工作的直接责任人，制定标准化的灾后清查流程和详细的修复计划，包括现场安全评估、文物状况记录、损害评估、所需资源、预期时间、修复方法等具体实施方案，合理分配人力物力，保障灾后清查工作的顺利进行。设立安全警戒线，加强文物灾后现场管理与控制，防止无关人员进入，减少二次损害的风险。借助专家和技术人员的力量，深入分析文物情况和修复措施，可以包括照片、视频、文字描述等。清查工作的负责人还应当定期向上级党政部门和管理层报告清查和修复工作的进展，保持文物安全工作的及时性和透明度。

4. 整改落实工作

文物的管理使用单位有责任确保文物安全工作的持续改进，并且根据有关行政部门的监督、安全生产检查、灾后清查结果，及时落实整改措施。为保障整改意见有效执行，使用单位需要贯彻“以责促改”，对整改领域分别设置责任人，把握整改进度，制定具体、可行的整改措施，包括制度、管理和操作层面的改良，确保每项整改措施都有明确的责任主体和完成时限。安全管理部门负责根据整改结果更新修订安全管理规程和操作指南，通过整改工作反馈机制，将存在安全隐患或问题的个人和部门及时上报，并将整改进展和结果通报给相关部门和公众。

5. 会同研判工作

为防范并化解重大风险，需要文物保护单位会同执法机构和应急单位等多方进行集体决策，更全面地识别和应对文物安全方面存在的问题，不仅要求各方积极参与协作，还强调责任的归属和落实，确保所有的风险评估、决策支持、应急预案和整改措施都能够及时有效地执行。文物管理单位还应当定期邀请文物保护、安全专家对目前的工作形势进行研判，提供专业建议和解决方案，形成会议报告，汇总分析结果和建议措施，基于会同研判的结果，推动落实整改措施，达成关于解决文物安全问题和落实文物安全责任的共识，持续改进文物安全管理，严格落实文物直接使用单位的安全责任。

6. 公告公示工作

真正将直接责任人公示公告制度实施到位是将文物安全责任落实到“最后一公里”的重要举措。明确文物工作日常管理、安全检查、紧急响应等环节的文物直接责任单位和责任人，在文物管理使用单位的显著位置和相关公共信息平台上，公示展馆单位行政部门的监督投诉热线、管理部门和安全应急部门直接责任人的姓名、负责事务以及办公电话等信息，如有人事变动或职务变更，及时更新相关内容。县级人民政府文物行政主管部门应当及时汇总本行政区域内的文物安全直接责任人信息，每年通过发布公告、新闻媒体等途径一并向社会公示。省级、市级人民政府文物行政主管部门应当推动落实、督促检查本区域内工作。国家文物局对各地实施文物安全直接责任人公告公示工作进行重点督察。

结　语

文物和文化遗产具有穿越时空、跨越地域、直抵人心的魅力，是满足人民美好生活需要的重要资源，更是扩大中华文化国际影响力的重要名片。我国现在虽然出台文件明确规定了文物安全责任体系，但是在落实方面仍然略显不足，如地方政府主体责任与安全意识不足、流通市场监管力度不强以及文物管理使用单位设施建设不力等，这些因素均直接或间接地反映出完善我国文物安全责任体系是至关重要的。综上所述，构建“546”文物安全责任体系，通过落实政府主体责任的“五条制度”支撑、强化职能部门监管责任的“四大机制”协调、夯实管理使用单位直接责任的“六项工作”细化，保障文物安全责任体系的落实落细，推动文物安全工作进展更加完善高效，可以进一步筑牢我国文物工作过程中的安全防线，为未来我国文物安全工作奠定更加坚实的基础。

参考文献

[1] 文旅部：2022 年全国共有各类文物机构 11340 个［EB/OL］.（2023-07-13）［2025-03-19］. https：//j. eastday. com/p/1689251542034395.

[2] 文物安全防控“十四五”专项规划［N］. 中国文物报，2022-05-10（3）.

[3] Franco-Castillo I, Hierro L, de la Fuente J M, et al. Perspectives for antimicrobial nanomaterials in cultural heritage conservation[J]. *Chem*, 2021, 7(3): 629-669.

［4］Gurumoorthy S, Reddy L V, & Periakaruppan S. Design and development of an internet of things (IoT)-Based anti-theft system in museum cultural relics using RFID[M]//*Handbook of Research on Advances in Data Analytics and Complex Communication Networks*. IGI Global, 2022: 168–180.

［5］Kristoffersen M, Log T. Experience gained from 15 years of fire protection plans for Nordic wooden towns in Norway[J]. *Safety Science*, 2022(146): 105535.

［6］Dang Q. China's protection and utilization of museum relics: Latest trends[C]//2020 *International Conference on Management, Economy and Law* (ICMEL 2020). Atlantis Press, 2020: 359–365.

［7］宋琳琳，黎波，赵丛苍．VUCA危机下我国博物馆文物安全工作探析［J］．文物春秋，2023（2）：42–47.

［8］陕西省财政厅课题组．财政支持文物保护利用的相关调研［J］．西部财会，2023（12）：4–7.

［9］全江伟，徐玉波，胡贤平．公安文物治安防控高效协同平台建设思考［J］．中国安防，2023（9）：67–70.

［10］Jelinčić D A, Tišma S. Ensuring sustainability of cultural heritage through effective public policies[J]. *Urbani Izziv*, 2020, 31(2): 78–87.

［11］孙聪睿．浅谈城市文物保护中的政府职责——以西安市城市发展为例［J］．价值工程，2020，39（26）：100–101.

［12］李秀娟．当前我国田野文物保护的思考［J］．收藏，2023（7）：37–39.

［13］冯添．为赓续中华文脉强化法治保障——聚焦文物保护法修订草案初次审议［J］．中国人大，2023（22）：39–40.

新业态就业人员工伤保险权益保障困境及其破解路径

杨柳青　马晓丽*

摘　要：伴随新业态的蓬勃发展与新就业形式的不断涌现，规模持续扩大的新业态就业人员呈现灵活性等显著优势，但同时也面临职业伤害风险较高和工伤保险难覆盖等困境。本文通过梳理工伤保险制度和新业态就业人员职业伤害保障制度试点，对比分析发现新业态就业人员工伤保险权益保障面临责任归属难以确定、工伤保险费用征缴机制不健全及劳动定额不合理等问题。基于此，为了保护劳动者权益、实现劳资两利，本文围绕缴费主体、缴费标准、劳动定额与工伤认定四个方面提出破解路径，以期为扩大工伤保险制度覆盖面和促进新业态规范发展贡献力量。

关键词：共享经济　新业态就业人员　工伤保险权益　用工关系

一　问题的提出与研究进路

2024年7月，中国共产党第二十届中央委员会第三次全体会议审议通过的《中共中央关于进一步全面深化改革　推进中国式现代化的决定》提出，健全新就业形态人员社保制度，扩大工伤保险覆盖面。这是完善我国社会保障体系、提升我国社会保障水平的迫切需要，也是保障新业态就业人员工伤保险权益的迫切需要。新就业形态指随着信息技术发展与大众消费升级而出现的去雇主化、平台化的点对点就业模式。[1]当前，新就业形态多出现在第三产业服务业，如网约车、同城配送等。党的十八届五中全会公报指出，要坚持创新发展，“推动新技术、新产业、新业态蓬勃发展”，“实施‘互联网+’行动计划，发展分享经济”，并“加强对灵活就业、新就业形态的支持”。目前，新业态已成为我国经济新的增长点，极大地促进了劳动力就业，是当前中国经济发展的重要方向，也是实现经济高质量发展的重要途径。

根据国家信息中心的初步估算，2022年中国共享经济市场的交易规模较上年增长

* 【作者简介】杨柳青，西北政法大学商学院（管理学院）副教授，研究方向为劳动关系与社会保障；马晓丽，西北政法大学商学院（管理学院）硕士研究生。

3.9%。2023年2月公布的第九次全国职工队伍状况调查结果显示，全国职工总人数为4.02亿人左右，而新业态就业人员已达到8400万人，灵活就业人员已达到2亿多人。① 在组成结构上，以网约车司机、外卖配送员等为代表的新业态就业人员大幅增加。当前，新业态就业已成为我国就业领域的关键构成部分，但它呈现的“无雇主化”或“多雇主化”及灵活性等特征，使得基于劳动关系的传统工伤保险制度难以与之有效衔接。第九次全国职工队伍状况调查结果显示，23.6%的新业态就业人员未参加任何形式的社会保险，尤其是外地流动人口的未参保率达30%，工伤保险参保比例仅为12.8%。

新业态经济下，大量新业态就业人员属于灵活就业或兼职就业，其工作时间和地点灵活多样，用工关系模糊，导致他们在参加工伤保险时面临诸多难点。鉴于新业态经济的迅猛发展及新业态就业人员队伍的持续扩大但其工伤保险参保率相对较低，如何有效保障这一群体的工伤保险权益已成为亟待攻克的重要问题。针对这一问题的研究进路可从以下几个方面着手。第一是劳动关系问题。新业态有异于传统行业的劳动模式，目前还没有相匹配的法律法规对该群体的劳动关系进行清晰的界定。[2] 第二是缴费基准的设计，新业态就业人员收入不固定，浮动费率制需要根据其收入水平来确定，缴费基数和缴费费率设计困难。[3] 第三是工伤认定方面，基于新业态就业人员工作的灵活性，劳动者面临工伤认定难、赔偿难等问题。第四是责任主体，平台企业为新业态就业人员缴纳保险费用是它们不可推卸的责任，新业态就业人员享有国家赋予劳动者获得帮助的权利。另外，就业人员对平台企业存在一定的从属性，因此平台企业应当承担劳动者的职业伤害保障责任。[4]

二 新业态就业人员工伤保险权益保障的制度逻辑

（一）工伤保险制度的形成脉络

自工业社会以来，工伤事故频发，工伤事故损害的救济制度历经从民法体系向社会保障法的转型，大致可分为三个阶段。第一阶段，自18世纪工业革命至19世纪80年代，此间工伤赔偿事宜完全依赖于以过失责任为基石的侵权行为法进行处理。[5] 然而，随着工伤事故的频繁发生，雇主因承担高额赔偿而面临经营危机，劳资矛盾随之加深。第二阶段，19世纪80年代至20世纪中期。在此期间，为了更有效地保障劳工权益，各种劳工伤害补偿制度应运而生。[6] 该制度的核心在于，法律直接规定具备特定身份的自然人在符合法定条件时，有权按照法定标准直接获取工伤待遇。[6] 然而，劳工

① 《讨论稳就业，不能无视2亿灵活就业者的权益缺失》，上观，https：//export. shobserver. com/baijiahao/html/724659. html，2024年3月9日。

伤害补偿制度的责任主体仍是雇主，雇主依然可能因大额赔付而陷入经营困境。因此，雇主通过投保工伤事故雇主责任险来转移潜在风险，该保险虽在一定程度上减轻了企业的经济负担，提升了其赔付能力，但作为商业保险，它的保障水平与缴费直接挂钩。第三阶段，自第二次世界大战以来，为了克服雇主责任险的缺陷，工伤保险逐渐发展成为一个更加社会化的制度。这一过程标志着对工伤事故的救济方式从最初的民事侵权责任，到劳工伤害补偿，再到全面的社会保障，实现了根本性的转变。

我国工伤保险制度的演进历程涵盖初创期、停滞期以及随后的探索与成熟发展期。其起点可追溯至1951年《中华人民共和国劳动保险条例》的发布，此举旨在维护劳动者的合法权益，标志着工伤保险制度的初步构建。1996年，劳动部出台了《企业职工工伤保险试行办法》，作为我国工伤保险领域的首部专项法规，它具有重大的开创意义。2003年，国务院颁布了《工伤保险条例》，这一里程碑式的法规为工伤保险制度的实施奠定了更为坚实的基础，提供了清晰明确的法律支撑。2010年，《中华人民共和国社会保险法》颁布，其中工伤保险条款详尽具体，标志着社会保险，尤其是工伤保险进入法制化新阶段。时至今日，工伤保险在劳动能力鉴定与工伤认定等方面不断完善，如2023年《社会保险经办条例》出台，细化经办流程、服务标准和管理要求等，为工伤保险实施提供了法律支撑。自《工伤保险条例》实施以来，20年间工伤保险的参保人数实现了显著增长，从最初的4575万人激增至2023年底的30174万人，增幅高达5.6倍。[7]工伤保险制度的覆盖面不断扩大，保障能力持续增强，管理效能也显著提升，最终成就了覆盖人群全球规模最大的工伤保险制度。

（二）新业态就业人员职业伤害保障制度试点

由上可见，我国工伤保险制度的不断发展和完善，为劳动者的个人权益保障构建了一个坚实的基础和有利环境。但在新业态经济蓬勃发展的当下，传统的工伤保险制度已难以适应新业态就业人员的实际需求。为了打破传统工伤保险制度中劳动关系作为参保要件的限制，向因工作而遭受意外伤害或职业病的新业态就业人员提供更加全面和灵活的经济保障，国家开展职业伤害保障制度试点工作。例如，江苏省吴江区、浙江省杭州市、广东省以及江西省景德镇市等，主要针对出行、外卖、即时配送、同城货运这四个行业展开，涵盖曹操出行、美团、饿了么、货拉拉等7家平台企业。目前，职业伤害保障制度试点主要分为两种做法：一是单险种参加工伤保险，二是独立的职业伤害保障制度。

1. 单险种参加工伤保险

单险种参加工伤保险指用人单位仅为特定人员单独购买工伤保险，而不购买其他社会保险险种的一种参保方式，主要在浙江绍兴、杭州与广东等地开展该模式试点。在待遇保障方面，一旦特定人员发生工伤，其工伤认定、劳动能力鉴定以及工伤保险待遇均与法定参保职工相同，包括医疗费用、康复费用、伤残津贴等。但受限于当地经济发展等条件，各地又有所不同。在政策背景层面，绍兴市主要聚焦于农民工这一特定群体；杭州市在2021年出台单险种参加工伤保险试点政策，覆盖超龄人员、实习生、新业态就业人员等人员；广东省人力资源和社会保障厅等印发《单位从业的灵活就业劳动者等特定人员参加工伤保险的办法》，规定未建立劳动关系的灵活就业劳动者单项参加工伤保险。

在制度层面，缴费主体分为企业和个人，浙江绍兴、杭州和广州规定由企业或平台缴纳参保费用，个人通常不承担缴费责任，缴费标准依据各地缴费基数×缴费费率计算。绍兴市依据上年度在职职工的工资总额×行业基准费率，其工伤保险的缴费费率是根据行业风险程度划分为三类，如一类风险较小行业（如证券业等）的缴费费率为用人单位职工工资总额的0.5%。并且，绍兴市会依据上一年度所发生的工伤保险费用与整个缴费总额之间的比例进行费率的调整。杭州市缴费基数与社保缴费基数一致，通常根据职工本人上年度月平均工资确定，并实行对应的行业基准费率和浮动费率。广东省规定，对于灵活就业人员或特定人员，工伤保险的缴费基数会在上年度全省全口径从业人员月平均工资的60%与300%范围之内确定，缴费费率根据行业风险程度分为八类并对应不同的基准费率，同时在行业基准费率的基础上根据工伤发生率、工伤保险费使用等因素进行调整。

在责任认定方面，由于新业态就业人员具有“多雇主”特征，在发生职业伤害时，责任主体的认定尤为重要，绍兴市和杭州市明确规定应该由他们正在服务的平台企业依法承担职业伤害主体责任，类似外卖员在同一线路承接多个订单的情况下，按照首接单认定责任主体。2021年人社部等10部门在《关于开展新就业形态就业人员职业伤害保障试点工作的通知》中规定，对于在多个平台注册并接单的新业态就业人员，各平台企业均应承担职业伤害保障责任。当发生职业伤害事故时，应由事故发生时正在执行订单任务的派单平台承担相应的职业伤害保障责任。若就业人员在同一行程中同时接受多个订单且难以确定具体责任归属时，将以该行程中的首个接单平台作为责任认定平台。

2. 独立的职业伤害保障制度

独立的职业伤害保障制度指为特定劳动者群体提供独立运行的职业伤害保障制度，试点地区包括江苏省太仓市、南通市、苏州市吴江区和江西省景德镇市等。在制度设计上，太仓市由政府主导，将新业态就业人员纳入职业伤害保障范围内，但具有户籍限制。南通市参保人员指由人才交流中心等劳动、人事事务代理机构代理劳动保障关系，为雇用人提供服务，并由雇用人支付报酬的人员。苏州市吴江区和景德镇市较为灵活，没有户籍地的限制，但是吴江区职业伤害保障制度通过政府购买、公开招投标等方式确定商业保险公司作为承办机构。除此之外，南通市和景德镇市通过个人缴费完成参保，太仓市个人通常不直接承担缴费责任，主要由政府和社会保险基金共同承担，以减轻新业态就业人员的经济负担并鼓励他们积极参保。吴江区由参保人员个人缴纳，缴费标准暂定为每人每年 180 元，试行期间，参加吴江区灵活就业人员职工养老保险或医疗保险的人员，每人每年只需缴纳 60 元，其余 120 元由财政补助。

在职业伤害保险基金管理上，太仓市基金筹集遵循以支定收、收支平衡的原则，确保基金有足够的资金用于支付职业伤害保险相关费用；建立职业伤害保险基金财政专户，由太仓市政府兜底保障，实行专户核算管理，确保基金安全和专款专用。当基金不足以支付保障待遇时，由市政府财政负担。南通市工伤保险费、工伤保险基金的利息依法纳入工伤保险基金合并使用，市财政部门负责全市工伤保险基金的财政专户管理。吴江区职业伤害保险基金实行财政专户管理，确保基金的安全和专款专用，受财政、审计等部门的监督，确保基金的合规使用。景德镇市目前依据《景德镇市新业态从业人员职业伤害保障试行办法》，明确了新业态就业人员的参保范围、缴费标准及基金管理等内容，其中关于基金管理并未直接说明是否纳入工伤保险基金统一管理，但强调了职业伤害保险基金实行财政专户管理。

从传统工伤保险、单险种参加工伤保险以及独立的职业伤害保障制度来看，在责任主体方面，基于对新业态就业人员的工作安排、任务分配、绩效评估等，除独立的职业伤害保障制度以平台企业作为责任主体外，其他为用人单位。从缴费标准来看，传统工伤保险缴费与本单位职工工资总额挂钩，单险种参加工伤保险模式下允许灵活就业人员单独参加工伤保险，与养老保险和医疗保险分离，职业伤害保险模式采取“以支定收”原则缴费，如太仓市参保人员无须承担缴费义务，但其保障范围排除死亡待遇的给付。在待遇给付方面，政策基本参照《工伤保险条例》相关规定，确保新业态就业人员在遭受职业伤害时能够依法获得相应的补偿照料。除此之外，工伤认定是新业态就业人员享受相关待遇、获取职业伤害保障的首要步骤和关键环节。单险种参加工伤保险模式与独立的职业伤害保障制度下基本参照《工伤保险条例》，现行《工伤保险条例》下的工伤认定需要具备工作时间、工作地点、工作原因三个要素，但是新业态用工形态下，劳动者工作时间与工作地点具有极大的不确定性和灵活性，灵活性虽然为劳动者提供了更多的选择和更大的自主权，但也使得工作原因变得更加复杂和难以确定。因此，针对新就业形态下的职业伤害确认，我们必须超越传统工伤认定的“三工”原则框架，紧密结合新就业形态劳动用工的独特性，积极推动制度创新与实践变革。

从上述试点区域的情况来看，新业态就业人员职业伤害保障制度试点做法在不同地区有所差异，但为将该群体纳入工伤保险覆盖面提供了多种选择路径，在促进平台经济规范健康发展等方面取得了积极成效。目前，随着制度覆盖面的不断扩大，地区差异如经济发展水平不同、政策执行力度不一等因素可能会对新业态就业人员的参保意愿和参保条件产生影响，从而对其工伤保险权益保障构成一定影响。

三 新业态就业人员工伤保险权益保障困境

以外卖骑手为例，新业态就业人员主要分为专职和众包两类。专职骑手与平台存在明确的劳动关系，而众包骑手与平台无直接劳动关系，不符合传统工伤保险的相关规定，他们多依赖商业保险来保障自身权益。但商业保险存在诸多现实问题，如保费与保障水平不匹配、赔付金额有限等。尽管政府已发布职业伤害保障制度试点等相关政策文件，但职业伤害保障的覆盖范围仍有待扩大。目前试点主要集中在部分行业和代表性企业，且地区间经济水平的差异会影响新业态就业人员对该制度的需求和地区的覆盖面。因此，基于新业态就业人员参加工伤保险模式与新业态就业人员职业伤害保障模式的比较，围绕缴费主体、缴费标准以及职业伤害确认等维度进行分析，发现了新业态就业人员工伤保险权益保障面临的以下问题。

（一）用工关系模糊导致责任落实困难

《社会保险法》及相关规定虽然为部分灵活就业人员提供了基本养老保险和基本医疗保险的参保途径，但《社会保险法》第三十三条明确规定，职工应当参加工伤保险，由用人单位缴纳工伤保险费，职工不缴纳工伤保险费。这意味着，工伤保险费的缴纳责任在于用人单位，而非个人。但新业态就业人员的工作方式灵活多变，往往通过线上平台接受任务分配，与用工单位之间的劳动关系模糊。在传统工伤保险体系中，工伤保险以从属性作为劳动关系的认定标准，但在现行经济体系下，出现了雇员和自雇二元结构之外的“第三类劳动者”[8]。并且部分平台企业采取劳务派遣、承揽业务或分包工作等手段，意图规避与劳动者建立正式的劳动合同关系，虽然雇主责任保险在一定程度上可以补充工伤保险的不足，但赔偿范围相对有限，保费成本对于部分企业也是一定的负担。若缴费主体为个人，与工伤保险制度保障劳动者权益的最初理念有所相悖，存在责任转嫁问题。《社会保险法》规定，用人单位未依法缴纳工伤保险费，发生工伤事故的，从工伤保险基金中先行支付。工伤保险是一种社会险，在发生工伤事故但用人单位未依法缴费的情形下，政府通过工伤保险基金先行支付制度先行垫付而后追偿用工主体责任。在新业态中，用工主体可能涉及平台、劳务派遣公司、合作企业等多个主体，当新业态就业人员发生职业伤害或劳动争议时，这些主体之间的责任划分往往难以明确，导致责任落实困难。另外，目前仅试点地区规定由平台企业作为缴费责任主体缴纳工伤保险费，非试点地区未明确，难以保障新业态就业人员的工伤保险权益，并且从平台角度来看，基于用工成本的考量，它们更愿意选择商业保险作为提供保障的手段。

（二）工伤保险费用征缴机制待完善

《工伤保险条例》第十条规定，用人单位缴纳的工伤保险费用为该单位职工工资总额与单位缴费费率之积。新业态就业人员的劳动收入易受到季度、个人等因素影响而具有不稳定性和不确定性，因此其缴费基数很难固定，并且如果简单地将平台收入或劳动者的线上结算报酬作为缴费基数，可能会导致缴费基数的不准确性。《工伤保险条例》还规定依据不同行业的工伤风险程度确定行业差别费率，但是新业态就业人员的工伤风险受灵活性影响往往难以评估，因此新业态群体的工伤保险费用征缴不能延续传统工伤保险的相关规定。且不同于传统工伤保险以稳定的劳动关系和固定的收入为基础来制定缴费标准，新业态就业人员的收入可能会因平台算法、市场需求、个人表现等多种因素而波动，流动性较大且工作时间并不固定，这使得缴费记录的连续性和完整性难以保证。因此，如何为新业态就业人员制定合理、公平且可持续的缴费标准，是当前新业态就业人员职业伤害保障制度完善面临的重要难题。

（三）算法规则下的劳动定额不合理

平台企业利用先进的算法技术不断优化和升级系统。如利用 GPS 定位技术实时跟踪劳动者的位置信息，传感技术的运用使得平台企业能够实时监测设备运行情况等，从而实现对劳动者工作状态的精准掌握。这些技术通过不断迭代演进，使得平台企业能够更好地管理劳动者，实现对劳动过程的精细化、智能化管理。[9]新业态就业人员交通事故频发的原因之一是平台通过算法控制实行按件计算报酬的规则，在平台算法的控制和利益的诱惑双重驱动下，新业态就业人员的绝对劳动时间和相对劳动时间都显著延长，长时间的工作在加剧了他们身体疲劳的同时也会影响其判断力、反应速度等关键能力，进而威胁到道路交通安全。一方面，算法在劳动管理过程中有利于企业优化资源配置，提高运营效率。另一方面，部分企业在利益驱动下，通过算法分析市场需求等来确定订单的定价和就业人员的收入，设计各种激励机制，如高峰时段奖励、完成率奖励等。这虽可以提高工作效率，但会忽视劳动者权益，如算法可能根据就业人员的历史表现来分配订单，导致表现不佳的就业人员工作机会缺少等。此外，算法控制还带来了算法黑箱和透明度问题。[10]由于算法的复杂性和专业性，就业人员往往难以了解算法的具体决策过程和依据，这种不透明性可能导致就业人员对平台的决策产生怀疑和不满，甚至引发信任危机。平台企业借助“算法”对劳动者劳动过程进行控制，以此获取利益，也成为职业伤害风险产生的原因之一。[11]

（四）工伤认定复杂

新业态就业人员与平台之间的关系往往被定义为“合作关系”或“劳务关系”，而非传统的“劳动关系”。这种关系下，平台对就业人员的控制力较弱，难以认定他们具备传统劳动关系中的“人格从属性”和“经济从属性”，工伤认定困难。[12]《工伤保险条例》明确了我国工伤认定的“三工”原则，即需要满足工作时间、工作地点和工作原因三个条件，以规范工伤认定程序的公正性和准确性。在传统工业中，劳动者受雇主管理和指挥，劳动者工作时间、工作地点由雇主决定。工作原因是指劳动者在工作时间和工作地点受到的伤害，必须是由于工作本身或其相关活动引起的，而非其他原因，因此雇主应承担劳动者在劳动生产中所产生的职业伤害风险。而新业态经济下，劳动者往往具有更强的工作自主性，工作时间不再局限于传统的固定时段，变得模糊和更为灵活。新业态下的工作地点不再局限于传统的固定地点，而是可能遍布城市的各个角落，甚至跨越不同的城市和国家，劳动者可能在不同的地点、不同的环境中完成工作，可能涉及平台、商家、顾客等多个主体，工作原因也更具复杂性。平台与劳动者的隶属关系削弱，长期稳定的用工关系被打破，无法通过持续性劳务给付与平台形成某种牢固的利益关系。[13]新业态就业人员职业伤害保障制度针对职业伤害的认定总体上并未脱离对“工作时间”和“工作原因”的要求，整体上仍沿用《工伤保险条例》的工伤认定框架。

四　新业态就业人员工伤保险权益保障困境的破解路径

（一）健全工伤待遇追偿责任机制

工伤待遇追偿责任机制是指劳动者在工作中因工负伤、患职业病或因工死亡后，依法享有请求用人单位支付工伤待遇的权利，并通过一系列程序和措施来确保这一权利得到有效实现的制度。平台企业作为工伤事故责任主体，应承担支付工伤待遇的主要责任。但基于对运营成本压力的考虑，平台企业采用加盟、代理、承揽等多种手段延长用工链条，甚至诱导劳动者注册成为个体工商户，以此来回避与劳动者之间建立明确的劳动关系。[14]使得这些劳动者的劳动关系认定变得异常困难、劳动合同签订率低、社会保险不足、劳动权益保障有盲区，劳动者的风险不能通过社会化的方式有效化解。因此，首先，要加强政府部门监管，提高平台企业对劳动者的工伤责任意识，定期开展工伤保险专项检查，对未参保、欠缴工伤保险费的用人单位进行查处，并督促它们整改，确保用人单位按时足额缴纳。对于未按时缴纳的用人单位，应依法进行处罚，并纳入信用记录。其次，要推动企业社会责任的落实，面对工伤赔付争议，企业应主动承担社会责任，积极配合劳动仲裁，尽快达成公正、合理的赔偿协议，避免损害劳动者权益。最后，加强政府与企业之间的合作与沟通，共同推动工伤保险体系的不断完善。

（二）完善工伤保险费用征缴机制

创新现行社会保险制度内容设计，瞄准新业态就业人员的保障需求，提高社会保险制度与新业态就业人员特点的适配度。职业伤害保障是建立健全社会保障体系的一个重要部分。人社部的数据显示，截至 2024 年 6 月底，7 个试点省市累计参保新业态就业人员已达 886 万人，较 2023 年底的 731 万人有明显增长，越来越多的新业态就业人员被纳入职业伤害保障范围。在构建新业态就业人员职业伤害保障制度的过程中，我们面临诸多挑战，这既源于该群体的独特性，也受到现有社会保险制度框架的制约。然而，建立这一制度是大势所趋，是“互联网+”时代背景下我们必须正视并解决的问题。[15]新业态就业人员职业伤害保障制度的建立对于劳动者来说能够减少其后顾之忧，使之更专心地投身工作之中。下一步，应在总结当前 7 个省市试点经验的基础上，适时扩大职业伤害保障制度试点的地域范围，除了目前的出行、外卖等行业外，积极探索将职业伤害保障制度拓展至其他新就业形态行业，如网络直播等，以更全面地保障新就业形态劳动者的权益。同时，根据试点过程中的反馈和数据分析，应当进一步优化职业伤害保障的缴费机制。

目前，根据新业态就业人员职业伤害保障制度试点研究，还存在工伤保险费用征缴机制问题。例如，加盟网点模式下的快递行业，工作收入受节日等影响较大，并且像兼职形式的劳动者，工作时间较短，其工伤保险费的核定不适合以月工资总额为缴费基数。可探索按单缴费方式，试行期间出行、外卖、即时配送和同城货运暂按每单 0.04 元、0.06 元、0.04 元、0.2 元执行。另外，鉴于部分新业态就业人员工作时间不固定，也可按小时或其他时间缴费，旨在更准确地反映实际工作量同时也便于根据实际情况调整缴费标准，以适应新业态就业人员的需求，避免“一刀切”的缴费方式可能带来的不公平现象。并且，按小时缴费方式将劳动者工作时间与工伤保险保障程度挂钩，也有助于增强新业态就业人员工作的积极性。对于平台工作可以采取定期累积的方式来计算工作时间，并将之与平台收入的结算机制相结合，使之与全日制用工的标准相一致，规定平台企业在向配送员支付每一单报酬时，预先扣留费用。[16]在保障基金可持续运行的前提下，逐步优化工伤认定办理流程，以更好地保障劳动者的权益，也应加大对平台企业的监管力度，确保它们依法履行职业伤害保障的相关责任和义务，以此进一步完善我国的职业伤害保障制度。

（三）制定科学的劳动基准算法

算法控制下，政府应加强对平台经济的监管，明确平台在保障就业人员权益方面的责任和义务。平台应调整算法设计，建立合理的薪酬制度，增加对服务质量和安全性的考量。劳动者也应合理安排工作时间和强度，积极维护自身合法权益。

第一，政府应要求企业公开算法逻辑和决策过程，接受社会监督，确保算法运行的公正性。企业应确保劳动管理算法的科学性、公平性和透明度。算法应考虑劳动者的身体条件、技能水平、工作环境和劳动强度等因素，避免过度压榨劳动者。政府应加强对企业工作定额标准的监管和评估，确保标准的合理性和可行性。也应根据国家劳动安全法律法规和行业标准，制定科学的工作定额标准。这些标准应确保劳动者在法定工作时间或劳动合同约定的时间内能够完成工作任务，同时保障劳动者的生命安全。

第二，政府可以给予积极履行社会责任、保障劳动者权益的企业一定的政策扶持，如税收优惠、资金补贴等，鼓励企业采用先进的劳动管理算法和技术手段，提高生产效率和管理水平，政府也可以向此类企业提供技术支持和培训服务。对于在劳动关系和谐、劳动者权益保障方面表现突出的企业，政府可以给予表彰和奖励，在政府采购、项目招投标等方面，优先考虑这些表现优秀的企业。

第三，政府可以通过媒体宣传、舆论引导等方式，提高社会对保障新业态就业人员权益的认识和重视程度，并且通过法律手段规范企业的用工行为，确保劳动者的合法权益得到妥善保护，不受任何侵犯。

第四，从新业态就业人员角度来看，提升劳动者的个人能力素质、降低劳动者的流动性水平与工作更换频次也是提高工伤保险参保率的途径之一。根据2023年“中国社会状况综合调查”（CSS）的数据，新业态就业人员的平均年龄为35.63岁，近60%在3年内换过工作；平均受教育年限为13.19年，75%的新就业形态劳动者为高中（中专）及以下学历，仅有20%左右的新业态就业人员拥有专业职称或技术等级。因此，加强职业素质教育，增强新业态就业人员的职业认同，建立并形成能够促进新业态就业人员技能提升和职业进阶的制度环境，有利于减弱新业态就业人员的流动性，增强他们的参保意识。

（四）建立适应性的工伤认定标准

针对新业态就业群体的工伤认定规则，可以在《工伤保险条例》的框架下实施灵活调整策略，以充分契合他们工作时间灵活多变、工作地点广泛分散以及可能面临的“多雇主”或“非传统雇佣”特性。在判断新业态就业者是否遭遇工伤时，应将核心聚焦于工伤事件与工作任务的直接因果关系，同时合理放宽对工作时间和具体地点的传统界定，确保工伤保障体系能够更加公平、有效地覆盖新就业形态。聚焦工作原因更符合新业态就业人员工作的灵活性。例如，在平台算法设计下，若外卖员在平台设计的最佳路线之外选择更为便捷的道路，那么在此过程中发生的职业伤害依据传统规定是不能认定为工伤，有损劳动者个人权益。此外，可以参考广东省的做法，对“工作时间”和“工作原因”进行更为细致的界定。具体而言，“工作时间”被理解为“从接受平台订单任务开始，直至完成该任务后的合理收尾时间段”，充分考虑新业态就业人员工作的连续性和完整性；“工作原因”明确为“因履行平台所分配的服务内容而产生的行为”，更有助于准确判断工伤事件是否与工作直接相关。以此更贴近新业态就业人员的实际工作场景，确保工伤认定更加公平、合理且易于操作。

结　语

新业态就业人员的工伤保险权益保障所存在的困境是当前社会经济发展中亟待解决的重要问题。随着数字经济的快速发展，新业态为劳动力市场注入了新的活力，但也带来了诸多挑战。新业态就业人员的工作模式、劳动关系等与传统就业形态存在显著差异，他们虽然在灵活性、薪酬与晋升机制、创新创业等方面相较于传统就业人员具有显著优势，但同时也面临高职业伤害风险、劳动关系模糊、社会保障不足等困境。近年来，新业态就业人员职业伤害发生率居高不下，而劳动关系从属性模糊、社会保障权益损失等问题尚待解决。现有文献大多聚焦于职业伤害保障制度试点的具体设计与内容的局部优化完善，而对于如何有效突破地域和行业限制，按“一项制度保全面”的思路，在工伤保险制度难以覆盖的新业态就业群体中全面实施，以解决制度保障“不完全”的问题，研究尚显不足。目前，职业伤害保障制度试点初有成效，制度运行平稳、参保人数持续增长。鉴于此，本文通过梳理工伤保险制度和新业态就业人员职业伤害保障制度试点，从工伤保险权益保障角度分析新业态就业人员所面临的困境，提出相关完善建议，以期为促进新业态就业人员工伤保险权益保障制度的完善做出贡献。

参考文献

［1］张成刚．就业发展的未来趋势，新就业形态的概念及影响分析［J］．中国人力资源开发，2016（19）：86-91.

［2］石佑启，王诗阳．互联网送餐中劳动监察的困境及路径选择［J］．江汉论坛，2020（12）：120-127.

［3］翁仁木．灵活就业人员职业伤害保障：现状、难点和基本思路［J］．中国劳动，2023（5）：73-84.

［4］苏炜杰．我国新业态就业人员职业伤害保险制度：模式选择与构建思路［J］．中国人力资源开发，2021，38（3）：74-90.

［5］王泽鉴．民法学说与判例研究（第三册）［M］．北京：中国政法大学出版社，1998：275.

［6］周开畅．社会法视角中的“工伤保险和民事赔偿”适用关系［J］．华东政法学院学报，2003（6）：43-49.

[7] 武玉宁．促进工伤保险制度更加完备、更可持续［J］．中国社会保障，2024（7）：36-37.

[8] 肖竹．第三类劳动者的理论反思与替代路径［J］．环球法律评论，2018，40（6）：79-100.

[9] 徐景一．算法主导下的平台企业劳动关系与治理路径［J］．社会科学辑刊，2021（5）：164-171.

[10] 王增文，陈耀锋．新业态职业伤害保障制度的理论基础与制度构建［J］．西安财经大学学报，2022，35（2）：74-83.

[11] 杨思斌．新就业形态劳动者职业伤害保障制度研究——从地方自行试点到国家统一试点的探索［J］．人民论坛·学术前沿，2023（16）：36-49.

[12] 朱小玉．新业态从业人员职业伤害保障制度探讨——基于平台经济头部企业的研究［J］．华中科技大学学报（社会科学版），2021，35（2）：32-40.

[13] 王天玉．从身份险到行为险：新业态就业人员职业伤害保障研究［J］．保险研究，2022（6）：115-127.

[14] 王增文，杨蕾．数字经济下新业态从业人员职业伤害保障的构建逻辑与路径［J］．山西师大学报（社会科学版），2022，49（3）：73-78.

[15] 赵晓燕，王娟．新业态就业人员职业伤害保障路径初探［J］．山东人力资源和社会保障，2019（8）：24-25.

[16] 娄宇．新业态就业人员职业伤害保障的法理基础与制度构建——以众包网约配送员为例［J］．社会科学，2021（6）：20-29.

风险视域下巨型工程协同移民资金审计与绩效审计的思考*

——以引汉济渭工程为例

张荣刚　李呈芊**

摘　要：移民资金的管理与使用是影响国家巨型水利工程顺利进行和社会稳定的重要因素，其审计工作面临的诸多复杂问题值得研究。本文运用风险导向理论考察重大工程的移民资金审计问题，结合引汉济渭工程移民资金审计案例，探索通过审计增强巨型水利工程移民资金工作的规范性和有效性。通过将风险导向理论引入移民资金管理中，吸收全过程跟踪审计与工程绩效审计的相关工作理念，以协同思维牵引计划、实施、完成和审计评价四个环节，构建针对性的研究型审计实施路径，旨在提高审计效率和效果，确保资金的安全、有效、合规使用。

关键词：移民资金审计　风险导向　绩效审计　引汉济渭工程

一　引言

随着全球气候变化及水资源分布不均问题的日益严峻，中国作为水资源开发与利用的大国，已建设了多项巨型水利工程。其中，“引汉济渭”工程是横跨陕西关中与陕南地区的重大水资源配置项目。在推进此类巨型水利工程建设时，移民安置及其资金管理的问题不容忽视。移民安置不仅关乎社会稳定与和谐，还直接影响工程建设的顺利进行与长远效益。引汉济渭工程移民安置工作涉及的资金规模庞大、资金使用环节复杂。在此背景下，如何确保移民安置资金的安全、有效、合规使用，成为亟待解决的重要课题。

在现代经济发展进程中，审计工作需要切实解决传统风险导向审计工作中存在的

* 【基金项目】陕西省教育厅科研计划项目“地方政府专项债风险的审计协同防范机制及策略研究”（22JK0197）；陕西省软科学项目“科研诚信制度及监管体系建设研究”（2024ZC-YBXM-106）。

** 【作者简介】张荣刚，西北政法大学商学院（管理学院）教授，研究方向为国家审计与审计法律制度、数字治理与电子商务法；李呈芊，西北政法大学商学院（管理学院）硕士研究生。

诸多弊端，并积极树立现代风险导向意识。[1]现代风险导向审计可以有效提升审计效率，促进审计工作提质增效。[2]我国新审计准则体系引入了风险导向审计的理念与模式。[3]风险导向审计是继账项基础审计和制度基础审计的又一种现代审计模式[4]，其本质是在审计的全过程中都关注风险[5]，在确定的风险水平基础上，以降低风险为导向，决定实质性测试的程度和范围[6]，在得出结果和结论后提出建设性意见和建议。关于风险导向审计的基本程序，目前人们尚在探索之中，尚未有权威而统一的规定。[7]风险导向的理念在移民资金审计中的应用，则是侧重于全面地考虑风险，从而将审计风险降低到可接受的水平，不断地提高审计质量。[4]向官清建议将风险导向理念贯穿于工程建设管理的各个环节，从项目开工抓起，明确审计内容，突出审计重点，增强审计工作的针对性，确保工程的完成。[8]

移民资金审计是指审计部门对国家因建设需要而征用农村土地从而拨付给村民用于拆迁、安置的资金进行审计，确保资金的合规性、安全性和有效性。在风险视域下，移民资金审计需要更加关注潜在的风险点和风险影响，从而制定更为有效的审计策略。[9]加强移民资金管理是引汉济渭工程的核心任务之一，要对移民资金实行全方位、全过程的监督，推行财务公开制度，制发移民资金“明白卡”“放心卡”。[10]大型工程，尤其是水利水电工程建设，往往涉及征地拆迁和移民安置。征地补偿和移民安置工作的顺利实施是获得工程建设用地的前提和保障，直接影响项目建设用地腾挪和工程建设进度。[9]曹靖夫指出移民贫困问题严重影响水利工程的建设，主要是移民资金应用不当引起的。[11]张承胜提出审计的重点应放在接收安置地政府管理使用的那部分资金，即移民的生产安置费、基础设施费和耕地的调整、移民房屋的购建等实物量上面。[12]罗天军和杜水清提出由于水利枢纽工程建设时间长，投入资金巨大，加强对移民资金的审计监督有其深远的意义。[13]众所周知，移民工作涉及面广，中央投入资金巨大，要完成审计工作，需要检查数以亿计的资金和数以万计的使用单位。面对庞大的移民资金管理部门和使用单位，能否把握审计重点就成为审计工作成败的关键因素。[14]

风险导向理论强调以风险评估为基础，将审计资源优先配置于高风险领域，提高审计的效率和效果。本文遵循风险导向审计的基本流程，即计划、实施、完成、审计评价四个环节，结合引汉济渭工程移民资金管理的实际情况，细化每一环节的具体步骤与方法，在为提升移民资金管理水平提供新的视角与路径的基础上，还能有效预防和控制潜在风险、保障资金安全，为类似工程的移民资金审计提供借鉴。

二　理论梳理与资金管理概况

（一）理论梳理

风险导向理论作为一种前瞻性的管理理论，核心在于将风险识别、全面评估及应对策略置于行动的核心位置。这一理论鼓励在追求既定目标的同时，预先洞察并周密考虑可能遭遇的各种风险，进而设计出精准的风险管理方案，旨在最大限度地减少潜在风险对目标实现的不利影响。在审计领域，风险导向理论表现为通过确定审计风险模型（如“审计风险=重大错报风险×检查风险”），将审计资源优先分配给高风险领域，以提高审计的效率和效果，确保审计目标的顺利实现。[15]它不仅为审计人员提供了一个量化分析风险的框架，而且引导他们将宝贵的审计资源精准配置于那些经评估认定为高风险的关键领域。通过这一策略，审计工作的效率和效果得以显著提升，有助于审计过程更为深入地挖掘潜在问题，从而更有效地保障审计目标的实现。

工程绩效审计起源于20世纪中期，并逐渐发展成为一种重要的审计类型。工程绩效审计的核心思想在于“绩效导向”，即关注工程项目的实际效益和效果，强调对工程项目在经济效益、社会效益和环境效益等方面的综合评估，而非仅仅关注其合规性和合法性。工程绩效审计通过对工程项目的规划、设计、施工、运营等全过程进行绩效评估，提出改进建议和措施，推动工程项目的持续优化和提升。工程绩效审计在于提高工程项目管理水平，确保项目目标的实现，降低项目风险，提高项目效益。通过对工程项目绩效管理活动的审查、评价和监督，有助于发现项目绩效管理中的问题，保障工程项目顺利进行，提升工程质量。

（二）引汉济渭工程的移民资金管理概况

引汉济渭工程旨在将汉江水引入关中地区，以缓解该地区长期以来的水资源短缺问题。引汉济渭工程位于陕西省中南部的秦岭山区，地跨黄河、长江两大流域，分布于陕南、关中两大自然区。工程在陕西省陕南地区的汉江干流黄金峡和支流子午河分别修建水源工程黄金峡水利枢纽和三河口水利枢纽，通过穿越秦岭的超长输水隧洞将汉江流域部分水量调至关中地区渭河流域。

引汉济渭工程的移民资金是征地补偿和移民安置的专项资金，是主体工程建设资金的重要组成部分。移民资金管理是一项长期、复杂的系统工程，不仅政策性强、影响面广、资金量大、头绪繁多，且需集技术性、经济性、政策性于一体。管好、用好移民资金是引汉济渭工程建设者的一项重要职责。

在引汉济渭工程启动之初，移民安置工作的重要性便得到明确。根据工程规划，需要搬迁移民共计10375人，涉及西安、汉中、安康3市的多个区县。为了保障移民的合法权益，工程初步设计概算移民安置总投资43.12亿元。这一巨额投资旨在确保移民在搬迁过程中得到充分的补偿和安置，包括农村集中安置移民点、集镇迁建移民安置点、小型企业搬迁以及专项设施复建等多个方面。随着工程的逐步推进，移民安置资金进入了实质性的使用阶段。资金的使用不仅涵盖移民的住房建设、基础设施建设等基础需求，还考虑了移民的后续生计和发展问题，如技能培训、产业扶持等。

截至目前，引汉济渭工程的征地移民总投资近40亿元，资金量巨大。为了完整反映征地移民资金运动，准确完整记录征地移民资产的形成过程，统一会计核算方法，陕西省引汉济渭工程协调领导小组办公室借鉴国内同类项目经验，结合引汉济渭工程实际，制定了《陕西省引汉济渭工程建设征地移民安置资金会计核算办法》。该办法共分五章，明确了会计核算的目的、程序和要求，详细说明了会计科目的核算内容和使用方法，规定了财务信息传递程序，能够比较完整地反映征地移民资金从投入到形成资产的全过程。

三　巨型水利工程移民资金审计的案例及风险分析

（一）巨型水利工程移民资金审计案例

引汉济渭工程移民资金按照静态控制、动态管理方式调控，坚持分级管理、县为基础、权责统一、包干使用、专款专用原则。移民资金由陕西省引汉济渭工程协调领导小组办公室负责筹集，多渠道保证需求，通过分项管理、分类核算，充分提高管理效益；资金监管实行内部监督、政府监督、社会监督、项目监督相结合的“四位一体”方式，协调各方力量，整合资源，形成联合监管机制，保证资金合理使用和安全完整。自引汉济渭工程建设启动实施以来，陕西省委、省政府、省水利厅以及陕西省市县各级政府部门和陕西省引汉济渭工程协调领导小组办公室都十分重视征地移民资金监督管理工作。省政府安排省审计厅开展了四次跟踪审计；市县人民政府履行各自区域职责定期不定期组织财政、审计等部门开展了多次审计和检查；省水利厅组织了三次项目稽查；陕西省引汉济渭工程协调领导小组办公室每年进行项目检查和内部审计。各级各类审计、稽查和检查从完善制度、建立机制、规范管理入手，以追踪资金流向为主线，以“四查”为重点，对征地移民资金使用情况进行跟踪，对群众反映强烈的问题进行重点监督，把对资金的监督检查贯穿于征地拆迁工作全过程，建立事前审核、事中控制和事后检查的监督检查长效机制，共同维护征地移民资金专款专用和资金使用的合法性。

在当前引汉济渭工程的移民资金审计实践中，主导模式是制度基础审计模式（见图1），其核心在于详尽审视移民安置管理机构的内部控制体系，据此规划实质性审计工作的时序、范围及深度。该工程移民资金流通横跨多个领域，涵盖广泛项目，导致审计人员面临多样化的固有风险挑战。移民安置管理机构在各级别间管理水平存在显著差异，尤其是基层机构往往内部控制体系薄弱，这无疑加强了移民资金审计的高风险特性。传统的制度基础审计方法虽聚焦于内部控制架构，但忽视了审计风险可能来源于多元维度，如被审计单位内部控制的健全性与执行力度、财务信息的真实性与完整性等。因此，在移民资金审计过程中着重关注并着手应对这些风险点，通过各单位各部门分工合作，相互配合、各司其职、各尽其责，全面开展资金监督管理，能够有效提升征地移民资金监管的效用和威慑力，基本实现监管手段相互交融、监管内容全覆盖、齐抓共管的资金监管目标。然而，为了更有效地降低审计风险，未来还需进一步融合风险导向理论，采用全方位、多维度的审视视角，深入剖析风险产生的各个环节，综合评估审计风险的实际水平。

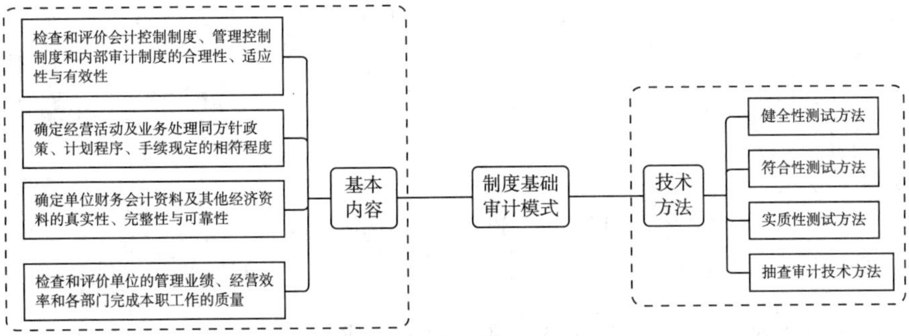

图 1　制度基础审计模式

（二）移民资金审计工作的风险分析

作为一项复杂且烦琐的工作，通过分析不难发现，移民资金审计面临的风险主要来源于被审计单位内部控制的健全性与执行力度、财务信息的真实性与完整性，审计程序的合理性与执行效率，以及审计结果的准确性与报告的公信力等多个方面（详见图 2）。这些风险不仅可能源于被审计单位内部的管理问题，也可能与审计程序的执行、政策法规的变化及外部环境的干扰等因素密切相关。

1. 被审计单位风险

被审计单位风险是审计工作的首要关注点，其核心在于内部控制的健全性与财务信息的质量。内部控制风险尤为突出，当被审计单位（如移民安置管理机构）的内部控制体系存在缺陷或执行不力时，移民资金的安全性和合规性便岌岌可危。这种风险不仅可能源于制度设计的不足，还可能因执行过程中的疏忽或故意违规行为而加剧，导致资金被挪用、浪费或滥用，从而大大增强审计的复杂性和不确定性。同时，财务信息风险亦不容忽视，财务风险的真实性、完整性和准确性直接关系审计结果的可靠性。若财务信息存在人为操纵、系统错误或外部干扰等问题，就将严重削弱审计工作的基础，使审计结果难以令人信服。

2. 审计程序风险

审计程序风险则贯穿于审计工作的始终，从审计计划的制订到审计执行的每一个

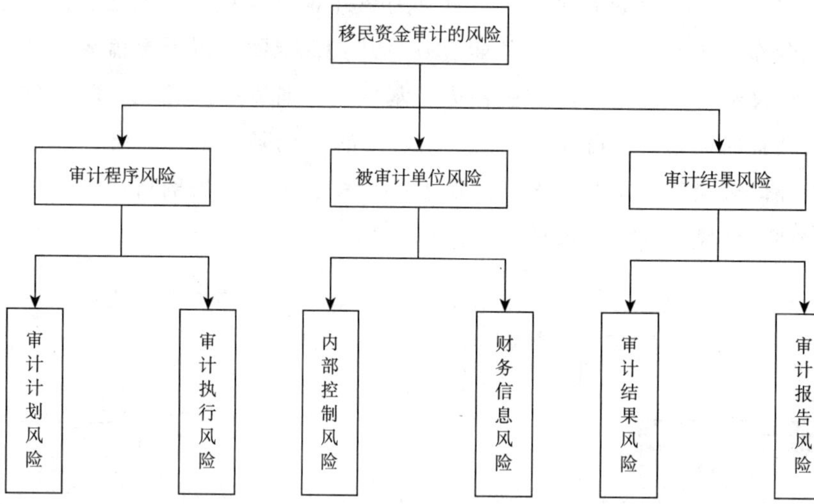

图2　移民资金审计的风险来源

环节都可能面临挑战。审计计划风险主要体现在计划的合理性和针对性上，若计划制订得不合理或过于笼统，将导致审计资源分配不均、审计重点不突出，进而影响审计工作的整体效率和效果。而在审计执行过程中，审计人员需面对审计方法选择、证据收集与评估、判断与决策等多重考验。任何环节的失误都可能引发审计程序风险，如方法不当导致问题遗漏、证据不足或质量不高削弱结论支撑、主观偏见或经验不足导致判断失误等。

3. 审计结果风险

审计结果风险则是审计工作的最终考验，它直接关系审计工作的成效和社会公信力。审计结果风险尤为关键，作为对被审计单位财务状况、经营成果和内部控制等方面的综合评价，其准确性和公正性至关重要。然而，由于审计环境、被审计单位情况、审计程序等多种因素的影响，审计结果可能存在不准确或存在偏差的风险。这种风险一旦成为现实，将不仅损害审计工作的声誉和形象，还可能对移民资金的管理和使用产生不良影响。

（三）风险视域下移民资金全过程跟踪审计的作用机制分析

风险视域通过综合运用风险导向理论和全生命周期理论，为移民资金审计工作提供了全面的风险识别、评估与应对策略，有助于推动项目管理的优化和提升，为社会的和谐稳定与经济发展贡献力量。

1. 风险识别的基石与前瞻布局

在风险识别阶段，风险导向奠定整个审计项目质量管理的基石。审计人员需运用专业判断，细致审视可行性研究报告的详尽程度，确保市场分析的准确性。严格核查立项审批流程的合法合规性，以敏锐的洞察力识别潜藏于项目构思与规划之中的各类风险因素，包括但不限于市场需求变动、政策环境不确定性及资金筹措难度等，为后续风险管理策略的制定奠定坚实基础。同时，在此阶段深刻理解并融入全生命周期理论，认识到此阶段虽未直接触及大额资金流动，但项目前期的调研深度、可行性研究的严谨性以及立项审批的合规性，深刻影响后续资金需求的预测精度与风险敞口的界定。

2. 风险评估的深度剖析与精准定位

风险评估既是对已识别风险及其潜在的危害进行评价的过程，也是连接风险识别和风险应对的桥梁和纽带。步入风险评估阶段，项目设计趋于具体化，审计计划逐渐成形，审计项目随之进入核心阶段。在审计计划评估中，审计人员需综合运用定量与定性分析方法，同时紧盯审计过程中的合规性风险，如变更的合法性与必要性审查，严防违规超支或资源浪费。同时，审计人员需依托全生命周期理论，对设计方案的合理性进行深度剖析，不仅评估其技术可行性，还需考量其经济合理性与环境适应性，确保审计方案既满足功能需求又兼顾成本控制。

3. 风险应对的动态调整与实时防控

风险导向理论在移民资金审计中通过全面识别与评估风险，如资金被挤占挪用、损失浪费等行为，来确定审计的重点和范围，从而增强和提高审计的针对性和效率。在此基础上，审计人员根据风险的大小和重要性程度，灵活调整审计方法和程序，制定有效的审计策略，以降低审计风险。审计人员通过对项目的资源使用情况进行深入分析，发现资源浪费或低效使用的环节，并提出优化建议，以促进项目管理者更加合理地配置资源，提高项目的经济效益和社会效益。同时，全生命周期理论在移民资金审计中强调对项目从决策、设计、施工到竣工验收等全过程的审计，关注项目的全生命周期成本、效益及风险等方面。审计人员关注项目的质量控制和风险管理，发现潜在的质量问题和风险点，并提出改进措施，以提升项目的整体质量，全面评价项目的结果。

4. 审计评价的全面审视与系统反思

审计评价阶段作为审计项目“生命周期”的尾声，是移民资金审计进行最终评价与反馈的重要时期。审计人员秉持客观公正的原则，对审计项目的整体实施情况进行全面审视，关注资金使用的合规性、效率性与效果性，通过竣工决算审计、绩效评价等手段，深入挖掘审计项目在经济效益、社会效益及环境效益等方面的表现。在评价过程中，审计人员需综合运用财务分析、效益评估及风险管理等工具，形成审计报告。此阶段也是总结经验教训、提升审计效能的宝贵时机，审计人员深刻反思在审计过程中发现的问题与不足，提炼有效做法与创新举措，为未来移民资金审计提供可借鉴的范例与启示。

四 巨型水利工程移民资金审计与绩效审计的协同推进路径

（一）计划阶段：审前调查与风险识别相协同

在引汉济渭工程移民资金的审计中，风险识别是风险管理的首要步骤，风险导向理论强调将风险识别深度融入审前调查之中。移民资金审计的风险识别不仅关注资金使用的合规性和效益性，还需特别聚焦于资金在巨型水利工程背景下特有的风险领域，遵循“宏观战略分析—业务环节分析—剩余风险分析”的框架思路，建立移民资金流动与巨型水利工程整体战略风险之间的逻辑联系，从源头上识别可能威胁资金安全和使用效率的风险点。

第一，宏观战略分析阶段通过详尽的调查、访谈及资料查阅，深入了解引汉济渭工程的宏观政策导向、行业发展趋势、法律监管框架以及移民政策的具体要求。同时，审视引汉济渭工程中的部分管理部门（如移民安置管理机构）与外部环境的互动关系，包括与政府部门、合作机构、供应商等的经济联系，以及项目内部的组织架构、管理模式和运行效率。第二，业务环节分析则侧重于将宏观战略风险细化至移民资金筹集、分配、使用、管理等具体业务环节。通过紧密追踪资金流动轨迹，关注与资金相关的各项经济活动，如项目规划、预算编制、合同签订、支付流程、绩效评估等。此外，内控制度、目标任务、考核指标、资金管理制度及单位文化等因素也被纳入分析范畴，以全面评估业务环节的风险状况。第三，剩余风险分析是在前两步分析的基础上，进一步评估被审计单位已采取的风险防控措施的有效性。检查现有的风险管理框架、内部控制体系及其实施效果，识别那些尽管已有所防范但仍可能存在的剩余风险。因为这些剩余风险直接关系移民资金的安全性和使用效益，所以往往是审计工作的重点关注领域。

（二）实施阶段：风险评估与审计程序相协同

针对巨型水利工程的特殊性，在审计实施过程中需将风险评估与审计程序紧密结合，以确保审计质量，有效降低审计风险至可接受水平。在巨型水利工程移民资金的审计实施阶段，风险评估与审计程序的有机结合不仅是对传统审计方法的创新，也是确保审计结果科学、客观、全面的关键路径。通过这一阶段，审计工作能够更有效地揭示资金管理中的潜在问题，为巨型水利工程的顺利实施和移民安置工作的有序开展提供有力支撑。

在审计风险评估环节，采用定量与定性相结合的方法。定性分析侧重于通过深入的分析性复核程序，对移民资金在决策管理、实施使用等方面可能存在的风险进行识别与评估。这些方面涉及移民安置政策的执行效率、资金分配的公正性、管理人员的职业操守等，难以直接量化但对资金安全至关重要。定量分析则侧重于风险的量化处理，构建针对移民资金的风险指标体系。利用期望资金额、统计数加总、模拟法、决策树等量化工具，对资金管理情况、财务管理责任中的具体内容进行数据化处理，分析风险之间的相互作用，预测不确定事项可能导致的后果范围。尽管实际操作中风险量化面临诸多挑战，如单一事件的多重影响、主观认知差异等，但通过综合运用战略分析、绩效分析、财务分析等多种工具，实现由一元向多元风险评估的转变，能够显著增强风险评估的准确性和可靠性。

（三）完成阶段：审计质量与风险复核相协同

在引汉济渭工程移民资金的审计完成阶段，强调审计质量与风险复核工作的紧密结合，以确保审计报告的质量与公信力。与巨型水利工程项目整体审计的侧重点不同，尤其是在资金规模庞大、涉及面广的巨型水利工程背景下，移民资金审计更加聚焦于资金使用的合规性、效率性及效果性。

为了有效实现审计目标，引汉济渭工程移民资金审计同样遵循“三严格”原则。第一，严格执行审计项目管理机制，建立跨部门协作机制，加强审计工作的顶层设计与规划，明确审计环节、流程与标准，确保审计工作的有序进行。第二，严格执行审计质量控制制度，如审计组长负责制、审计工作底稿多级复核制等，强化审计取证过程的风险防范，注重审计证据的充分性、相关性和可靠性。通过加强项目团队内部沟通、与被审计单位及领导层的互动，保持高度的职业谨慎，确保审计结果的客观、公正与准确。第三，严格遵循全面从严治党的原则，对移民资金的管理与使用进行精准的责任界定。在区分现任与前任、直接与领导、集体与个人责任的基础上，特别注重运用“三个区分开来”的标准，通过充分发挥容错机制的导向作用，既保护勇于担当、积极作为的干部，又严惩违法乱纪、失职渎职的行为，为巨型水利工程移民资金的规范管理和有效使用提供有力保障。

（四）审计评价：审计结果与工程绩效相比照协同

在引汉济渭工程移民资金审计的审计评价阶段，审计结果的充分、恰当运用是审计价值得以体现的核心。引汉济渭工程移民资金的审计，作为重要的项目与内容，旨在全面评价贯彻执行国家水利政策、资金管理、资金运作及防控重大经济风险等方面的成效。

审计深层次的分析与评价均建立在对移民安置工作整体内控体系、管理流程的系统审视之上，相当于对移民安置工作治理能力和水平的一次全面“经济体检”。第一，审计结果需与移民安置工作的相关责任人员考核、任用及日常管理监督紧密结合。审计结果及其后续整改情况应作为相关人员工作绩效评价、职务调整、奖惩措施的重要依据，并纳入其个人档案中。第二，审计过程中发现的普遍性、趋势性问题应被提炼总结，以促进相关人员增强责任意识、规范履职行为。审计结果应成为推动移民安置工作内部管理规范化、提升治理效能的关键驱动力。第三，审计结果还需与监督机制有效衔接。将移民资金审计中发现的问题及整改落实情况纳入巡视工作的重点考察范围，以此检验"经济体检"的成效。对于审计中揭露的涉嫌重大经济损失或违规违纪的线索，应及时移送纪检监察部门，确保依法依规追究相关责任人的责任，形成强有力的监督震慑效应。

结　语

近年来，随着审计监督体系的不断完善，风险导向在各类公共资金管理中展现出独特的优势与价值，它在巨型水利工程移民资金审计中的应用研究，显得尤为迫切且意义重大。随着巨型水利工程的不断增多和移民资金规模的持续扩大，其移民资金审计与绩效审计的协同推进将面临更多挑战。本文以引汉济渭工程为例，详细阐述了引汉济渭工程移民资金管理情况和移民资金审计的开展情况，揭示了移民资金审计面临的主要风险，包括被审计单位风险、审计程序风险和审计结果风险等，并分析了风险视域下移民资金全过程跟踪审计的作用机制。通过引入风险导向理论，结合全过程跟踪审计与工程绩效审计的相关工作理念，构建了具有针对性的巨型水利工程移民资金审计与绩效审计的协同实施路径。作为保障移民群众合法权益、确保移民安置工作顺利进行的重要物质基础，移民资金的使用效率、监管力度及风险防范直接关系工程的整体成效与社会稳定。未来研究移民资金审计的信息化建设，利用大数据、人工智能等先进技术提高和增强审计效率和准确性，有助于进一步完善工程移民资金审计与绩效审计的协同机制，为巨型水利工程的顺利推进和移民安置工作的有序开展提供有力保障。

参考文献

［1］李中伟．现代风险导向审计中非财务信息问题研究——基于中国证监会行政执法实践［J］．财务与会计，2022（14）：34-39.

［2］王雪会．现代风险导向视角下企业审计的优化对策探讨［J］．企业改革与管理，2024（12）：111-113.

［3］施平，李长楚．我国企业碳交易审计程序设计——基于现代风险导向理论的分析［J］．会计之友，2016（19）：103-106.

［4］李凯，刘晖．风险导向审计在水利建设项目移民资金中的应用［J］．商业经济，2005（10）：106-107.

［5］虞塘．风险导向审计在建筑施工企业内部审计中的应用分析［J］．山西财经大学学报，

2018，40（S2）：53-54.

［6］章敏捷，杨小秋，周勤．风险导向工程审计体系建设浅探［J］．财会通讯，2014（28）：93-95.

［7］陈小红．风险导向内部审计在工程审计中的应用［J］．财会通讯，2010（25）：104-105.

［8］向官清．风险导向在水利电力项目竣工决算审计中的应用［J］．水利经济，2010，28（5）：74-76+80.

［9］李莛，陈莉，李灿灿．建设征地补偿和移民安置资金审计重点及方法［J］．审计月刊，2023（9）：23-24.

［10］江萍．引汉济渭工程移民资金监管探讨［J］．陕西水利，2016（5）：15-17.

［11］曹靖夫．红岩水库水利移民资金应用去向研究［J］．广西水利水电，2019（1）：60-63.

［12］张承胜．三峡移民资金审计的重点和方法［J］．中国审计，2002（11）：66.

［13］罗天军，杜水清．长江三峡工程移民资金审计的思考［J］．湖北审计，1995（12）：24-25.

［14］刘峰，李功．三峡移民资金审计方法初探［J］．中国审计，1998（5）：51.

［15］张钰清．风险导向理论在公路项目内部审计应用研究［J］．财会学习，2022（33）：131-133.

国家审计助力新质生产力发展：逻辑层次与实现路径

徐京平　魏晓雯*

摘　要：新质生产力是为实现中国式现代化，基于新时代经济发展形势而构建的一种符合新发展理念的新型生产力。为了切实服务好经济高质量发展，本文从国家审计新定位、新使命、新要求出发，探讨国家审计对新质生产力发展的关键驱动作用。研究结果显示，国家审计对新质生产力发展的驱动作用集中表现在宏观层面的推动治理能力现代化以及微观层面的提升新兴产业生产率上。在国家审计助力新质生产力发展的逻辑基础上，本文从顶层布局、产业经济两个维度探讨具体实现路径，丰富了新质生产力发展的理论研究。

关键词：国家审计　新质生产力　高质量发展　治理现代化

一　引言

2023 年 9 月，习近平总书记在新时代推动东北全面振兴座谈会上明确强调："积极培育新能源、新材料、先进制造、电子信息等战略性新兴产业，积极培育未来产业，加快形成新质生产力，增强发展新动能。"[1] 2023 年 12 月，中央经济工作会议指出，以科技创新引领新质生产力发展，建设现代化产业体系。[2] 作为新经济时代下的产物，新质生产力是新经济形态、新发展理念和新发展方式的结合体，是推动中国式现代化的高质量生产力。面对产业革命和技术变革的国际发展趋势，加快形成新质生产力已成为我国抢筑新竞争优势和赢得发展主动权的必然选择。

国家审计在国家治理体系中具有不可替代的地位和作用，是服务党和国家发展大局，推动现代化建设的重要力量。国家审计发挥能动性作用驱动新质生产力发展，不仅是推动经济迈向高质量发展阶段的内在要求，也是确保各类生产要素实现高效、有序流转的必然需求。具体而言，国家审计通过其独特的监督职能，能够深入洞察

---

* 【作者简介】徐京平，西北政法大学商学院（管理学院）教授，研究方向为国家审计与国家治理；魏晓雯，西北政法大学商学院（管理学院）硕士研究生。

并评估新兴产业发展过程中的政策执行效果、资金使用效率以及潜在风险点，从而为政府决策提供科学依据，引导资源向具有创新潜力和成长前景的领域倾斜，不仅促进了新质生产力的加速发展，也为经济结构的优化升级和整体竞争力的提升奠定了坚实基础。

审计工作高质量发展要求构建“集中统一、全面覆盖、权威高效”的审计监督体系，更好地发挥审计监督作用。可见，国家审计要根据党和国家的政治指向调整发展方向，贯通新质生产力的基本内涵和核心标志，充分发挥在生产力迭代更新中的促进作用，加快推动以创新起主导作用的新质生产力的发展进程，实现生产力质态的跃升，并用以指导新的审计发展实践。本文以把握新质生产力的内涵特征与外延意涵，明晰国家审计的政治视角和经济定位为切入点，厘清国家审计助力新质生产力发展的逻辑层次，探索国家审计助力新质生产力发展的实现路径，为新质生产力的培育和发展，贡献审计力量。

二　国家审计与新质生产力发展的互动关系

（一）正确界定新质生产力的概念和特征

1. 新质生产力的内涵特征

新质生产力是在数字化、智能化与技术化快速发展的条件下，由技术革命性突破、生产要素创新性配置、产业深度转型升级而催生呈现的新形态和新质态。[3]新质生产力代表着社会生产力的跃升，区别于粗放式增长路径和大量资源投入、高度消耗能源的传统生产力。

“新”主要是指新质生产力以新技术、新经济、新业态为主要内涵。[4]新技术重点在于实现关键性与颠覆性技术的重大飞跃；新经济锚定在依托科技创新体系与制度革新机制的深度融合，塑造并优化全新的经济结构与形态；新业态强调运用数字科技手段，促进传统产业数字化转型，并加速数字技术本身的产业化进程，从而开辟全新的业务范畴与发展路径。“质”强调生产要依靠知识力量、科技手段、数字技术和创新赋能以达到提质增效，在创新驱动发展战略的本质要求下，依赖关键性与颠覆性技术领域内的重大突破，为生产力发展注入核心驱动力，从而有力地促进经济社会结构的全面优化与转型升级。

2. 新质生产力的外延意涵

新质生产力的落脚点在“生产力”上，要形成与之相适应的新型生产关系。生产要素在新科技革命背景下产生的质变，通过技术创新、知识溢出、资源优化配置等途径，以及在产业结构、产业链条上的重组与优化，形成一种全新的、高度协同的生产力组织形态。

基于此，本文从国家审计的视角对新质生产力的形成做更全面的解读。从外延出发，横向拉通新质生产力与新发展理念、高质量发展、现代化产业体系之间的密切联系。在加快形成新质生产力的过程中要坚定不移贯彻新发展理念[5]，将创新理念作为推动发展的首要驱动力，协调发展理念作为内部平衡的关键要素，绿色发展理念作为转型升级的重要导向，开放发展理念作为拓展空间的有效策略，通过这些理念的深度融合与实践，加速新型生产力的形成与发展。在路径设计中，要从优化生产要素创新性配置、促进产业要素转型升级、改革形成新型生产关系等方面入手，推动新质生产力引领高质量发展迈向新阶段。[6]在构建现代化产业体系的进程中，新质生产力主要通过促进产业体系向更加完整、安全、创新、智能、绿色及融合的方向发展，实现产业结构的全面优化与升级。[7]对新质生产力系统的深入研究，有助于理解在我国经济转型时期发展新质生产力所面临的问题，以及政府创新治理手段的应用和效能的发挥。

（二）准确把握国家审计与新质生产力的关系

1. 国家审计的政治视角

从国家财政财产“看门人”，到经济安全“守护者”，到社会经济运行“免疫系统”，到国家治理基石与重要保障，到党和国家监督体系的重要组成部分，再到推动国家治理体系和治理能力现代化的重要力量，国家审计的功能定位不断强化、不断升华。[8~11]作为国家治理体系的一部分，国家审计的政治视角更加凸显、更为重要，随着国家治理现代化战略的实施，国家审计也向治理现代化方向转变，与新时代国家治理发展新动向相适应。[12]

良好的政府治理是发展新质生产力的重要内容和基础保障，新质生产力的发展趋势对国家审计的职能范围提出新的要求，应由原先单一的财政收入审计向审计范围全覆盖转变。既要发挥好审计在经济监督方面的专业优势，聚焦财政财务收支真实合法，有效制约和监督经济权力运行，又要坚持用政治眼光观察和分析经济社会问题，严肃查处重大财务舞弊、财经数据造假、违规举措债务、挤占挪用等问题，充分发挥国家审计在新质生产力发展进程中推动者和引领者的作用。

2. 国家审计的经济定位

国家审计作为一种制度化且常态运行的经济治理监督体制，展现出监督覆盖面广泛及专业性突出的显著优势。[13]在新时代背景下，国家审计扮演着“经济体检师”的角色，既致力于“治已病”，也注重“防未病”。通过构建一套层层深入、科学合理的监督分析框架，国家审计能够精准识别经济运行中存在的体制机制障碍，有效揭示并预警潜在风险，进而提出推动经济高质量发展的审计策略与建议，为完善国家管理体系与提升治理能力提供有力指导。

新质生产力的核心要义是“以新促质”，需要利用有限资源开拓和培育新劳动者、新劳动资料以及新劳动对象，然而，地方政府通常会将有限的财政资金投入传统产业中，这不利于新质生产力的发展。基于“经济体检”功能，国家审计能够对地方政府非理性阻碍新质生产力发展的行为起到震慑和预警作用，通过揭示地方政府在资源利用方面存在的问题并进行处理处罚，确保公共资金的合理分配，从而释放出更多的资源用于促进新质生产力的发展。

（三）全面理解国家审计服务新质生产力发展的实质

从目前的研究成果来看，相关学者已经对新质生产力的要素特质、时代内涵及形成路径开展了深入探讨，国家审计的相关研究主要聚焦于其本质、特征等方面。但两者之间的关联研究较为缺乏，王敬勇等[14]围绕国家审计的威慑监督机制、协作治理机制、风险预警机制以及创新发展机制进行分析，并根据新质生产力的“新质”特征提出国家审计助力新质生产力发展的着力点，从建立健全法律法规、发挥监督合力、大力发展数字技术以及强化审计队伍建设四个角度提出具体实践路径。陈汉文等[15]重点解构了驱动新质生产力形成的五个关键要素，并在此基础上提出了国家审计应通过保障政策贯彻落实、确保资金合理运用、落实绿色发展理念、创新绩效评价体系、监督领导责任履行进而推动新质生产力形成的基本路径。因此，本文认为关于国家审计与新质生产力之间关系的研究还有一定的探索空间。

政治上通过解读相关国家政策，包括明确审计工作的相关细则、建立健全相关法规、构建高效的审计制度机制等方针政策，助力审计监督工作的推进；通过对新质生产力相关政策实施的具体环节进行监督和评估，确保政策执行的有效性和合规性；通过全过程审计相关项目、对外公布审计报告等方式提高公众参与度、信息透明度，加强民主监督，促进新质生产力内涵更为丰富、本质更为明确，为新质生产力的可持续发展提供支持。经济上通过防范化解风险、监测财政健康、保障经济安全、及时提出审计意见、评估新技术和新产业领域的资源配置情况等方式促进新质生产力的作用效果延伸到各行各业，提高资源利用效率，提振企业信心，释放向好信号，支持科技创新项目，推动新产业领域的健康长期发展，从而促进新质生产力的发展。具体而言，国家审计与新质生产力的关系如图 1 所示。

三　国家审计助力新质生产力发展的逻辑层次

（一）宏观逻辑：以推动治理能力现代化为媒介

在新时代新征程的审计工作中，国家审计的职能职责与党和国家的根本任务密切相关，国家审计的制度变迁与新质生产力、经济基础相适应。新时代党中央赋予审计

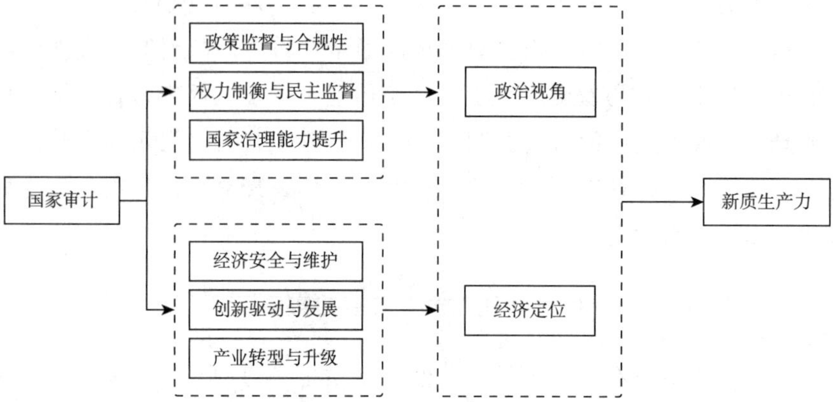

图1　国家审计与新质生产力的关系

工作新使命、新期望，审计机关强化政治意识，提高政治站位，以习近平新时代中国特色社会主义思想为指导，为加快发展新质生产力贡献审计力量，更好地服务于经济社会高质量发展。国家审计通过提高审计生产力水平、推进审计智能化体系建设，有力地推动了国家审计治理能力现代化进程，促进了新质生产力的发展。

1. 提高审计生产力水平

新质生产力满足人的发展性需要，党中央对审计工作的发展性需要与新质生产力的内在逻辑一致，这种发展性需要量的有效积累和质的迭代提升的有机结合。因此，提高审计生产力水平，是增强国家审计工作前瞻性、服务国家治理现代化、实现国家审计价值最大化的有效方式。

首先，扎实推进研究型审计。研究型审计体现了中国特色社会主义审计从监督财政、监督政府到服务于国家治理现代化演进过程的再实践的新要求。[16]一方面，审计主体用研究的思维与视角，指导审计实践并对审计实践进行再认识，寻找更好的“免疫方法”并对“致病因素”进行深入研究，以便于在革新监察关系的同时推进生产关系变革。另一方面，审计能够将监察关系用于解决生产关系中的矛盾，以检查、研究、监督来推进“免疫系统”的自我提升，破解生产关系对生产力的束缚。进而，研究型审计的双重革新为提高生产力水平奠定了坚实基础，推动审计主体适应生产力发展规律，促进高质量发展。

其次，提高资源配置效率。国家审计在优化资源配置、提高国家治理体系效能以及行政运作效率中扮演着重要的角色。从促进生产要素市场化改革角度来看，国家审计作为受托责任方，负责识别资源配置中存在的偏差与错配现象，并据此独立地提出优化资源配置结构的审计建议，有效促进创新生产要素的集聚，以此作为推动资源高效配置与新质生产力发展的关键力量。从提高产品质量、生产效率以及资源的高效利用角度来看，国家审计可以对资金使用、资金绩效等方面实现全面监督，关注低碳产业发展和新能源开发的情况，对资源消耗强度和利用情况开展定期评估与监督，进行自然资源资产审计，确保资源流向最具生产效率和创新潜力的部门，实现经济可持续发展。

2. 推进审计智能化体系建设

随着云计算、人工智能、区块链、大模型、大数据等的发展应用，现代信息技术正深刻改变着生产方式和社会治理方式，国家审计作为国家治理需求的内生机制发挥着重要作用。数智化技术的快速演进，使得国家审计充分运用现代信息技术开展审计，作用于新质生产力和新技术的发展，为新质生产力的劳动对象注入新的活力。因此，推进审计智能化体系建设能更好地服务于管理能力现代化、国家监管数字化和国家治理现代化。

首先，推动国家审计数字化转型。随着数据成为新的核心生产要素，审计数字化成为实现国家战略目标和推动新质生产力发展的重要基石。国家审计利用先进的信息技术和数据分析技术，提升和增强审计数据处理的效率和准确性，并引入可视化工具实施审计项目管理，促使数字化审计模式成为推动审计价值不断攀升的核心驱动力。审计智能化是基于审计数字化所形成的海量数据，结合计算机的算力[17]，为审计机关提供最优决策选择的过程。因此，促进审计数字化转型是推进审计智能化体系建设的关键，是国家审计实现从经验型、粗放型治理向数据驱动、精准施策的转变路径。

其次，拓展“国家审计智能+”应用场景[18]。国家审计集中力量打破传统审计的组织边界，形成审计系统内外相互协同发展的新格局，拓展数字化转型的应用场景，通过数据间的交互作用履行审计职责，确保数据的准确性与可靠性，支持新质生产力的发展。面向未来，审计智能化技术有助于搭建审计实务一体化数字平台，将会成为新时代国家审计发展的重要着力点。在国家审计的实践中，确保数据要素能够深度融入并赋能审计流程，是拓宽审计技术应用边界、实现科技赋能审计转型的关键所在，进而在推动数字经济繁荣发展与国家治理现代化进程中扮演核心角色。[19]

（二）微观逻辑：以提升新兴产业生产率为驱动

新质生产力强调质的转变、生产方式的革新和产业全要素生产率的提升，重视产业间的协同和创新驱动。国家审计作为技术创新和产业发展的监督者，在提升新兴产业生产率方面具有显著的信息优势、实践效果和制度基础，能够创新审计模式从而发现潜在的风险并加以解决，有利于促进产业高质量发展，形成以创新为驱动的新产业生态，推动新旧动能的有序转换。国家审计通过促进产业结构转型升级、推动产业体系融合发展，实现新兴产业生产率的提升，助力新质生产力的形成。

1. 促进产业结构转型升级

新质生产力对传统产业的有序转型与新兴产业的蓬勃发展提出了要求，传统产业与新兴产业之间的“破与立”[20]成为维持社会经济稳定的重要策略。国家审计可充分发挥其“查病”“治已病”“防未病”的“经济体检师”作用[21]，贯穿产业审计监督全过程，在经济转型中平衡传统产业的有序淘汰与新兴产业的有效建立，实现两者间的有机衔接和协调发展，提升新兴产业生产率，加快形成新质生产力。

首先，保障传统产业有序转型。传统产业转型升级过程中，国家审计机关通过政策跟踪审计、经济责任审计等审计活动，揭示制约产业升级的体制机制问题，评估威胁产业升级的财政资金风险，准确研判转型薄弱环节。通过有效发挥其“经济体检师”作用，保障传统产业优化升级，使之在维持竞争优势的同时，加速顺应新的市场需求，从而促进生产关系适应性变革，成为经济稳定增长的引擎，推动新质生产力有力发展。

其次，推动新兴产业有效建立。新型举国体制下，国家能够通过集聚资源、整合创新链条，以科技创新作为核心，支持新兴产业涌现。在此过程中，在新兴产业发展初期，须防范“一窝蜂”式的非理性盲目投资[22]，国家审计作为经济安全的“守护者”以及统筹新兴产业发展和资源配置的“扳手”，通过专项资金审计、政府产业投资基金审计等发挥经济监督作用，确保新兴产业按照既定目标健康发展，谨防盲目投资和资源浪费，维护社会经济健康运行。

2. 推动产业体系融合发展

现代化产业体系建设以产业融合、要素融合释放倍增效应，创新产业链形态，激发产业活力，提升新兴产业生产率，成为推动新质生产力发展的重要动力。一方面，产业体系融合发展存在不深入、不全面的现实困境；另一方面，作为产业体系融合发展重要基础的产业链安全面临考验。国家审计发挥“经济体检”作用，对产业体系进行全方位、常态化、渗透式检查，克服融合现实约束，突破产业链制约因素，为推动深度融合提供强劲支撑。

首先，高效反馈信息要素。不同产业之间信息的差异性会对融合发展产生制约，新业态、新产业和新模式给现存的割裂式监管体系带来严峻挑战。国家审计作为国家治理机制中内生的反馈治理结果和治理过程信息的反馈系统[23]，反馈直接报告和治理信息，不受治理层级的限制和影响，有力地加速了信息的开发、流通和利用，并通过与数智化技术的结合在引导资源优化配置和宏观经济管理中发挥作用，拓宽治理边界，助推产业深度创新融合。

其次，优化产业区域布局。高精尖技术缺失导致产业链升级乏力，脱钩断链会抑制创新交流等建设现代化产业体系的途径。国家审计在利用“经济体检”功能维护产业链安全的过程中，发挥监测和预防作用，优化产业布局，注重区域间的协调发展和优势互补[24]，引导各地区根据自身产业基础和发展潜力，形成具有特色的产业集群和产业链。

四 国家审计助力新质生产力发展的实现路径

（一）加大顶层布局力度，保障新质生产力有效发展

新质生产力作为符合新发展理念的先进生产力质态，深刻地改变着政府治理的形态、对象、主体和生态。国家审计想要更快推进新质生产力发展，必须加强相关顶层设计，提供宏观指导，充分发挥自身在党中央重大政策落实、全面深化改革、经济社会发展、资金使用及项目管理等方面的监督作用。

1. 畅通“双循环”

“双循环”新发展格局是党中央对推动我国经济社会迈向高层次阶段的重大战略部署，经济循环能够加速新质生产力创造价值。构建新发展格局目标的提出，是实现优质生产要素汇聚从而推动高质量发展的可行路径。[25]国家审计通过畅通经济内循环、保障经济外循环，促进区域创新效率的提升，实现经济增长，为新质生产力的发展提供更多的资源支持。

首先，提升需求侧管理水平，有力保障民生福祉。国家审计在此过程中应把握好以下几个政策着力点：一是强力监督收入分配领域，着重审计财政、税务和社会保障部门，同时关注实现共同富裕相关政策落实情况，防止鼓励和支持新质生产力发展的政策资金等被挪作他用；二是做好民生保障工作，加大对社会保障的审计力度，重点审计重大惠民利民政策落实及相关民生资金管理与使用情况，特别关注就业资金管理与使用及就业促进机制健全等相关问题，确保新质生产力下的新就业形态就业人员权益保障精确到位。

其次，依托供给侧结构性改革，提升巩固供给质量。审计机关需对各项改革举措及政策所释放的“正面效益”进行深入评估，在审计实践中，量化评估政策执行效能，确保它们能实现供给端与需求端的有效整合与对接。同时，应着重于审计结果的提炼与升华，对既往供给侧改革相关审计工作中有效的创新策略与实践探索进行系统性的总结与优化。在此基础上，通过国内循环体系中的价值流转机制，促进整个产业链条的协同发展，增强供给体系对国内市场需求变化的适应性，从而更有效地适应、引领乃至激发新的市场需求，并以客观的供给要素为进一步加快新质生产力的发展创造条件。

2. 提升公共支出效率

生产在社会再生产过程中起决定性作用，以技术创新为基础的全要素生产率提升构成了新质生产力发展的内生动力。在当前发展转型阶段，如何形成、聚集新质生产要素；如何做好相关顶层设计规划，减少资源浪费；如何在公共支出规模扩张的过程中发挥国家战略的导向作用，是推动国家审计高质量发展、传统生产力向新质生产力

跃迁的关键问题。

首先，抑制公共部门资源浪费。国家审计通过对政府官员在行使公共权力过程中行为的审查与监督，有效地构筑起一道防线，以规避因官员的机会主义倾向而引发的代理成本攀升现象，有力防范官员利用职权非法侵占或挪用公共资源。进而有效遏制了公共部门内部资源的无谓损耗与浪费行为，促进了公共资源的合理配置与高效利用，从而有助于促进新质生产力的快速发展。

其次，增强公共资源配置决策的科学性。发展新质生产力的关键在于强化政企合作、推进市场化配置、促进企业数字化转型。国家审计机关开展重大政策跟踪落实审计，深入系统性地审视并评价旨在激励、扶植及导向科技创新领域的财政资金分配与税收优惠策略，有效遏制地方政府在公共资源分配上的不合理现象，进而促进区域创新效能的提升。通过构建信息支撑与政策效果评估的优化框架，强化公共资源配置的效率性，确保资源的精准投放，从而最大化公共资源对科技创新发展的推动作用。[26] 打造政企合作的新平台、构建生产要素创新配置的新枢纽、建立产权交易的新市场，满足新质生产力发展的目标要求。

（二）增强产业经济动能，推动新质生产力创新发展

产业转型升级促进的新业态、新模式出现加速了经济的现代化进程，成为新质生产力的显著标志，新兴产业推动产业结构从低附加值向高附加值转变，成为经济增长的新动力。国家审计是经济社会高质量发展的重要引擎，通过增强创新驱动以及围绕生产要素创新审计资源配置，聚焦力量推动引领性新兴产业发展，为新质生产力持续健康发展提供强大动力支持。

1. 增强创新驱动赋能

创新是新质生产力的核心要素和持续推进“卡脖子”关键领域突破的动力源泉。国家审计的重要职责之一是服务经济治理，基于新结构经济学理论，有为政府、有效市场是地区产业高质量发展的关键因素。国家审计通过约束规范政府和市场行为，推动有为政府建设，增强市场有效性，进而提高产业创新能力，助力新质生产力发展。

首先，强调有为政府的作用。政府引导产业发展的重要手段之一是产业政策，通过合理的政策扶持，推动新兴产业蓬勃发展。产业政策实施效果依赖于政策制定的精准性以及执行的有效性，国家审计通过权力制约和监督可以促进政策落地并得到有效执行，通过构建政策执行效果评价指标体系协同其他监督机制倒逼政策落地[27] 并执行有效，通过政策措施落实情况专项审计加快科研成果转化为实际应用，实现“引领者”身份，助推国民经济健康可持续发展。

其次，发挥市场机制的优势。市场机制能够促进资源优化配置与技术创新，从而加快产业发展新旧动能转换步伐。在市场化进程中，竞争淘汰机制是产业发展的内生

动力。一方面，国家审计通过约束市场行为，发挥在其中的促进作用，带动资源高效整合，有助于资源利用效率的提高和创新水平的提升；另一方面，国家审计通过优化市场配置资源机制，引导企业根据市场需求自主调整生产结构，不断提升产品和服务质量，进而影响产业竞争格局，实现产业升级。

2. 维护产业链安全稳定

新质生产力的形成与发展需要开放共享的新型生产关系对它进行完善与补充，要使新质生产力在产业层面落地，生产关系必须与生产力的发展水平相匹配。[28]新型生产关系强调高水平对外开放，因此，维护产业链安全稳定、迈向价值链中高端、实现创新链新突破，是我国实现传统生产力变革跃升的重要举措。国家审计的风险预警机制，能够对各产业链安全指标进行监测，对潜在的产业链风险进行管理，从而促使产业所驱动的经济新形态更好地融入国际市场。

首先，建立产业链安全审计长效机制。将审计治理机制融入产业链安全保障体系之中，在制度框架内构建并健全产业链安全风险预警与监测系统，同时构建持续性经济体检机制，提升风险应对与防控能力。这一过程不仅强化了产业链安全的制度基础，还确保了通过定期审计评估，能够及时发现并有效应对潜在的安全隐患，为产业链稳定与可持续发展提供有力的保障。一方面，强化领导干部经济责任审计，将产业链风险防控等活动作为领导干部绩效考核的重要依据，敦促政府加大产业链安全维护投入力度；另一方面，落实严格跟踪督促检查制度，针对产业链内中小企业专项扶持资金的分配与使用状况，在规定时限内执行持续的追踪与审核程序，确保整改到位。

其次，拓展审计监督广度。国家审计机关应从宏观战略视角出发，强化顶层规划与设计，系统性地识别并分析关乎民众福祉及国家产业竞争力的产业链中存在的风险点，据此部署针对性的专项审计。[29]鉴于不同产业链在必要性和安全性方面存在的差异，审计工作应有所侧重，积极探索审计治理与产业链安全深度融合的新路径与新策略，在保障产业链安全的同时畅通产业链运作，推动产业发展。

结 语

发展新质生产力是新时代我国高质量发展的战略选择，在国家审计政治视角和经济定位都不断拔高的背景下，审计监督的生产力必将跃升到新质阶段。新质态就是由质变而产生的审计监督新性质、新特征、新功能乃至新定位。其中，国家审计在宏观、微观层面服务于国家、产业而持续提高审计的效能，当多个审计领域协同作用，共同发挥“揭示问题、规范运作、驱动改革”的综合效能，并达到一定程度的累积效应时，将有效解决“审计实践成效”与“审计社会地位”不匹配这一阻碍审计事业高质量发展的核心矛盾。这一进程将不断趋近于“建立统一高效、全面覆盖、权威显著的审计监督体系”的总体目标，从而在新时代背景下，推动审计工作迈向更高质量的发展阶段，开启审计新篇章，为助力新质生产力发展注入强大动力。

参考文献

［1］习近平主持召开新时代推动东北全面振兴座谈会强调　牢牢把握东北的重要使命 奋力谱写东北全面振兴新篇章［N］. 人民日报，2023-09-10（01）.

［2］中央经济工作会议在北京举行［N］. 人民日报，2023-12-13（01）.

［3］周文，许凌云．论新质生产力：内涵特征与重要着力点［J］. 改革，2023（10）：1-13.

［4］李政，廖晓东．新质生产力理论的生成逻辑、原创价值与实践路径［J］. 江海学刊，2023（6）：91-98.

［5］姚宇，刘振华．新发展理念助力新质生产力加快形成：理论逻辑与实现路径［J］. 西安财经大学学报，2024，37（2）：3-14.

［6］蒋永穆，薛蔚然．新质生产力理论推动高质量发展的体系框架与路径设计［J］. 商业经济与管理，2024（5）：81-92.

［7］王飞，韩晓媛，陈瑞华．新质生产力赋能现代化产业体系：内在逻辑与实现路径［J］. 当代经济管理，2024，46（6）：12-19.

［8］刘家义．论国家治理与国家审计［J］. 中国社会科学，2012（6）：60-72+206.

［9］刘家义．国家治理现代化进程中的国家审计：制度保障与实践逻辑［J］. 中国社会科学，2015（9）：64-83+204-205.

［10］董大胜．审计本质：审计定义与审计定位［J］. 审计研究，2015（2）：3-6.

［11］董大胜．国家、国家治理与国家审计——基于马克思主义国家观和中国国情的分析［J］. 审计研究，2018（5）：3-11.

［12］蔡思培，程博．国家审计现代化内涵与发展路径［J］. 商业会计，2021（24）：35-37.

［13］白凤．经济转型背景下国家审计职能浅析［J］. 财会通讯，2014（4）：76-77.

［14］王敬勇，邹韫，薛丽达．国家审计助力新质生产力发展：机制、着力点与路径［J］. 财会月刊，2024，45（18）：99-104.

［15］陈汉文，张笛，韩洪灵，等．国家审计推动新质生产力形成与发展的路径研究［J］. 会计之友，2024（21）：2-10.

［16］马朝杰，马敬佩．论如何做实研究型审计［J］. 会计之友，2024（9）：36-41.

［17］张庆龙，邢春玉，芮柏松，等．新一代内部审计：数字化与智能化［J］. 审计研究，2020（5）：113-121.

［18］刘国城，孙秋萍，陈婕妤．国家审计智能化的研究态势、实践路径与保障措施［J］. 财会通讯，2024（1）：14-21.

［19］刘晓嫱．国家审计的解构与重构——基于“知识图景”演进与主题分析［J］. 财会月刊，2023，44（23）：69-76.

［20］刘典．论加快形成新质生产力需要统筹的三组重要关系［J］. 技术经济与管理研究，2024（1）：1-7.

［21］张莉，朱琦．新发展格局下的国家审计角色定位及作用［J］. 财会月刊，2021（19）：111-115.

［22］钟茂初．“新质生产力”发展演进及其增长路径的理论阐释［J］. 河北学刊，2024，44（2）：151-157.

［23］高文强．我国国家审计服务国家治理的角色分析［J］．审计研究，2020（4）：35-40.

［24］蒋永穆，冯奕佳．因地制宜发展新质生产力的理论逻辑、现实表现与路径选择［J］．重庆大学学报（社会科学版），30（15）：1-12.

［25］张辉，唐琦．新质生产力形成的条件、方向及着力点［J］．学习与探索，2024（1）：82-91.

［26］彭绪庶．新质生产力的形成逻辑、发展路径与关键着力点［J］．经济纵横，2024（3）：23-30.

［27］胡祥昌，许婧．国家审计与产业高质量发展［J］．会计之友，2022（11）：70-75.

［28］黄群慧，盛方富．新质生产力系统：要素特质、结构承载与功能取向［J］．改革，2024（2）：15-24.

［29］何雪锋，万小容，王艺颖．国家审计维护“产业链安全”的逻辑、功能及路径探析［J］．财会通讯，2022（23）：18-22.

国家审计视角下“新基建”领域地方政府专项债风险治理策略

马续补　林尔翘*

摘　要：“新基建”领域的地方政府专项债，已成为保障持续性投入、创建数字经济发展基础、缓解地方财政压力的直接手段，其风险治理受到了充分关注。国家审计在化解地方政府债务风险、促进经济发展方面发挥了重要作用，其作用的进一步凸显值得研究。本文依托公共风险和财政分权等理论，揭示公众期望与债务运行错配是招致专项债问题的直接原因，中央与地方政府的财政分权强化了地方政府的举债冲动和偿债压力，客观扩大了专项债风险。面向国家审计的监督效能，以审计工作的程序为主线，在准备、取证、揭示、整改等阶段，提出了革新“新基建”领域地方政府专项债国家审计工作的完善建议，以期促进审计预防、揭示、抵御等功能的发挥。

关键词：地方政府专项债　国家审计　新型基础设施建设

一　引言

近年来，“新基建”逐渐具备促进数据等生产要素流通、推动产业结构转型的能力，与传统基建一样，“新基建”的铺开需要大量资金投入，投资“新基建”项目，可以发挥乘数效应直接推动经济增长。[1] 地方政府专项债是财政政策的重要抓手[2]，2020 年首只标注用于“新基建”的专项债诞生，专项债已然成为基础设施建设领域重要的资金来源[3]。地方政府专项债表现出“类国债”和“类市政债”的混合性质[4]，地方各级政府在《中华人民共和国预算法》《中华人民共和国证券法》等法律法规的指引下，对债券发行决策、绩效管理、使用监督、偿还能力等提出了治理需求。政府需把握专项债的地方性、收益性和公益性，并保持事权实现与“新基建”规模增长的平衡。[5]

---

* 【作者简介】马续补，西安电子科技大学经济与管理学院教授，研究方向为数字治理、数字经济；林尔翘，西安电子科技大学经济与管理学院博士研究生。

国家审计机关是代表国家利益行使公权力的重要监督部门[6]，可以将制度优势有效转化为监督效能[7]。基于“新基建”项目规模庞大、事关地方经济发展等特殊属性，投资主体和公众均对国家审计提出监督需求。国家审计需强化研究型审计思维，释放其监督、免疫、预防效能[8]，对项目建设过程的风险点适时进行跟踪审计[9]，为地方政府提供有效的政策建议。

基于此，本文致力于解决“新基建”领域地方政府专项债的实际问题，实现国家审计覆盖“新基建”领域地方政府专项债全流程、体系化的有效治理，深度应用财政、经济、国家治理等相关理论。结合Y省“新基建”领域地方政府专项债的现实风险，剖析地方政府专项债的治理要点，深层发掘在“新基建”领域地方政府专项债中国家审计的治理效能。

二　文献综述

（一）地方政府专项债与“新基建”投资

地方政府举债，是在宏观调控中运用财政收入工具和财政支出工具的一个结果。[10]地方政府专项债是控制收支的财政政策工具，通过专项收入和政府性基金收入偿还，一般以省级政府为发行主体，转贷地方使用。[11]既是实现政府投资融资、财政逆周期调控的重要政策工具[12]，也是在经济下行的背景下扩投资、稳经济的重要手段[13]。地方政府专项债重点支持的重大战略及重大项目建设，需要大规模的资金支持[14]，专项债券用于支持有收益的、公益性的项目，近年来已然成为基础设施建设领域重要的资金来源[3]。

“新基建”是现代化经济体系的基础设施建设。[15]。多地财政着力于数字基础设施建设，创造新的内生增长点以推进经济高质量发展[16]，布局“新基建”显著改变了市场竞争结构，培育了创新、共享、服务联合的数字经济产业生态[17]。因此，“新基建”投资可以提高全要素生产率以长期稳定促进经济增长[18]，“新基建”的前沿技术、组织架构和市场均有很大的不确定性[19]，投资具有技术更迭快、市场竞争大、预期收益不稳定、投资回收期长的特点[20]，“有为政府”发挥宏观监管、政策支持等导向作用，“有效市场”调动社会资本参与的积极性[21]。

（二）国家审计治理地方政府专项债风险

国家审计需强化研究型审计思维，释放其监督、免疫、预防效能[8]，既要把握地方政府专项债的发行意图，也要将对地方政府专项债全生命周期的研究贯穿于审计立项、实施、报告、整改的全过程[22]。专项债是地方政府的直接融资渠道，是以项目收益和对应的政府性基金收入偿还的，归于政府性基金预算管理，发债过程需要监管。[23]

因此，国家审计需从目标、范围、方式和公告四个方面完善地方政府性债务审计体系[24]，在全生命周期加大对债务风险的治理力度[25]。国家审计通过完善制度规范，影响地方政府专项债的发行和使用决策[26]，化解专项债券各地方政府层级化的举债逻辑与直接融资功能的矛盾[27]。

三 “新基建”领域地方政府专项债的全生命周期风险

（一）举借环节对“新基建”项目缺乏充分评估

举债冲动对债务管理机制形成考验。举债冲动源自央地政府之间财政分权，“新基建”的政策落实、资金投入属于地方事权。地方政府迫切需要筹集大量资金发展“新基建”以驱动当地经济发展，产生举债冲动。Y省高速发展“新基建”带来的专项债发行规模扩大，2021年债务率为325.4%，超前负债与高速发展共存。随着专项债发行规模扩大，房地产市场中国有土地出让收入减少、政府性基金收入减少，专项债偿还风险剧增。

专项债存在资金用途泛化和项目形式化。地方政府在“新基建”领域缺乏项目投资经验，对项目后续的运营缺乏严格管理。专项债所募资金的投向领域难以准确界定，可能造成与一般债券混同的现象。部分地方政府发起的专项债项目空有“新基建”之名，实际收益甚微，甚至存在虚构预期收入，同时也有将收益较少、纯公益性的项目策划包装成专项债项目等问题。一些行业模糊化“新基建”的概念，有意抬高项目的未来预期收入，甚至借助专项债向融资平台注资等，导致出现地方政府新增隐性债务。Y省部分市县由于对政策把握不准确，没有结合当地经济发展和资源禀赋遴选适宜的项目，如2018年某项目未取得建设用地许可证、建设工程规划许可证、施工许可证等，导致项目在建成之后无法投入使用，造成专项债项目落实的困难。

（二）使用环节融资模式与发展节奏不匹配

现有融资模式中政府引导尚未形成规模。“新基建”领域，融资相关的政策工具正在不断丰富，专项债、城投债、政府引导基金、金融机构贷款、政府和社会资本合作、不动产信托投资基金等融资机制，没有适应“新基建”更新迭代快、以无形资产为主的新特点，只是沿袭了传统基础设施建设的融资经验和模式，已不匹配“新基建”的发展需求。地方政府需转变思路，结合市场调节与政府调控，以适应“新基建”领域数字技术快速更迭、所需资金规模庞大等特点，规避隐性债务风险。

专项债中社会资本参与度不足。“新基建”项目更需要市场机制的敏锐感知，但由于“信息孤岛”尚未完全打破，部分基础设施的社会公益属性和正外部性及盈利模式不确定性较强等，导致社会资本在“新基建”中的参与度不足，市场规模受限。市场对“新基建”项目的投资工具、模式等尚处于探索阶段，投资主体对“新基建”项目的运营模式和投资收益尚未形成确切的认知，市场化的投资模式尚未成形。投资的主力军主要为科技商业领军企业和央企，“新基建”投资需要广大相关企业齐头并进，中小微企业的投资合力没有释放。

（三）管理环节监管不力造成隐性债务风险

信息不对称致使债务管理困难。中央政府与地方政府、省级政府与市县政府之间需要充分的信息支撑决策，一旦错估市县政府的用债能力、上级政府的救助能力，忽视相关风险，会导致不合理的债务管理决策。举债主体会错估用债主体能力，使得管理与发行规模不适配，产生主体责任不清和信息错配的风险，产生未能合理使用地方政府专项债或项目收益不高的结果。地方政府可能高估上级政府的救助意愿。目前，上级政府无法对下级政府的资金使用情况进行有效监督，而下级政府有着上级政府为己托底的预期，当自身无力偿还债务时依赖上级政府的救助，易导致风险过度积聚至财政部门并向上级政府层层传递。

隐性担保风险的关注重点不全。地方政府“隐性担保”的信用基础既可能来自它们拥有的财政资源，也可能基于上级的救助预期。衡量隐性担保强度的多种经济指标，通常包括地方政府财政收入、土地出让收入等财政指标，以及地区生产总值、固定资产投资、房地产价格等经济指标。指标本质上反映的是地方政府对财政资源的调动能力，较少考虑融资平台的财务风险与救助需求，因而与融资平台在金融市场上实际展现出的“隐性担保”水平关联较为模糊。

（四）偿还环节政府财政压力大导致存在偿付风险

捆绑国有资产加剧偿债风险。地方政府专项债以政府性基金收入作为项目收益不足的兜底偿还标的，在此基础上衍生了与土地资源、自然资源等国有资产绑定的举债模式，土地资源等国有资产间接成为保障融资的隐性担保。基础设施建设会因为财务自求平衡的难以实现，增加地方政府的偿付风险。Y 省某迁建项目 2018 年 1 月开工，2019 年 8 月建成，但直至 2022 年 8 月仍未产生收益，项目固定资产相关的融资测算、收益方案过于理想化，假设条件和实际建设存在较大差异，致使偿债能力的评估和项目未来收益的测算不符合实际。

化债能力弱导致信用破产风险加大。地方政府急于上马“新基建”项目，缺乏对自身财政能力的考量，匹配市场需求失效，造成项目运营低效，财政负担过重但资金沉积闲置的局面，对政府信用背书产生消极影响。2021 年 Y 省多个项目政府性基金收入和专项收入共 3713.27 万元未缴入国库，2019 年部分县市专项债付息支出占比超 10%，触发财政重整条件。面向无形资产难以准确估值、融资需求大、抵押质押难度大的“新基建”项目，现有的金融体系难以满足其全方位的资金需求。

四　基于研究型审计剖析“新基建”领域地方政府专项债风险

国家审计应用公共风险、财政分权等理论透视“新基建”领域地方政府专项债问题的本质，为后续风险治理厘清思路。

（一）公众期望与债务运行错配触发风险

地方政府的举债决策与事权服务的公众利益的矛盾。地方政府基于公共事务管理拥有地方事权，催生的“新基建”领域举债需求，与地方财政收入、专项债项目收益实际不匹配，进而导致了举债和偿债风险。举债主体与用债主体分离，用债主体没有足够的项目运营收入和政府性基金收入偿还，就会造成偿债风险。举债主体需要打破信息不对称，充分调研，在做出举债决策时需要对专项债所募资金的投向领域、经济环境等充分了解，避免盲目举债。

对市场形势认识不足导致项目建设不满足公众期待。地方政府对专项债所募资金投入“新基建”领域的市场形势没有清晰的认识，存在市场投资渗透不足、政府投资乏力的割裂局面，导致资金用途泛化和项目形式化。举债主体忽略“新基建”的市场需求，对于关联度不高的项目、对资金需求相对不高的项目宽松审批，造成地方政府专项债规模失控扩张。举债主体未能充分调研市场形势，从而无法制定符合公众利益的项目规划，致使专项债项目落空停滞、项目收益差。

政府与市场资本结构失衡外化有损公众利益的实现。由于所需资金量大、技术含量高且不确定性较大的特征，“新基建”投资对市场机制的依赖性更强，“新基建”领域市场资本参与度不足，导致资金结构失衡，进而表现出融资模式与“新基建”需求不匹配、隐性债务风险增加。

Y省对部分项目的收益测算脱离实际，没有基于公众利益最大化的基本原则，进行了不合实际的收益测算和不严谨的前期项目审核，发起盈利能力不足的项目，造成前期准备不充分、对市场形势的预估不足、盈利能力不足以偿债等问题。

（二）中央与地方财政分权扩大专项债风险

财政分权强化了地方政府的举债冲动。中央与地方政府分权，实际上是中央政府通过掌握和调节税收分成，上收地方政府的财权。2021年3月发布的“十四五”规划和2035年远景目标纲要，明确将新型基础设施作为我国现代化基础设施体系的重要组成部分。对“新基建”号召的响应，使得地方政府需要处理更多相关事务。这也意味着地方政府需要面向中央政府的战略引导，积极利用专项债发展区域经济，从而导致地方政府存在基于财政分权的举债冲动。

省级政府的信用背书扩大了偿债风险。省级政府受托于中央政府，考察地方经济发展现状，以省级信用为背书，发行专项债券以筹集资金。信用背书一方面依托地方政府的资源禀赋，不仅包括土地资源等国有固定资产，也包括当地经济实力和综合财力，以及政府的专项规划等，是专项债偿还的客观保证。另一方面依赖地方政府的主观能动性，包括预算安排、财政补贴、政府购买等，这类保证具有灵活性，政府可以自行把握担保的尺度。地方政府专项债的担保与土地资源等国有资产深度捆绑，实践中社会资本也更倾向于这种担保模式。地方政府应该结合主观能动与资源禀赋，把握尺度以预算安排、专项规划等无形支持和一定的有形固定资产为担保发行债券。

Y省财权相对有限，整体上依赖中央财政的转移支付，部分市县举债忽略了发展实际，造成10余个市县的债务率高于全省整体水平，致使债务规模和财政状况不匹配，导致信用透支、隐性债务、项目泛化、资金挪用等风险。

五　国家审计对“新基建”领域地方政府专项债风险的治理要点

国家审计需要站在更宏观、全局性、系统性的视角，直击地方政府及其他参与主体的体制、机制问题，以精准释放审计治理效能。

（一）建立宏观治理思维分析专项债问题

国家审计在介入“新基建”领域地方政府专项债治理时，往往聚焦于微观审计证据的获取，虽能通过整改缓解即时风险，但并没有帮助地方政府解决根本性问题。其一，可能受限于审计人员的个人素质、惯性思维等因素，现阶段“新基建”领域地方政府专项债的审计，仍贯彻以发现为主、以分析原因为辅的审计观念，在获取审计证据后，对审计问题通常仅进行简单罗列和微观总结，缺乏评价支撑则难以形成综合性评价。其二，国家审计忽略了地方政府专项债的宏观政策工具属性。国家审计没有立足宏观治理的站位，从而未能意识到作为积极财政政策和逆周期调控的重要工具，地方政府专项债的发行额度、存续期限、效益效果均会对宏观政策的落地产生直接影响，在开展审计工作时，没有考虑被审计单位的微观问题给宏观财政政策执行效果带来的消极影响。其三，国家审计对“新基建”领域地方政府专项债的审计依据通常是既有的制度，国家审计在发现问题和提出意见时常考虑严格落实制度，而会忽略制度本身与现实情况的冲突，导致部分处理意见未必切实可行，影响审计结果的价值和建设性作用，甚至影响地方政府后续整改，导致形成新的问题。

因此，国家审计治理效能的发挥往往需要站在审计对象，也即地方政府专项债运营发展、影响扩散的宏观视角，直击地方政府及其他参与主体的体制、机制问题。如果仅就事论事地整改微观问题，就如同隔靴搔痒，虽然能够缓解专项债的即时风险，但并没有帮助地方政府解决根本性问题。

（二）从专项债运行机理出发解构审计治理能力

国家审计需从“新基建”领域地方政府专项债的内在运行机理视角（如图1所示）出发，基于政府职能和市场机制的调控和调节作用、“强政府”和“强市场”协同的治理需求，解构审计的治理能力。

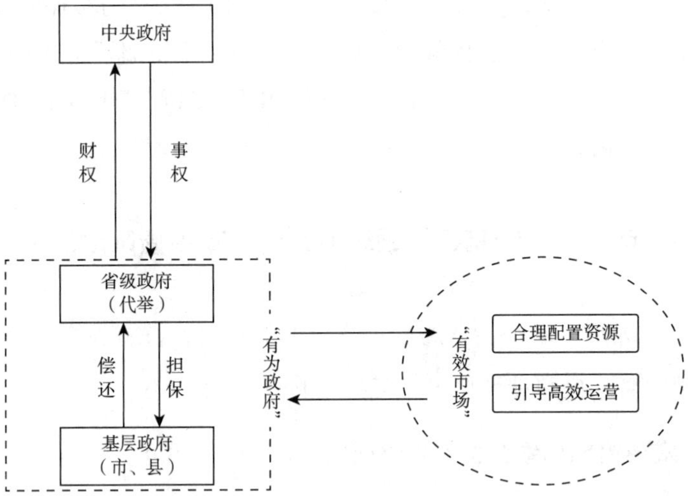

图1　“新基建”领域地方政府专项债的内在运行机理

处理好政府和市场的关系是解决社会主义市场经济中各类问题的重要抓手。以政府信用为背书的发债机制，和以政府性基金收入兜底的偿债机制，决定了地方政府在专项债券的全生命周期负有监督义务，“有为政府”不仅要有所作为，也要有效作为。现阶段“新基建”领域地方政府专项债中市场资本的参与度与市场化融资需求存在矛盾。地方政府选择专项债项目的准确度、风险识别的敏锐度，以及应对风险的反应速度均不如市场的“看不见的手”，需要“有效市场”调节，以有效配置资源，引导高效建设和运营。

在“新基建”领域，“有为政府”和“有效市场”需辩证统一、各司其职。以“有为”的手段把控“新基建”投资的方向盘，引导市场的“有效”运行，调整政府的管控度和市场的自由度，调节国有资本和市场资本的参与比例。从政府的角度来看，结合当地发展特色、经济水平、产业优势、资源禀赋等超前部署、合理布局，形成特色化的“新基建”发展体系与格局，发挥因地制宜、引导市场、促进公平的“有为政府”作用；而“有效市场”在“新基建”项目中应该起决定性作用，推动市场中价格、供求、竞争三大机制中的生产要素博弈，促进资本、数据要素、劳动力等资源的有效配置。

（三）获取充分适当的证据以全面了解审计对象

公共受托责任理论要求国家审计坚定其独立性，以公众利益为动因，贯彻研究型审计思维，形成"新基建"领域地方政府专项债的审计侧写。

国家审计需获取充分适当的审计证据。审计机关依据地方政府对"新基建"项目的具体规划，自主开展审计工作，因此可以灵活应用多源审计成果，综合形成"新基建"领域地方政府专项债的审计侧写。纵向联合上下级审计机关，进行覆盖面更广的审计工作，汇总、共享审计证据，借鉴审计经验，从宏观视角解读审计对象；横向吸收经济责任、绩效审计等审计成果，获取针对"新基建"领域地方政府专项债的某一环节、某一方面的突出问题、潜在风险的审计证据，全面解读审计对象，规避重复审计。

国家审计需要全周期、多方位覆盖"新基建"领域地方政府专项债。全周期即全生命周期，指举借、管理、使用、偿还四个阶段；全方位指审计机关需围绕财政预算、项目准备、建设推进、资金管理、风险防范、信息公开六个方面开展工作。审计机关无论是自主审计还是联合其他审计机关、采用其他审计工作的成果，均需要围绕六个方面、四个阶段，了解"新基建"领域地方政府专项债。为了破解被审计单位干扰审计过程、影响审计整改的效率效果的难题，国家审计还需要充分了解被审计单位相关制度执行、运行的实际情况以及资金和公权力的运转等，以便形成适当的审计意见并完成审计监督闭环。

（四）多角度明确治理目标以释放审计免疫效能

从项目、债务、财政等角度明确国家审计的治理目标。项目可进行。国家审计需聚焦科技强国建设相关重大政策落实、举债主体的主观能动性和客观资源禀赋、用债主体的财政实力等，以证明发债行为是可行的。债务可流转。"新基建"领域，更新迭代快、建设周期较长、所需资金规模庞大，国家审计需要关注债务的可持续性，保障"借用管还"流程是良性运转的，以"不将债务留给下一代"为原则，聚焦债务规模扩张、现金流稳定、债务信息披露、资金精准落实等。财政可持续。地方政府专项债发行主要以地方政府的财政状况为担保，因而国家审计还需密切关注地方政府的财政收支、财政资源统筹、预算执行、预算分配管理、预算绩效管理、国有资本经营预算收缴管理等，使地方政府保持良好的财政状态，不因大量举债而失衡。

发挥国家审计的免疫功能。首先，国家审计介入"新基建"领域地方政府专项债全流程，及时感知市场形势，设置常态化的监督检查任务，针对地方政府专项债的风险点，结合“新基建”的技术特点，甚至利用基础设施本身强化审计手段，预防针对于项目本身的，诸如资金用途泛化和项目形式化等风险，防止风险演化扩散。并及时将审计结果反馈给地方政府，作为地方政府在举债决策时的参考，辅助它们修缮债务管理机制。其次，国家审计通过专项审计、预算执行审计、财政收支审计、经济责任审计等，搜集充分、适当的审计证据，揭示地方政府专项债的资金流转、资本投入、资源利用、公权力行使等层面的实际问题，以阻止地方政府发行不合理的债务，规避债务失控扩张。最后，国家审计基于掌握的审计证据，通过提出审计建议并督促整改的方式，掐断“新基建”项目资金用途的泛化、异化苗头，及时管控地方政府在用债过程中的隐性债务风险。

六 “新基建”领域地方政府专项债国家审计工作建议

面向“新基建”领域地方政府专项债这一审计对象，国家审计的作用不仅是解决化债危机这一燃眉之急，也需要应对审计在实务工作中面临的挑战。

（一）以宏观治理视角了解审计对象

贯彻研究型审计思维。强调在审计过程中深入剖析审计对象，要求审计工作创新思维模式、开展调查研究，对“新基建”领域地方政府专项债形成扎实、完备的认知，奠定治理效能发挥的审计基调。各级审计机关进行充分的信息沟通，协同揭示专项债风险治理中的问题，交流工作经验，互补审计工作短板，为地方政府举债决策形成有力支撑。

聚焦“新基建”业态动向。拓展数字产业和区域发展两个监管视角，抓住数字产业的审计重点，传统产业数字化转型的要点，针对动态发展、不断演变的风险点进行审计。针对产业发展的区域异质性，要抓地区经济特点，制定适应当地产业发展、专项债规模的审计工作规划。既参考以往的工作经验，也要明晰数字化、智能化、绿色化“新基建”的特点，掌握项目建设的风险，持续关注各部门的审查评估流程、控制力度、应急预案等，发现和应对潜在风险。

大数据强化审计手段。以“新基建”武装国家审计，既要升级国家审计的方式方法，也要利用技术手段保障数据存证的真实性、完整性和不可抵赖性。利用AI、区块链等，帮助审计部门平衡数据分析能力，掌握充分的审计证据，利用大数据、云计算等动态追踪审计工作，精准定位被审计单位的特定问题和风险，确保审计不流于形式、不走过场。

（二）多源审计协同进行项目取证

不同时开展的以“新基建”领域地方政府专项债为审计对象的多类型审计关注的

环节不同，制订的审计计划和实施的审计工作也各有侧重，可建立适应专项债全流程监督的审计协同框架（见图2）。

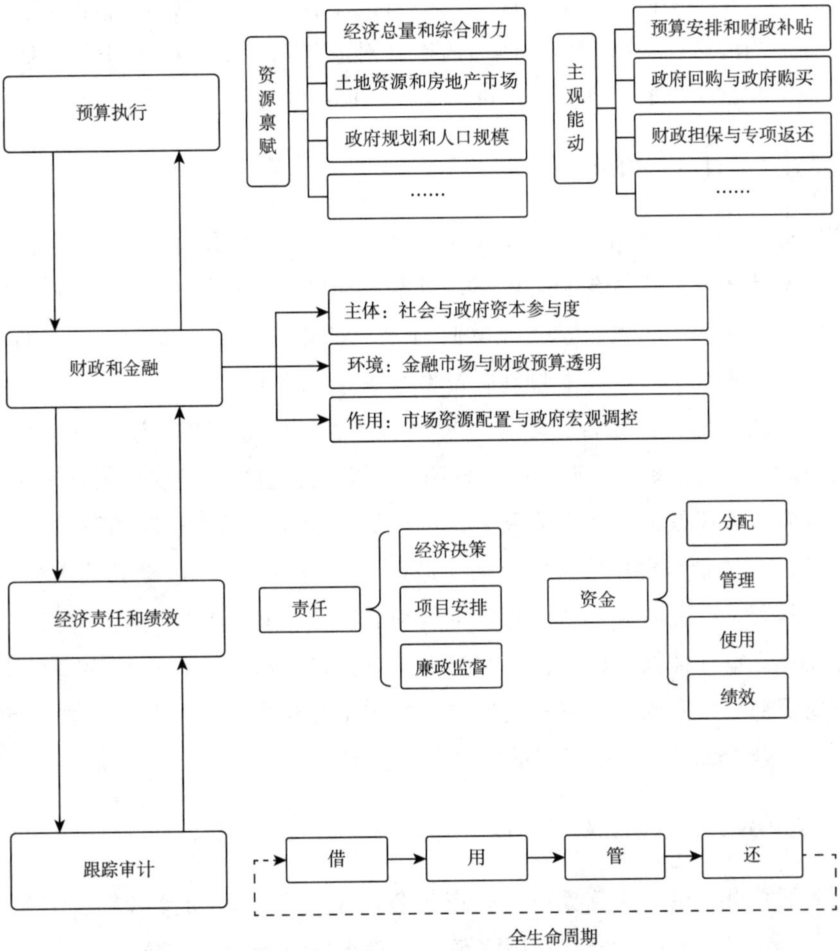

图2　全流程监督的审计协同框架

预算执行审计既可以获得国有资产资源持有情况等客观资源禀赋，也可以通过政府预算决算、财政补贴、政府购买等评估政府的主观能动，理清地方政府的财政状况，评估专项债质量。

财政审计关注地方政府专项债的合法性、合规性和效益性，掌握政府资本在专项债发行中的所占比例、运行情况等，以评估专项债的经济和社会效益。金融审计则侧重于从金融机构的角度，透视金融市场环境，获取债券的信用状况和市场表现，以探查市场机制的调节作用是否生效。

通过经济责任审计获取经济决策、项目安排、廉政监督等审计证据，可以在一定程度上防范人为风险。绩效审计着眼于公共资金的使用效率、效果以及经济性，既可以审查资金流通是否满足预期且合规，是否存在挪用等异常情况，也可以检查是否存在管理漏洞或制度缺陷等。

跟踪审计是审计协同框架的兜底机制，目的是保障审计工作覆盖全生命周期，既能获取充分适当的审计证据，形成详尽的审计对象侧写，也可以通过全生命周期动态跟踪，反馈审计结果以修正不同类型审计工作形成的审计结论。

（三）分析审计证据揭示风险成因

国家审计基于充分适当的审计证据，揭示所面临的问题。首先，厘清地方政府主观与客观的偿债禀赋，评估专项债规模、成本、期限、发行模式以及偿还能力等决策条件，评估债务质量。其次，基于地方政府专项债兼具财政功能和金融属性的特点，理清资本结构，聚焦于社会资本与政府资本主体在“新基建”领域地方政府专项债中的参与度，金融市场环境是否良性、财政预算是否透明等环境因素，评价投入效果。再次，关心防范人为风险、检验绩效实现两个关键点，通过经济责任审计和绩效审计，检验地方政府专项债是否存在人为风险，审计资金使用情况，检验绩效实现的合法合规性。最后，对“新基建”项目的专项债进行全流程的监控，联动其他审计工作，检验审计证据是否足以证明此环节、此重点领域获取了足够的审计证据，是否需要实施跟踪审计以补充审计证据，如是，则开展全流程跟踪审计，针对全生命周期中其他审计工作的遗漏部分，获取并补充审计证据，检查审计结论的准确性并与其他审计部门交流反馈，整合形成审计建议以帮助地方政府决策。

（四）完善审计整改强化抵御功能

联动上下级审计机关实施整改。省市县各级审计机关联动要以公众利益为核心，基于审计揭示和审计建议，分配管理责任，追踪被审计单位的实施进度，以便评价整改效果。综合考虑整改的有效性、及时性、成本效益，以确保整改措施的有效性和可持续性。通过上下联动共享审计成果，评价时间、人力和经济成本是否合理，整改计划是否完成，预期效果是否达成等。形成常态化监管模式，时刻监控“新基建”项目的风险点，升级审计结果的利用方式，以供上下级审计机关交流借鉴，对各级政府强化整改的警示作用。

助力地方政府专项债制度建设完善。国家审计通常以既有制度落实为标准实施审计，比对代表地方政府发行意愿的政策和代表地方政府举债原则的既有制度之间的差异，判断制度是否仍然适用，是否对审计整改造成了阻碍，再综合政策发布的合理性，提出相关制度的完善意见，关注地方政府的融资用资行为，观察是否存在对地方政府建立新制度的需要，综合地方政府的执行能力，提出调整既有制度的审计建议。

（五）多维评价专项债所募资金的使用效果

国家审计围绕“新基建”领域地方政府专项债所涉重点领域，分解不同维度评价“新基建”领域地方政府专项债运行质效。首先，在事前决策和项目准备阶段进行决策发行维度的审计评价，以地方政府评估、决策等的行为为对象，审计其评估程序、决策行为等是否合规、合理。摸清地方政府的发行初衷和决策意图，重点评价项目是否符合专项债支持领域和方向、项目批复情况、能否及时形成实物工作量拉动有效投资。其次，债券所募资金使用维度涵盖使用和管理两个阶段，包括对专项债的资金到位程度、组织实施规范性、项目建设合规性、预算执行程度等层面的考量，综合评估资本投入的绩效、效果。再次，偿债能力维度既要明晰地方政府的客观偿债能力，透明化使用主体信息，以辅助举债主体决策，也要摸清地方政府的主观能动性，评估地方政府对资源的调配能力、财政收支的灵活性等。最后，落地效果维度考察“新基建”领域地方政府专项债在落实后对当地经济社会产生的深远影响，考察经济与社会效益，包括产业结构变化量和生产总值增长率，专项债所募资金创造就业岗位和助力新兴科技发展情况等指标。

（六）联合多元外部主体实施监督

国家审计的治理力量是介入式的而非参与式的，需与外部监督主体协同配合，建立多元化监督体系。

法治监督。《中华人民共和国宪法》《中华人民共和国预算法》赋予国家审计监督的权力，使之能够获取有效的审计证据。税务、财政等执法机关实施经济侦察，为“新基建”领域地方政府专项债提供相关的审计证据。针对国家审计无法约束的风险漏洞，司法为“新基建”领域地方政府专项债提供有力的规范和约束。

人大的监督治理效能来源于宪法，作为国家最高权力机关，人大实施监督的力度相对审计更大。人大的一项重要职责是审查和批准国家预算和决算的执行情况，对专项债的监督约束具有重大意义。

财政监督对于具有财政政策工具属性的地方政府专项债而言，是权力运行的内部控制，是内部纠偏，它聚焦于事前和事中的内部监督，强调资金运转的内部机理，为国家审计提供事前监督。财政部门从内部实现风险监测、识别、控制，财政监管体系具有层级化监管能力，可以对地方政府债务进行实时监控，帮助国家审计获取更渗透于审计对象、更精确说明问题的审计证据。

社会监督。地方政府专项债的社会监督是确保债务的透明度和合法性的重要手段。地方政府应定期公布相关信息，以便社会公众了解债务的规模、用途和风险。媒体发挥舆论监督的作用，揭露和曝光存在的问题和风险。社会审计和内部审计从不同于国家审计的角度，审查债务的合规性和合法性。社会团体和组织，以及个人通过各种方式表达意见和建议。

结 语

本文聚焦于“新基建”领域地方政府专项债的风险，从中央政府与地方政府的分权关系中厘清地方政府专项债的发行逻辑，地方在中央的指引下达成举债协议，积极利用专项债发展经济；基于市场与政府的关系，明晰政府与市场的协同作用不是简单的相加，而是存在博弈的交互。地方政府专项债本质上是财政政策工具，既需要把握自由市场发挥资源有效配置的作用，也需要地方政府掌握“新基建”作为公共产品的基本投向，发挥宏观调节作用，进而以它对“有为政府”“有效市场”协同治理需求为靶向，发挥国家审计的揭示、抵御、预防功能。

参考文献

[1] 潘凯．新基建对中国经济增长的促进作用 [J]. 江汉论坛，2023 (8)：50-55.

[2] 徐军伟，毛捷，孙浩．地方政府专项债券与 PPP 融合发展 [J]. 地方财政研究，2020 (7)：11-18.

[3] 马凯．进一步提升新增专项债券拉动基础设施投资效果研究 [J]. 地方财政研究，2023 (4)：13-20+54.

[4] 毛捷．混合公债与地方债务风险化解 [J]. 财政科学，2023 (9)：12-26.

[5] 张钦润，王志攀．地方政府专项债的功能定位与风险防范 [J]. 金融发展研究，2023 (6)：68-73.

[6] 叶陈云，叶陈刚．基于国家审计视角的国家监察委制度创新的动因、障碍与路径研究 [J]. 审计与经济研究，2018，33 (3)：8-18.

[7] 张筱，张哲，王乾坤．金融审计监督功能的比较优势理论分析——基于国家审计制度优势转化为监督效能的视角 [J]. 财会通讯，2022 (1)：119-121+127.

[8] 任红梅．国家审计助力共同富裕的理论逻辑、重点及路径 [J]. 西安财经大学学报，2023，36 (2)：64-73.

[9] 庞艳红，王瑶瑶．PPP 模式下审计组织方式创新研究 [J]. 财会通讯，2017 (25)：82-86+4.

[10] 李永友．地方政府专项债的风险管理与规模控制 [J]. 武汉大学学报 (哲学社会科学版)，2023，76 (6)：161-172.

[11] 赵琦．地方政府专项债券有关问题探讨 [J]. 地方财政研究，2020 (7)：26-32.

[12] 王志刚，黎恩银．地方政府专项债目标定位、风险及对策 [J]. 地方财政研究，2021 (4)：66-76.

[13] 张贺．地方政府专项债、公共投资与经济增长 [J]. 经济问题探索，2022 (11)：66-77.

[14] 高国华．地方政府专项债新规对地方经济的影响 [J]. 债券，2019 (7)：36-40.

[15] 黄群慧．以新型基础设施建设促进经济高质量发展 [J]. 中国党政干部论坛，2020 (11)：28-31.

[16] 郭斌，杜曙光．新基建助力数字经济高质量发展：核心机理与政策创新［J］．经济体制改革，2021（3）：115-121.

[17] 樊轶侠，徐昊．财政助力数字经济高质量发展：核心机理与经验启示［J］．改革，2020（8）：83-91.

[18] 黄梦涵，张卫国，兰秀娟．新型基础设施建设对经济高质量发展的影响：异质性与作用机制［J］．经济问题探索，2023（8）：19-35.

[19] 李晓华．面向智慧社会的“新基建”及其政策取向［J］．改革，2020（5）：34-48.

[20] 刘楠楠，曾宇，刘娟．地方债增长：效应与传导［J］．财经科学，2022（9）：123-137.

[21] 李明，龙小燕．政府与市场关系视角下我国新基建投融资路径选择［J］．地方财政研究，2021（12）：67-75.

[22] 王彪华．地方政府专项债及其审计研讨会综述［J］．审计研究，2023（3）：47-50+59.

[23] 邹力宏．我国项目收益债券发行规模及其对基础建设投资的影响——基于全国地方政府债务审计结果［J］．金融与经济，2017（10）：89-93.

[24] 张曾莲，岳菲菲．政府审计能防范地方政府债务风险吗——基于债务审计准自然实验的2009~2017年省级面板数据的PSM-DID分析［J］．上海金融，2021（11）：11-25.

[25] 仲杨梅，张龙平．国家审计降低地方政府债务风险了吗？［J］．南京审计大学学报，2019，16（3）：1-10.

[26] 韩文琰．国家审计治理地方政府专项债券问题的博弈分析——现象、机理、路径［J］．青海民族大学学报（社会科学版），2022，48（3）：94-100.

[27] 熊伟，许恋天．地方政府专项债券：制度困境与路径选择［J］．上海经济研究，2022（4）：77-87+98.

数字经济下国家审计对地方政府专项债风险的规制

高　凡　葛　扬*

摘　要：在数字经济的背景下，宏观经济面临更多不确定性，面对政府债务的持续累积，如何规制债务风险并维持经济的可持续亟须探索。本文基于2015 ~2021年中国省级面板数据，探究国家审计防控地方政府专项债风险的路径。研究发现，国家审计在中部地区的债务风险防控效果较弱，可能与中部地区债务固有风险弱于东西部有关；国家审计能有效影响政府干预程度，应将政府干预程度限定在合理的阈值内，以降低地方政府专项债风险；运用创新型技术能显著增强国家审计的作用，进而对地方政府专项债风险产生抑制作用。本文基于数字经济背景，建议从穿透实际用债主体、健全分税制财政体制、完善审计配套设施的角度分类施策，来缓释专项债风险。

关键词：数字经济　风险规制　国家审计　地方政府专项债

一　引言

在数字经济时代，对于中国经济向高质量发展过渡，经济基础的稳定尤为重要，这就需充分考虑各地区财力和经济风险水平等因素，合理制定发展规划，由此地方政府专项债应运而生。地方政府专项债发行规模持续扩大，发行节奏明显加快，成为扩大有效投资、稳住宏观经济大盘的重要抓手。自《中华人民共和国预算法》修订案通过①及《国务院关于加强地方政府性债务管理的意见》（国发〔2014〕43号）② 发布以来，中央持续释放地方债严管信号，出台大量政策，如2024年11月18日，十四届全

* 【作者简介】高凡，南京大学经济学院博士研究生，研究方向为数字经济；葛扬，南京大学经济学院、南京大学长江三角洲经济社会发展研究中心教授，博士研究生导师，研究方向为政治经济学。

① 中国政府网．全国人民代表大会常务委员会关于修改《中华人民共和国预算法》的决定．[EB/OL]．[2014-09-01]．www.gov.cn.

② 中华人民共和国中央人民政府．国务院关于加强地方政府性债务管理的意见．[EB/OL]．[2014-10-02]．www.gov.cn.

国人大常委会表决通过了《国务院关于提请审议增加地方政府债务限额置换存量隐性债务的议案》的决议，呈现一定阶段政府部门对债券资金有效、合规使用的态度，以及安全化债的趋势。政策法规虽不断完善，但在债券资金实际使用中仍存在诸多隐患，尤其是在数字经济蓬勃发展的背景下，创新性技术不断更新，更是增加了不确定性风险发生的频率，它们极有可能转化为系统性金融风险，给国家经济安全带来更多挑战。

国家审计的本质是国家经济社会运行的"免疫系统"，可以利用其专业优势防范和化解地方政府专项债风险，从而增进社会福利，真正实现"帕累托改进"的目的。技术的广泛应用是"双刃剑"，既可能增加风险，也会提供新的机会窗口，可更大程度地激发国家审计的"免疫系统"功能，使其功能更适应现代经济社会发展的需求，不但可推动国家审计的覆盖范围向外延伸，而且使国家审计在更多领域产生更大的效益。

目前的研究大多为国家审计对地方政府专项债单一风险的治理，而基于地方政府专项债衍生与叠加风险的预警、综合性风险的规制，以及成体系性、协同性、动态性的审计治理机制还需更进一步的探索。

二　文献综述

地方政府专项债首次提出是在20世纪70年代末，在1994年分税制改革之后，央地事权与财权发生变化[1~2]，呈现财权上移、事权下移的倾向[3~4]。随着《预算法》修订案的出台，以地方政府为主体的金融举债机制被明确[5]，地方政府采取"国务院分配限额下的全面自主"发债模式[6]，此举彻底打开了地方举债的"前门"[7~8]。伴随着"前门"大开，"后门"逐步关紧，发行地方政府专项债成为各地融资的重要新工具[7]。

随着地方债务的不断飙升，债务风险产生[9~10]，债务风险的不断累积可能会引致潜在系统性金融风险[11]，造成巨大的经济波动，不利于战略性的可持续发展[12]。究其原因在于地方政府债务风险极易打破空间及地域限制，与多种风险交织，由单体金融风险转化为系统性金融风险[13~15]，而为了维护市场稳定，防范与化解地方政府债务风险、规避其风险与多种外部风险叠加成为促进新发展格局加快形成的关键步骤[16~18]。

在大数据背景下，新兴技术的广泛应用为地方政府债务管理带来新的挑战与机遇[19~20]，应尽快建立起符合中国国情的债务风险和压力分析评估体系[21]，维持经济稳定，推动国家战略目标的实现[22~24]。债务规模过大会对市场造成负面影响，扰乱市场秩序[25]，而地方政府债务危机在爆发前，通常会有一段时间的酝酿期与集聚期，为政府做出敏感性感应提供时间[26~27]。我国地方债务是高低风险并存的[28~29]，国家审计可以利用其专业职能，充分利用自身的地位优势与时空优势，对地方政府债务风险实现有效控制[30~31]。

综上所述，关于地方政府债务风险、国家审计的相关研究已较为充实，国家审计参与地方政府债务风险治理的研究已有一定基础，而在数字经济背景下，利用国家审计降低地方政府债务多重风险还存在研究的空间。

三 理论分析与研究假设

（一）功能分析与假设提出

国家审计，作为财政管理体系中的重要工具，具有监督和评价两大核心功能，对于缓解由财政分权而引发的地方政府专项债风险起到了至关重要的作用。

首先，从国家审计监督功能的角度来看，主要体现为国家审计通过动态跟踪监督而优化财政结构。国家审计以债务资金为基点，动态监督财政资金的流向和使用情况，进而规范财政行为，如促进财政资金的上缴或归还，以及减少财政拨款或补贴等。这种方式不仅有助于减少潜在的财政损失，还能改善投资结构，从而增加地方政府的可支配财政资金。随着财政资金的增加，地方政府在债务方面的压力得以缓解，债务风险降低。

其次，从国家审计评价功能的角度来看，主要体现为国家审计通过评价地方政府债务资金的使用情况，即利用审计报告等方式推进政策完善。国家审计通过提交审计信息、审计专题报告以及综合性报告等方式，为政策制定者提供决策依据。国家审计合理利用报告不仅能揭示地方政府债务存在的问题和隐患，还可以为政策调整和完善提供方向，使得相关政策与法规得以逐步健全和完善，进而减少了因制度不完善而导致的地方政府债务风险。

综上，国家审计的监督与评价功能，能刺激地方政府增收减支及完善相关制度，对地方政府专项债风险膨胀起到有效抑制作用。基于此，本文提出以下研究假设：

假设1a：国家审计的监督效应能有效改善地方财政，进而降低地方政府专项债风险。

假设1b：国家审计的评价效应能促进制度完善，进而抑制地方政府专项债风险膨胀。

（二）影响机制分析与假设提出

在财税领域，国家审计可通过影响地方政府对专项债资金的干预程度，刺激地方政府增收减支，进而降低地方政府专项债风险。国家审计的监督和评价作用，可以推动地方政府加强财源建设，优化税收征管，通过加强税收征管的信息化建设，提高税收征管的效率和质量，从而增加财政收入，为偿还专项债本息提供有力保障。

在制度领域，国家审计可通过影响地方政府对专项债的干预程度，刺激地方政府健全制度，进而降低地方政府专项债风险。国家审计在揭示地方政府专项债券风险时，针对发现的问题和风险，可以推动制定更加严格的专项债券发行、资金使用和管理规定，明确相关责任和义务，为防范和化解债务风险提供法律保障。

总的来说，国家审计作用于地方政府专项债风险的机制主要通过刺激地方政府增收减支和健全制度两个方面，即通过影响政府的干预程度，降低地方政府专项债风险。据此，提出以下假设：

假设2：国家审计能通过影响地方政府干预程度，进而降低地方政府专项债风险。

（三）调节效应分析与假设提出

在数字经济背景下，国家审计工具大量创新。在更为先进的工具支持下，国家审计在增收减支与健全制度方面发挥的作用得到显著增强。一方面，创新水平的提升，有助于提升审计部门的数据处理和分析能力，使得审计人员能够更为全面、深入地揭示地方政府债务问题，精准定位风险点，同时还能降低国家审计成本。另一方面，各种信息获取工具的创新发展，进一步推动了制度的健全和完善，通过对海量数据的分析和挖掘，审计部门能够发现制度漏洞和不足之处，为制度的修订和完善提供有力依据。制度的健全和完善又为审计工作的开展奠定了更为坚实的制度基础，形成良性循环。

因此，在数字经济背景下，创新水平大大提升，信息获取技术、处理技术随之创新，国家审计在揭示地方政府债务问题、抑制债务风险增长方面发挥了更加显著的作用。审计部门不仅能够及时发现和揭示债务风险，还能够提出有针对性的建议，推动地方政府加强债务管理，防范和化解债务风险。这对于维护国家财政安全、促进经济持续健康发展具有重大意义。据此，提出以下假设：

假设3：随着创新水平的提升，国家审计对地方政府债务风险增长的抑制作用也将更加明显。

四 实证研究设计

（一）研究样本与数据来源

为了保障研究的准确性和数据的可靠性，本文选取了我国30个省份（西藏及港澳台地区除外）的数据作为研究样本。其中，关于地方政府债务规模的数据，笔者综合了各省份政府性债务审计公告、预算执行情况报告，中国债券信息网发布的政府债券信息，中国地方政府债券信息公开平台的数据，以及通过手工方式收集整理的资料。国家审计的相关数据则来源于权威的《中国审计年鉴》。至于控制变量的数据，则主要依赖国家统计局官方网站和Wind数据库的资源。

本文研究的时间范围选定为2015~2021年，主要基于两点考虑：一是地方政府专项债自2015年版《预算法》实施后才开始正式发行，这确保了数据的完整性；二是《中国审计年鉴》的数据更新至2021年。

在数据处理和实证分析方面，主要运用了Stata 15和SPSS 22。同时，为了避免极端值对研究结果产生干扰，对所有连续变量进行了缩尾处理，即在1%和99%的分位数上进行了数据截断。

（二）变量定义

1. 被解释变量与核心解释变量

被解释变量：地方政府债务风险（*RISK*）。以地方政府债务率作为具体衡量指标。地方政府债务率指的是地方政府债务规模与地方政府财力的比值，这一定义参照了《36个地方政府本级政府性债务审计结果》中的相关说明。

核心解释变量：本文借鉴了马东山等[32]的研究方法，将国家审计对增收减支的作用定义为已上缴财政金额与已减少财政拨款或补贴之和，而将国家审计推动制度健全的效力定义为被批示、采用的审计专题与综合性报告之和。

2. 控制变量

经济发展水平（*REGDP*）。地区经济发展水平的差异对地方政府的偿债能力有很大的影响。在经济发展水平较高的地区，政府管制程度、市场发育程度及政府的财政收入均会得到提高，从而使债务风险下降。但地区经济发展水平提高也可能在一定程度上刺激地方政府融资扩张，从而造成债务风险的扩大。本文选取地区当年人均生产总值/年末总人口来衡量地区经济发展水平。

土地财政（*LAND*）。作为地方政府财政收入的重要支柱，土地出让收入增加往往意味着地方政府贷款需求减少，从而有助于降低债务风险。本文为了更准确地评估土地财政的影响，选取土地出让金与当年财政收入的比值作为衡量指标。

税收情况（*TAX*）。税收情况的好坏直接影响地方政府专项债的发行和偿还。若税收情况良好，地方政府专项债的发行与偿还压力较小；相反，若税收情况不佳，地方政府专项债的发行与偿还就较为困难。本文用当年税收收入/地区生产总值来表示。

人均生产总值（*PGDP*）。地方政府专项债规模和发行频率与当地经济发展水平密切相关。一般情况下，人均生产总值较高的地区往往具有更强的财政实力、更高的信用评级、更多的投资机会和更大的基础设施建设需求，因此更容易获得投资者青睐，债券发行规模也相对较大。本文用当年生产总值/总人口来衡量。

生产总值增长率（*RGDP*）。经济增长率的提升意味着地方财政收入增长、企业和个人所得税增加，这会进一步充实地方财政，将增强地方政府偿还专项债的能力。本文通过当年生产总值/往年生产总值来衡量该指标。

产业结构（*INDS*）。通过合理的产业结构调整，不仅能为专项债提供良好市场环境和丰富投资机会，还有助于增强专项债偿还保障能力。为了量化分析产业结构，本文选用本年的第三产业产值占本年的地区生产总值的比重作为衡量指标。

研究中使用的变量定义如表 1 所示。

表 1　变量定义

变量类型	变量名称	符号	变量定义
被解释变量	地方政府债务风险	*RISK*	地方政府债务规模/地方政府财力
核心解释变量	国家审计监督效能	*ESAS*	已上缴财政金额+已减少财政拨款或补贴
	国家审计评价效能	*SASE*	被批示、采用的审计专题+综合性报告
中介变量	政府干预程度	*GOV*	财政支出/地区生产总值
调节变量	创新水平	*CREAT*	发明专利申请受理量（件）的自然对数
控制变量	经济发展水平	*REGDP*	当年人均生产总值/年末总人口
	土地财政	*LAND*	土地出让金/当年财政收入
	税收情况	*TAX*	当年税收收入/地区生产总值
	人均生产总值	*PGDP*	当年生产总值/总人口
	生产总值增长率	*RGDP*	当年生产总值/往年生产总值
	产业结构	*INDS*	第三产业产值占地区生产总值的比重

（三）模型构建

1. 国家审计直接作用于地方政府专项债风险

基于前文详尽的理论分析，为了进一步验证假设 1a 的合理性，本文构建了以下模型：

$$RISK_{it}=a_0+a_1ESAS_{it}+CONTROLS_{it}+\varepsilon_{it} \quad (1)$$

在此模型中，若 *ESAS* 的系数显著且为负值，则表明国家审计的监督效能对于抑制地方政府专项债风险具有显著作用。

为了验证假设 1b 的合理性，本文构建了以下模型：

$$RISK_{it}=a_0+a_1SASE_{it}+CONTROLS_{it}+\varepsilon_{it} \quad (2)$$

在此模型中，若 *ESAS* 的系数为负且显著，证明国家审计的评价效能对地方政府专项债风险存在显著抑制作用。

2. 国家审计作用于地方政府专项债风险的影响机制

为了验证假设 2，本文构建了以下模型：

$$RISK_{it}=a_1AUDIT_{it}+CONTROLS_{it}+\varepsilon_{it} \quad (3)$$

$$GOV_{it}=a_0AUDIT+CONTROLS_{it}+\varepsilon_{it} \quad (4)$$

$$RISK_{it}=a'_1AUDIT+bGOV+CONTROLS_{it}+\varepsilon_{it} \quad (5)$$

其中，*AUDIT* 表示国家审计，由 *ESAS* 和 *SASE* 合成（详见后文）。

3. 国家审计作用于地方政府专项债风险的调节效应

为了验证假设 3，本文构建了以下模型：

$$RISK_{it}=a_0+a_1AUDIT_{it}+a_2CREAT_{it}+a_3CREAT_{it}\times AUDIT_{it}+CONTROLS_{it}+\varepsilon_{it} \quad (6)$$

该模型中，若 a_1 和 a_3 符号相同且都显著，则表明在数字经济背景下，创新水平越高，核心解释变量对地方政府专项债风险的抑制作用越显著。

五 实证结果与分析

（一）描述性统计分析

表 2 所示为各变量的描述性统计结果。

表 2 描述性统计

变量	观测值	均值	最小值	最大值	标准差
RISK	210	0.547	0	1.922	0.313
ESAS	210	62.276	0.740	375.040	59.816
SASE	210	335.781	6	4805	533.232
REGDP	210	23.024	3.952	94.946	22.452

续表

变量	观测值	均值	最小值	最大值	标准差
LAND	210	0.247	0	0.368	0.094
TAX	210	0.083	0.045	0.188	0.028
PGDP	210	6.423	2.595	18.398	2.034
RGDP	210	6.518	-5.400	12.900	2.337
INDS	210	0.522	0.399	0.837	0.079

从地方政府债务风险（*RISK*）的角度来看，其均值为0.547，标准差为0.313，数据范围从0到1.922，这表明不同省份之间的负债程度存在显著差异，这可能与各地区的经济发展状况、政策导向以及财政管理能力等多种因素有关。

国家审计监督效能（*ESAS*）的均值为62.276，标准差为59.816，数据范围从0.740到375.040。这一结果说明在不同省份之间，国家审计对地方政府增收减支的作用存在显著差异，这可能与各地区的审计力度、审计质量以及审计结果的应用情况等因素有关。国家审计评价效能（*SASE*）的均值为335.781，标准差为533.232，数据范围从6到4805，也进一步证实了国家审计在促进地方政府健全制度方面存在较大的区域异质性。

（二）相关性分析

表3详细呈现了各变量间的相关性分析情况。在进行相关性分析之前，对模型的相关系数进行了深入研究，结果显示这些系数均处于较为紧密的关联状态。

表3　相关性分析

变量	*RISK*	*ESAS*	*SASE*	*REGDP*	*LAND*	*TAX*	*PGDP*	*RGDP*	*INDS*
RISK	1								
ESAS	-0.24***	1							
SASE	-0.142**	0.26***	1						
REGDP	0.137**	-0.39***	-0.26***	1					
LAND	0.081	0.124*	0.22***	-0.124*	1				
TAX	-0.26***	-0.18***	-0.24***	0.556***	-0.35***	1			
PGDP	-0.21***	0.042	0.066	0.441***	0.16**	0.54***	1		
RGDP	-0.086	0.111	0.15**	-0.132*	-0.14**	0.008	-0.08	1	
INDS	-0.116*	-0.076	-0.14**	0.569***	-0.01	0.74***	0.71***	-0.19***	1

注：*、** 和 *** 分别表示10%、5%和1%的显著性水平，余表同。

从表3的相关系数矩阵中，可以观察到以下几点。首先，*ESAS* 与 *RISK* 的相关系数为-0.24，在1%的水平上显著。这意味着国家审计的增收减支作用与地方政府专项债风险之间存在负相关关系。然而，关于假设1a的验证，仍需进一步展开详细的分析和研究。

其次，*SASE* 和 *RISK* 的相关系数为-0.142，在5%的水平上显著，表明国家审计健全制度的作用有助于抑制地方政府专项债风险，初步证明假设1b。

在进行回归分析之前，为了确保模型的准确性和可靠性，本文采用了共线性检验，以消除或控制潜在的共线性问题。如表4所示，发现无论是各解释变量的平均VIF值还是单个解释变量的VIF值，均低于门槛值10，这充分表明不存在显著的共线性问题。

表4 共线性检验

变量	VIF	1/VIF
ESAS	1.59	0.627
SASE	1.27	0.786
REGDP	2.00	0.499
LAND	1.70	0.589
TAX	4.63	0.216
PGDP	2.96	0.338
RGDP	1.37	0.728
INDS	4.08	0.245
均值	2.31	0.433

（三）实证回归与分析

1. 基准回归分析

首先，国家审计监督效能对地方政府债务风险影响的回归系数为-0.001，这一系数在1%的水平下显著（如表5所示）。这充分说明，国家审计监督效能与地方政府专项债风险成反比，即地方政府对国家审计监督效能利用得越充分，地方政府专项债风险就越小，假设1a得证。

表5 国家审计监督与评价效能对地方政府债务风险的影响

变量	*RISK*	*RISK*
ESAS	-0.001*** (0.000)	
SASE		-0.001** (0.000)

续表

变量	*RISK*	*RISK*
REGDP	0.005*** (0.001)	-0.005** (0.001)
LAND	-0.068 (0.243)	-0.016*** (0.246)
TAX	-6.587*** (1.234)	-6.541*** (1.251)
PGDP	-0.025*** (0.000)	-0.025*** (0.000)
RGDP	0.002 (0.009)	0.002 (0.009)
INDS	1.152** (0.465)	0.995** (0.466)
N	210	210
R^2	0.693	0.229

注：括号内为标准误。

其次，国家审计在推动制度完善方面也展现出显著的正面效果。国家审计评价效能的回归系数为-0.001，且该系数在5%的水平下显著。这一发现表明，国家审计在推动改善地方政府债务相关的政策法规方面所发挥的作用越大，地方政府专项债的风险就越小，从而证实了假设1b。

2. 稳健性检验

更换核心解释变量表示方式。基准回归中将财政领域的国家审计监督效能、国家审计评价效能分别与地方政府债务风险做回归，得出了显著性的结论。为了消除特定指标对实证结果的影响，现将二项指标表示为一项指标，用国家审计（*AUDIT*）表示，基于具体的成分得分系数，可得国家审计（*AUDIT*）的表达式为：

$$AUDIT = -0.206 \times ESAS + 0.209 \times SASE$$

在表6第（1）列中，*AUDIT* 的系数为-0.064，在5%的水平上显著，结论依旧成立，证明了实证结果的稳健性。

表6　稳健性检验：更换变量

变量	*RISK*	*FSSC*	*FSSC*
AUDIT	-0.064** (0.025)		

续表

变量	RISK	FSSC	FSSC
ESAS		0.016*** (0.006)	
SASE			0.000 (0.001)
控制变量	控制	控制	控制
_cons	0.402*** (0.059)	46.477*** (0.432)	47.358*** (0.333)
N	201	210	210
R^2	0.038	0.040	0.001
adj. R^2	-0.132	-0.121	-0.166

注：括号内为标准误。

更换被解释变量表示方式。基准回归中将地方政府专项债风险用债务规模与财力的比值表示，得出了显著性的结论。考虑到地方财政自给率（*FSSC*）在很大程度上决定了地方政府能否按时偿还专项债，与地方政府专项债风险水平息息相关，用地方财政自给率（*FSSC*）代替地方政府债务风险（*RISK*）。在表6的第（2）列中，*ESAS* 的系数为0.016，在1%的水平上显著，说明国家审计监督效能能显著提升地方政府的财政自给率，即可以有效降低地方政府专项债风险，这与基准回归结果一致。但是第（3）列中，*SASE* 的系数不显著，这可能与审计结果的使用、监督整改等具有滞后性，在较长的时间内才能发挥作用有关。

3. 内生性检验

为了消除内生性影响，避免模型估计结果产生错误或偏误，本文采用PSM-核匹配检验的方法，以确保研究结论的准确性和可靠性。表7的第（1）列是去除内生性后，国家审计监督效能影响地方政府债务风险的回归结果，其系数为负，且在1%的水平上显著，假设1a仍然成立。表7的第（2）列是去除内生性后，国家审计评价效能影响地方政府债务风险的回归结果，其系数为-0.0942，在5%的水平上显著，假设1b仍然成立。

表7　PSM-核匹配检验

变量	(1) After-Risk	(2) After-Risk
ESAS	-0.0001*** (4.0433)	

续表

变量	(1) *After-Risk*	(2) *After-Risk*
SASE		-0.0942** (2.4854)
控制变量	控制	控制
id/year	控制	控制
_cons	0.3817*** (3.0706)	0.1805 (1.0067)
N	149	159
adj. R^2	0.232	0.351

注：括号内为 t 值。

4. 区域异质性检验

表 8 的第（1）列所示是东部地区国家审计与地方政府债务风险间关系的回归结果。国家审计的系数为-0.0003，表现出显著的抑制作用，说明在东部地区，国家审计监督与评价效能的合力能对专项债风险起到明显抑制作用。

表 8　区域异质性检验

变量	(1) 东部地区	(2) 中部地区	(3) 西部地区
AUDIT	-0.0003* (0.0000)	-0.0001 (0.0000)	-0.0005*** (0.0000)
控制变量	控制	控制	控制
_cons	0.4936*** (0.0468)	0.5452*** (0.0435)	0.8318*** (0.0538)
N	77	63	70
adj. R^2	0.0386	-0.0154	0.1540

注：括号内为标准误。

表 8 的第（2）列所示是中部地区国家审计与地方政府债务风险间关系的回归结果。国家审计的系数为负，但不显著。出现这种情况的原因可能是：在中部地区，债务水平相比东部地区要低，债务固有风险较弱，国家审计在该地区发挥的作用并不十分显著，同时该地区原有的债务资金使用情况可能较为合规，因此国家审计的作用较弱。

表 8 的第（3）列所示是西部地区国家审计与地方政府债务风险关系间的回归结

果。国家审计的系数为负，在1%的水平上显著，说明在西部地区，国家审计监督效能与评价效能的合力对专项债风险起到明显的抑制作用。结合现实情况分析，西部地区举债规模较东部地区小，但偿还债务风险比东部地区大，国家审计可通过监督效能的发挥增加地方政府的财政收入，评价效能的发挥有助于健全相关制度等，缓解西部地区的偿债风险。

（四）影响机制检验

为了深入理解和分析国家审计与地方政府专项债风险间的因果关系，国家审计对地方政府专项债风险的作用程度与方向还需更深入的讨论。国家审计通过影响地方政府的财政结构与法规制度，实质上是通过影响政府对专项债的干预程度，达到降低风险的目的，即"国家审计—政府干预程度—地方政府专项债风险"。

表9的第（1）列所示为国家审计和地方政府债务风险间关系的回归结果，其中国家审计的系数为负，且在5%的水平上显著。

表9　国家审计、政府干预程度与地方政府债务风险

变量	(1) *RISK*	(2) *GOV*	(3) *RISK*
AUDIT	-0.001** (0.000)	-0.001*** (0.000)	-0.001** (0.000)
控制变量	控制	控制	控制
GOV			1.106** (0.326)
_cons	0.602*** (0.193)	0.219*** (0.041)	0.432** (0.203)
N	210	210	210
R^2	0.269	0.692	0.289
adj. R^2	0.243	0.682	0.260

注：括号内为标准误。

表9的第（2）列所示是以中介变量（政府干预程度*GOV*）为被解释变量的回归结果，国家审计的系数为负，且在1%的水平上显著，说明国家审计能有效影响政府干预程度，因此应当将政府干预程度限定在合理的阈值之内，避免政府过度反应对债券市场造成影响，进而降低地方政府专项债风险。

表9的第（3）列将国家审计、政府干预程度与地方政府债务风险间关联进行检验，国家审计的系数为负，在5%的水平上显著，政府干预程度的系数为1.106，在5%

的水平上显著。

由此，假设2得到验证。

（五）调节效应分析

在加入调节变量——创新水平之前，需要检验国家审计对地方政府专项债风险的抑制作用是否显著。这是因为创新水平可能会对上述变量的影响产生调节效应，所以需要先确保这个变量本身的作用是显著的，才能进一步探讨它与创新水平之间的交互作用。

表10的第（1）列所示是未加入交互项时的回归结果，其中国家审计的系数为负，且显著，基于创新水平系数的显著性和正值特性，表明可以加入交互项。

表10 创新水平对国家审计与地方政府债务风险间关系的影响

变量	(1) 无交互项	(2) 有交互项	(3) 去中心化
AUDIT	-0.0001** (0.0000)	-0.0012*** (0.0000)	-0.0004*** (0.0000)
CREAT	0.6397* (0.3401)	1.2732*** (0.4708)	0.4043 (0.3592)
AUDIT×CREAT		-0.0029*** (0.0000)	
AUDIT×CREAT_c			-0.0020*** (0.0000)
控制变量	控制	控制	控制
_cons	0.5705*** (0.0425)	0.5331*** (0.0464)	0.6010*** (0.0451)
N	210	210	210
adj. R^2	0.0660	0.0782	0.0782

注：括号内为标准误。

表10的第（2）列所示是引入交互项后的回归结果，交互项系数为负，且在1%的水平上显著，说明创新水平作为调节变量对地方政府债务风险与国家审计间的关系具有调节效应。且此时国家审计的系数更加显著。

为了缓解交互项与核心解释变量和调节变量（创新水平）间产生的高度共线性问题，利用去中心化的方法修正上述偏差。表10的第（3）列展示了去中心化后的调节效应，去中心化交互项的系数为负，同样在1%的水平上显著，与国家审计的系数方向相同，说明运用创新型技术能显著增强国家审计的作用，进而对地方政府专项债风险产生抑制作用，这一发现证实了假设3的有效性。

六　结论与建议

（一）研究结论

国家审计在监督和审查地方政府的财政收支活动中，能够发现并纠正存在的问题，确保财政资金的合规性和有效性。通过刺激政府增收减支、建立健全相关制度等相关措施，提高财政资金使用效率，进而降低地方政府专项债的风险水平。这种抑制作用不仅体现在对地方政府举债行为的规范上，还体现在对债务风险预警和防控能力的提升上。

进一步地，国家审计影响地方政府的财政结构与法规制度，实质上是通过影响政府对专项债的干预程度，达到降低风险的目的，即“国家审计—政府干预程度—地方政府专项债风险”。研究发现政府干预程度确为国家审计规制专项债风险的重要路径，且国家审计能将政府干预程度限制在合理的阈值内，以达到稳风险的目的。

经过深入的理论分析与实证检验，发现创新水平与国家审计间存在明显的正相关关系。进一步地，调节效应分析结果显示，交互项系数在1%的水平下显著。这充分证明了在数字经济背景下，创新水平显著提升，可以为国家审计提供更多有利帮助，进而抑制地方政府专项债风险。

（二）政策建议

1. 穿透实际用债主体

专项债涉及的资金量大、周期长、影响面广，在其监管中，穿透式监管尤为重要。一是项目合规性审查，对专项债支持的项目进行穿透式审查，确保它们符合国家产业政策和监管要求，避免资金投向禁止类领域。二是资金来源与用途监控，对专项债的资金来源和最终用途进行穿透式监控，确保资金来源合法合规，用途符合政策导向。三是绩效目标评估，围绕专项债项目的绩效目标采取监管措施，对项目的实施效果进行评估，确保专项债资金的使用效益。四是信息披露与透明度提升，要求实际用债主体及时、准确、完整地披露相关信息，提高专项债资金使用的透明度，接受多方共同监督。

2. 健全分税制财政体制

作为中央与地方政府间财政关系的基础，分税制财政体制的设计初衷是调动地方政府的积极性，促进地方经济发展。然而，在实际运行过程中，分税制财政体制也暴露出一些问题，如税收分配不均衡、地方政府财权与事权不匹配等。这些问题不仅影响地方政府的财政收入，也增加了地方政府专项债的风险。国家审计是政府的“经济卫士”，在健全分税制财政体制的过程中，需扮演好“监督者”“评估者”“建议者”的角色，推动财政体制的优化和升级。在此过程中，国家审计需明确审计的核心任务，着重对税收政策的贯彻实施、税收征收管理的效率与税收收入的合理分配进行深度审计，协助合理分配地方政府与中央政府的税收收入，确保资源的高效利用，进而为扭转专项债不利局面提供有力的经济保障。

3. 完善审计配套设施

监管资金运行，确保资金有效利用以及提振市场信心。国家审计通过对商业银行的审计，能够全面掌握专项债资金的流向和使用情况，及时发现资金违规使用与闲置现象。一方面，对于发现的问题，审计部门可以依法依规进行处理，如追回违规使用的资金、要求商业银行整改等，从而强化专项债资金的监管，确保资金的有效利用。另一方面，国家审计加强对商业银行的审计，还能够提升专项债市场的透明度与公信力。通过公开披露审计结果，能够让市场更加清晰地了解专项债资金的使用情况和风险状况，增强市场的信心。同时，这也有助于推动商业银行加强自律，提升服务质量，为专项债市场提供更加稳定、可靠的服务。除此之外，还应加强监督地方政府专项债的行政审批、推动完善债务项目评估机制、建立专项审计机制、推动地方政府专项债监管信息化建设以及加强对中介机构的管理和监督，以完善化解债务风险的相关配套设施。

参考文献

［1］崔竹，姜江华．稳经济大盘下地方政府专项债制度运行困境与路径选择［J］．中国行政管理，2022（11）：26-32.

［2］郑安．地方政府性债务的演进与应对：从财政重整谈起［J］．财会通讯，2023（18）：140-149.

［3］袁海霞，汪苑晖，鲁璐．地方债化解核心逻辑、化债思路与政策建议［J］．财政科学，2023（10）：43-51.

［4］刘斯佳．国家治理的“具象化”逻辑——基于地方债治理视角［J］．财政研究，2022（2）：106-117.

［5］刁伟涛．全球视野下的中国政府债务：历史方位、层级结构与区域格局［J］．经济学家，2022（9）：98-107.

［6］梁振，钟昌标．我国地方政府专项债券募集发行的现状、问题及原因——基于时间和空间角度［J］．阅江学刊，2023，15（4）：93-104+173.

［7］肖建华，熊如意，李馨怡．专项债对产业结构转型升级的影响研究［J］．财政研究，2023（8）：30-43.

［8］马凯．进一步提升新增专项债券拉动基础设施投资效果研究［J］．地方财政研究，2023（4）：13-20+54.

［9］马恩涛，李牧龙，姜超．银行业风险和主权债务风险“反馈循环”：一个文献综述［J］．财政研究，2022（6）：110-128.

［10］郭玉清，姜晓妮，毛捷，等．债权方信贷约束的风险治理效应：基于信号传递视角［J］．世界经济，2022，45（9）：57-82.

［11］毛锐，刘楠楠，刘蓉．地方债务融资对政府投资有效性的影响研究［J］．世界经济，2018，41（10）：51-74.

［12］胡书东．防范化解地方政府债务风险须标本兼治［J］．理论视野，2019（6）：52-56.

［13］马树才，华夏，韩云虹．地方政府债务影响金融风险的传导机制——基于房地产市场和商业银行视角的研究［J］．金融论坛，2020，25（4）：70-80.

［14］何德旭，曾敏，张硕楠．国有资本参股如何影响民营企业？基于债务融资视角的研究［J］．管理世界，2022，38（11）：189-207.

［15］Chen Z, He Z, Liu C. The financing of local government in China: Stimulus loan wanes and shadow banking waxes[R].New York: NBER, 2017.

［16］葛扬，尹紫翔．我国构建"双循环"新发展格局的理论分析［J］．经济问题，2021（4）：1-6.

［17］Bai C E, Hsieh C T, Song Z M. The long shadow of China' s fiscal expansion[J].*Brookings Papers on Economic Activty*, 2016, 47(2): 129-181.

［18］王世涛．地方政府债务风险的宪法学释析［J］．财经法学，2021（1）：86-100.

［19］陈宝东，王国容．地方政府债务、政府补助与高新技术企业融资约束［J］．哈尔滨商业大学学报（社会科学版），2023（5）：93-107.

［20］倪筱楠，孙夫祥，郑凯伦．地方政府隐性债务风险传导路径研究［J］．财会通讯，2023（4）：120-124+151.

［21］吴德胜，曹渊，汤灿，等．分类管控下的债务风险与风险传染网络研究［J］．管理世界，2021，37（4）：35-54.

［22］郭玉清，张妍，薛琪琪．地方政府债务风险的量化识别与防范策略［J］．中国人民大学学报，2022，36（6）：60-74.

［23］夏诗园．金融助力构建"双循环"新发展格局［J］．当代经济管理，2021，43（5）：92-97.

［24］董丽娟．财政政策助推双循环新发展格局的着力点［J］．财政科学，2021（4）：93-98.

［25］刘琦．地方政府债务风险：生成机制与规制路径［J］．学术界，2023（11）：81-91.

［26］陈宝东，崔晓雪．地方政府债务、金融营商环境与实体企业融资约束［J］．财政科学，2022（1）：32-48.

［27］蔡利，段康．政府审计对地方政府债务治理的效应研究［J］．审计研究，2022（2）：31-42.

［28］钟宁桦，胡林杉，钱一蕾，等．地方政府专项债务限额如何合理分配［J］．中国工业经济，2023（11）：81-99.

［29］温来成，徐磊．地方政府债务与区域协调发展研究——基于半参数空间面板向量自回归模型的分析［J］．中央财经大学学报，2023（6）：12-26.

［30］余应敏，杨野，陈文川．财政分权、审计监督与地方政府债务风险——基于2008~2013年中国省级面板数据的实证检验［J］．财政研究，2018（7）：53-65.

［31］陈文川，杨野，白佳明，等．债务审计对地方政府债务风险的影响——基于2008~2016年省级面板数据的实证检验［J］．审计研究，2019（4）：29-38+47.

［32］马东山，韩亮亮，张胜强．政府审计能够抑制地方政府债务增长吗？财政分权的视角［J］．审计与经济研究，2019，34（4）：9-21.

金融审计保障金融安全的制约因素及实现路径

——基于系统性风险视角

吴亚州　沈雯锦*

摘　要：金融审计是金融监管最直接有效的举措之一，在维护和保障国家金融安全方面发挥着重要作用。本文以保障国家金融安全为目标，从防范化解系统性风险的视角论述了金融审计保障金融安全的运行机制，并进一步剖析了金融审计保障金融安全的制约因素。最后，从强化系统性风险导向的创新型业务审计、构建国家审计治理框架的法治化路径、加快储备满足需求的金融审计专业人才库以及加快一体化审计监管信息系统建设四个方面提出金融审计保障金融安全的实现路径。

关键词：金融审计　金融安全　系统性风险

一　引言

金融作为国民经济体系的命脉，构成了国家核心竞争力的关键要素，其重要性关乎中国式现代化建设的整体布局。然而，随着国内外形势的变化，百年未有之大变局加速演进，国际局势变乱交织，随着单边主义与逆全球化趋势的加剧，国际环境中“黑天鹅”事件等风险因子持续增加，我国经济面临国际风险冲击与国内经济结构转型升级所带来的双重挑战。在此背景下，系统性金融风险爆发的概率显著攀升，为我国未来经济的高质量发展埋下了诸多隐患。鉴于此，积极防范并有效化解金融风险，保障金融安全并加速推进金融强国建设，已成为关乎我国经济社会可持续发展的关键战略任务，更是推动社会主义现代化强国建设进程、促进中华民族实现伟大复兴的重要基石。

在金融领域的风险监管实践中，近年来已逐步呈现多元化与专业化的趋势。具体

---

* 【作者简介】吴亚州，中国航空工业集团公司雷华电子技术研究所高级工程师，研究方向为数字经济、审计数字化转型；沈雯锦，中国航空工业集团公司雷华电子技术研究所中级经济师，研究方向为国家审计、风险管理与内部控制。

而言，在宏观审慎监管框架内，国家法定的银行业监管机构扮演了基础性的角色，与此同时，作为国有资本监督的专职机构，国家审计机关长期以来始终积极参与金融风险防控体系的构建。此举不仅彰显了审计作为非传统金融监管工具的独特优势，还成为国家层面有效缓解和处置系统性金融风险的关键途径。

在此背景下，金融审计的重要性逐渐凸显，成为国家审计在执行金融监督与控制职能时的一种重要方式[1]。因此，本文尝试从防范化解系统性金融风险的视角出发，深入分析保障国家金融安全的制约因素，探讨金融审计保障金融安全的实现路径。这不仅对于深化我国金融监管改革具有深远影响，同时也对推进国家治理能力现代化及治理体系的发展具有显著意义。

二 金融审计保障金融安全的运行机制

金融审计以审计服务金融安全为目标，注重强化系统性风险防范理念以全方位观测金融系统性风险，能够通过深入分析金融机构内部控制体系的缺陷、监管政策的疏漏之处，揭示与预防系统性金融风险，从而助力各项部署落地生根，为维护国家金融安全提供全面且坚实的保障。

（一）揭示与预防系统性金融风险

作为一种特定的国家审计业务范畴，金融审计能对金融监管部门、金融市场以及金融机构实施全面且多维度的审计监督。在此过程中，金融审计通过紧密追踪各类金融活动、各个市场领域以及不同类型的金融风险，确保监督的广泛性和深入性。[2]从具体举措来看，在金融审计实施的过程中，为确保对被审计单位财务状况及经营成果的真实性、合法性进行全面深入的了解，必须同步运用宏观审慎的分析视角，对各类经营活动展开细致的审查。此过程涉及评估各项业务对金融系统整体可能产生的潜在影响，并通过将金融机构的资产与负债状况与行业基准进行比较，分析识别出是存在仅限于单个金融机构的风险，还是波及整个金融体系的系统性风险。[3]通过多年的实践，金融审计工作遵循"核实财政财务收支的真实性、合法性及效益性，并即时揭露经济社会运行中潜藏的各类风险隐患"的指导原则，能够有效揭露金融机构中存在的制度设计及执行缺陷、违法违规行为和管理漏洞等问题，及时发现并揭示金融机构中的系统性风险隐患，助力系统性金融风险防范管理质效提升。

（二）促进风险管理水平提升并保障金融安全

金融审计以经济监督为核心职责，其任务不仅限于揭露被审计实体存在的问题及潜在的风险，还需深入探究这些问题与风险的成因。在此基础上，金融审计将风险影响区分为对单一金融机构的影响与对整个金融体系的冲击，并深入剖析影响整个金融体系的本质原因。经过审慎研判，金融审计提出旨在解决问题、预防风险发生的切实可行建议与措施。因此，金融审计在化解经济内部存在的风险的同时，还能通过整改“回头看”等方式举一反三，在揭示表象风险的同时，深入分析金融机构内部控制体系的缺陷、监管政策的疏漏之处，通过拓展金融风险管理的范畴、充实金融治理的议题内容、探索创新的金融治理机制与模式等方式推进金融风险管理纵深创新。在此情况下，金融审计能帮助金融机构的组织内部形成一道免疫系统，为金融机构内部风险防范和整个金融系统风险防范提供保障，对维护国家金融市场和金融行业的安全、健康与稳定发挥了巨大的作用。

三　金融审计保障金融安全的制约因素

（一）对系统性金融风险重视程度不足

尽管审计署在金融审计实践中高度重视金融机构的内部控制与风险防控，且在审计公告中多次揭示其内部控制与风险防控存在的短板，并提出针对性的改进建议。然而，金融审计的关注焦点大多局限于银行的个别领域或单一风险层面，对系统性金融风险的考量稍显不足。[4]随着互联网经济的崛起，创新型金融产品不断涌现，银行业务范围日益拓展，业务模式也持续创新升级，银行、证券、保险等业务的混合经营越发普遍。然而，通过剖析审计署相关案例可以发现，目前金融审计依旧聚焦于金融机构传统的存贷、结算及票据处理等常规金融业务，但随着金融市场的不断创新与发展，金融机构在理财业务、表外业务以及同业业务等新兴领域的活动日益频繁且复杂，对于这些创新领域的审计覆盖却存在显著缺失。当前金融市场的运行态势表明，它所承受的风险已不再局限于个别业务领域或特定层面，而是呈现多维度、跨领域扩散、影响范围广泛且危害程度不断加深的系统性风险特质。具体而言，这类风险具有显著的复合性特征，不仅涉及多个金融子市场之间的风险传导，还可能通过复杂的金融网络迅速蔓延至实体经济领域。一旦风险事件被触发，它将沿着金融体系的内在关联机制快速扩散，形成连锁反应，最终对整个金融系统的稳定性构成实质性威胁，并可能动摇国家经济金融安全的基础，对宏观经济的平稳运行构成严峻挑战。

（二）金融审计监督制度配置缺失

制度错配现象是指在现行国家金融治理体系框架内，围绕系统性风险防控这一核心目标，金融监管机制与审计监督职能在法定权责配置层面存在显著的目标兼容性缺陷与制度协同障碍。具体而言，这种体制性矛盾表现为监管主体法定职责边界的模糊性、部门监督权责配置的失衡性以及制度配套体系的非完备性，其本质反映了现有金融治理架构在风险防控目标实现的过程中，尚未形成监管审计双轨协同的动态适配机制。从制度经济学视角分析，这种错配不仅削弱了金融安全网的防护效能，还可能导致监管套利空间扩大，进而形成风险传导的体制性漏洞，亟须通过制度重构实现监管逻辑与监督功能的系统性耦合。[5] 2023年3月，中共中央与国务院联合颁布《党和国家机构改革方案》，该方案基于防范化解重大金融风险的战略导向，着重强化功能监管与行为监管的协同效能，通过职能划转实现监管权能的优化配置——将央行承担的金融控股集团常态化监管职能、金融消费者权益保护职能，以及证监会原辖的投资者权益保障职能，系统性整合至新设立的国家金融监督管理总局。从金融监管角度来看，我国金融监管组织体制由"一行两会"迈入"一行一局一会"的新格局，2024年随着县域监管支局的全面挂牌成立，国家金融监督管理总局正式构建起"总局—省级局—区域分局—基层支局"四级垂直监管体系。这一架构革新标志着我国金融监管向纵深化、专业化方向迈进。然而，现行金融监管制度框架仍存在显著的结构性缺陷：在审计监督维度，除了《审计法》赋予审计机关对金融企业进行合规性检查职责外，尚未建立专门针对金融政策执行效果及系统性风险防控的审计监督机制，亦未明确相应的制度性安排。这种监管体系的制度性缺位，导致国家审计在金融宏观治理层面存在监督盲区，难以有效履行对金融系统稳定性运行的宏观监督职能，同时暴露出金融监管组织架构中审计监督模块的配置性缺失，形成监管链条中的薄弱环节。从公共治理理论视角来看，审计监督与金融监管的协同机制尚未健全，削弱了国家审计在金融宏观治理中的系统性监督效能，亟待通过制度创新完善"监管—审计"双轨治理架构。

（三）金融审计专业能力人才与审计需求不匹配

从审计需求来看，当前我国金融体系、市场运行及经济活动正承受着日益复杂的不确定性因素影响，其中系统性风险作为具有全局性和宏观性特征的风险形态，与传统微观层面的个体金融风险存在本质差异。从风险生成机理来看，系统性风险涵盖政府债务可持续性、公共财政资源配置效率、社会资本流动稳定性、货币流通调控有效性以及企业资本融通等多重维度，对国家治理体系的战略调控能力、政策协调机制及风险治理效能提出了更高要求。其风险监测需构建财政、金融和实体三维联动的预警指标体系，管控过程涉及多部门政策工具的协同校准，化解路径更需统筹短期应急处置与长期制度重构的辩证关系，由此导致风险治理的复杂度呈现指数级增长。相较而言，作为金融风险防控的重要制度性安排，政府审计监督体系的职能定位已从单纯的财政收支合规性审查，拓展至对金融安全网全链条的风险穿透式审计。这种审计范式转型客观上要求审计主体必须具备三维专业胜任能力：一是需掌握宏观经济金融运行的系统分析框架，二是需构建风险传导路径的计量评估模型，三是需形成跨市场、跨行业的职业判断体系。这种能力升级不仅是对审计技术手段的革新要求，也是对国家审计治理功能的重新定位，体现了现代风险社会背景下审计监督从事后查错向事中控制、从合规监督向风险预警的转变。

然而，审计专业人才供求的结构性矛盾日益凸显。金融审计监督需动态捕捉金融创新业态，及时研判新型金融工具的运营特征与风险敞口，但各级审计机关在金融审计领域的发展时间相对有限，实践经验积累尚不充分，兼具金融风险控制理论与审计实务能力的复合型人才供给存在显著缺口。权威统计资料显示，全国政府审计机关在编审计人员规模已突破9.8万人大关，但专门从事金融审计的专业人才占比不足10%，且受行政编制的刚性约束，短期内难以通过增量补充实现人才结构的根本性优化。[6]这种人力资源瓶颈客观上形成了审计监督能力提升的结构性制约，导致难以满足金融风险防控对审计专业性和前瞻性的双重需求，凸显出审计队伍建设与金融治理现代化之间的适配性挑战。

（四）金融审计数字化水平不高

基于信息不对称理论与监管协同理论框架，金融审计的信息获取能力直接决定系统性风险治理效能。传统分业监管架构下，行业监管机构的信息壁垒构成金融安全网的关键性短板。系统性风险演化具有典型的复杂性特征，其生成机理涉及跨市场、跨行业的非线性作用，只有建立覆盖从风险生成、传导到扩散全链条的数据监测体系，才能实现精准溯源与靶向治理。然而，当前监管数字化进程呈现显著的结构性矛盾：央行、金融监管总局与审计机关在数据治理能力建设上存在代际差异，尚未构建起涵盖金融风险监测、决策支持、行为监管与责任追溯的国家级一体化信息平台。这种数字化断层导致三重治理困境：其一，异构数据系统形成监管认知盲区，削弱风险关联分析能力；其二，审计监督缺乏实时数据流支撑，难以捕捉金融创新衍生的新型风险敞口；其三，跨部门监管协同机制失灵，加大系统性风险跨市场传导概率。从审计技术演进维度观察，传统抽样审计模式已难以适应高频次、多维度的金融风险审计需求。在数字货币交易监管、跨境资本异常流动监测等前沿领域，审计监督面临技术代差形成的监管盲区。这不仅削弱了审计监督的预防性功能，也可能导致系统性风险在监管缝隙中持续累积，从而使得难以发挥审计监督维护国家金融安全的效能。

四　金融审计保障金融安全的实现路径

（一）强化系统性风险导向的创新型业务审计

系统性金融风险以其极强的传染性与破坏力，对金融市场的稳定运行以及金融行业的可持续发展形成了重大挑战，在极端情况下甚至可能动摇国家金融体系的根基。金融审计作为金融安全的重要防线，其核心职能在于识别、评估并防范各类金融风险，在应对金融市场中的系统性风险时发挥着不可替代的关键作用。然而，从当前金融审计的实际开展情况来看，众多金融机构所暴露出的诸多问题以及潜藏的风险迹象，充分反映出在系统性风险关注方面存在明显缺失。部分金融机构在业务创新过程中，由于风险意识淡薄、内部控制不完善等原因，积累了大量潜在风险，而金融审计未能及时、全面地捕捉这些风险信号。

鉴于此，金融审计有必要将工作重点进一步聚焦于金融机构中那些可能触发系统性风险的关键环节，加大对风险易发领域的审查强度。审计机关应树立全局性、系统性的审计思维，对现有的金融审计工作思路进行优化调整，积极探索创新审计方法。一方面，要加强对银行创新业务的学习与研究，深入了解各类创新业务的运作模式、风险特征等，为开展针对性审计奠定坚实基础；另一方面，需进一步优化审计资源配置机制，将以传统存贷款业务为核心的审计框架重构为覆盖金融创新全链条的监督体系，重点关注互联网金融平台、表外结构化融资工具、中间业务创新产品及资产管理类新兴业态。针对部分商业银行推出的创新金融模式，监管主体需构建专项审计研究机制，通过深入调查全面掌握创新业务的经营特点、发展趋势以及潜在风险点，特别要关注因管理漏洞或违规操作而可能引发的系统性风险，在此基础上，及时提出针对性的审计建议，督促金融机构加强风险管理，完善内部控制，从而有效防范系统性金融风险的滋生与蔓延。

（二）构建国家审计治理框架的法治化路径

在社会主义市场经济与法治国家建设的战略背景下，国家审计作为金融治理体系的重要支柱，亟须通过制度创新和法治完善来强化其系统性风险防控职能。当前，审计监督在金融治理中存在三重制度性约束：一是金融审计法定职权的边界尚未清晰界定，对宏观金融政策执行合规性的审计监督缺乏明确授权；二是审计监督与金融监管的协同机制尚未健全，跨部门的监管合力尚未形成；三是审计结果运用与金融风险化解的衔接机制存在制度空白，审计效能难以有效转化为治理效能。

针对上述制度性短板，应当从三个维度推进审计法治体系现代化：其一，在立法层面完善金融审计的法定职权配置，通过修订《审计法》及相关法规，明确审计机关对金融政策执行、系统性风险防控的法定监督地位，赋予审计机构对新型金融业态的穿透式审计权限；其二，建立审计监督与金融监管的协同治理框架，通过中共中央审计委员会与中央金融委员会的联动机制，构建审计发现问题、监管跟进处置、政策完善反馈的闭环治理链条；其三，完善审计结果运用的制度性安排，建立金融风险审计发现问题整改的跨部门问责机制，将审计评价纳入金融机构风险评级体系，强化审计监督的威慑力和建设性。法治化路径构建还需着重强化三个支撑：首先，建立金融审计标准体系，针对系统性风险特征制定差异化审计准则；其次，完善审计数据共享机制，打通央行、金融监管机构与审计机关的数据壁垒；最后，健全审计人才专业化培养机制，设置金融风险审计专业资质认证制度。通过制度创新与法治完善，推动金融审计从合规性监督向风险治理转型，为国家金融安全构筑坚实的审计屏障。

（三）加快储备满足需求的金融审计专业人才库

审计人员的专业素养与综合能力对金融审计工作的成效及质量起着决定性作用。在当前金融审计肩负着保障国家金融安全重要使命的背景下，有必要构建人才储备机制，采取轮岗交流与审计资源集中管控等举措，加速推进金融审计专业人才库的建设。

一方面，鉴于当前干部编制在短期内难以实现大规模扩张的现实状况，构建审计人员跨岗位培养体系成为提升金融监管效能的战略选择。具体而言，可构建审计监管协同培养机制，通过构建多维度的能力跃迁路径实现审计人才的结构性优化。其一，搭建“央行-审计署”联合培养平台，通过参与宏观审慎评估实践提升审计人员对系统重要性金融机构的监管能力；其二，创设“国资委-审计机关”案例研讨沙龙，重点解析国有企业债务风险化解中的审计要点；其三，构建“国家发改委-金融监管机构”政策联动实验室，培养审计人员把握重大战略投资项目的风险预警能力。该机制通过沉浸式监管场景模拟，促进审计人员在政策传导、风险穿透和市场洞察三个维度形成复合型知识图谱。

另一方面，可着力于审计资源的集约化配置与人才内生性成长。建议构建矩阵式审计项目管理模式，打破传统条线分割，组建跨领域的审计攻坚小组。在重大金融审计项目中推行主审轮值制，配套建立审计能力积分体系，将政策解读、数据分析、风险研判等能力指标量化评估。创新实施审训融合机制，将审计现场转化为实景教学基地，通过“导师制+项目制”培养路径，推动审计人员从单一技能向“风险评估师+数据工程师+政策分析师”的复合角色转型。通过构建理论、实践、创新的螺旋上升通道，不仅能实现审计人力资源的集约利用，也能形成从监管经验内化到专业能力外化的良性循环，为构建现代化金融监管体系提供关键的人力资本支撑。

（四）加快一体化审计监管信息系统建设

当前，我国金融形势与经济环境呈现多维度、高复杂、差异化以及强波动等显著特征，这使得宏观金融系统潜藏的风险具备隐蔽性、广泛性和渗透性等特点。在此情形下，单纯依赖传统的审计技术与手段，已难以有效遏制系统性金融风险的发生、传播与扩散。为了切实增强金融审计与其他监管机构协同监督的效能，需着力构建一个集国家金融风险监测、金融决策监管、金融行为追踪以及金融责任报告等功能于一体的数据信息共享平台，并建立高效的沟通交流机制。

一体化网络信息平台的构建，能够为审计机关与其他监管部门提供更为精准、全面的数据资料。该平台可优化数据获取与处理的流程，显著提升审计证据的收集效率，确保审计证据的真实性与准确性，进而挖掘数据背后的潜在价值，为国家审计机关充分利用监督成果开辟新的途径与渠道。[7]鉴于此，在向数字治理转型的背景下，金融审计必须依托大数据与人工智能技术的深度融合，构建智能化监管工具链的动态更新机制。此类技术体系的应用，使审计从业者能够在动态博弈的金融生态中，系统性地采集多维度数据资源，通过构建智能算法模型与数据挖掘框架，审计人员可对海量异构数据进行深度解析，提取具有决策参考价值的风险特征指标。这些经过验证的量化分析结果，能够为政策制定部门提供精准的风险预警信号与趋势研判依据，有效支撑宏观审慎监管决策。该技术路径的实施具有双重战略价值：其一，可突破传统审计模式下因信息不对称而导致的证据获取瓶颈，特别是在金融系统稳定性评估、信贷资源配置效率分析、地方政府隐性债务识别等关键审计领域；其二，通过构建全维度风险监测体系，能够显著增强审计覆盖的完整性与时效性，规避因监管盲区而引发的系统性风险累积。这种数字化赋能的审计监管信息系统建设，本质上是通过增强数据穿透力与信息整合能力，重构金融审计的价值创造链条，最终实现审计效能的质效双升。

五　结论与启示

（一）研究结论

在当今充满不确定性的时代背景下，我国金融审计机制的变革探索正遭遇更为错综复杂的形势。一方面，中国式现代化发展战略目标的推进以及高质量发展等政府治理的高标准要求，给金融审计带来了前所未有的压力；另一方面，产业结构调整、生态环境优化等发展领域的新挑战，也进一步增加了金融审计工作的难度。深入剖析中央决策层近年来出台的一系列金融监管要求可以发现，我国宏观经济体系内外部的系统性金融风险仍具备极强的危险性与破坏性。防范和化解金融风险，已然成为各级政府及职能部门在未来较长一段时期内至关重要的宏观经济治理目标与战略任务。

本文顺应当前时代潮流与经济发展形势，从防范和化解系统性金融风险的视角切入，聚焦于金融审计在保障国家金融安全方面的重要作用。文章强调，国家审计部门在开展金融审计工作之前，必须客观审视现行机制和体制下存在的制约因素。这是因为金融审计保障国家金融安全的功能，只有在排除和克服这些制约因素之后才能充分发挥。同时，为了进一步提升金融审计保障金融安全的功能，需要尽快构建一套集中统一、全面覆盖、权威高效的审计监督体系。金融审计应紧紧围绕防范和化解系统性金融风险这一核心任务，积极贯彻研究型审计理念，将金融审计实践中遇到的问题作为研究课题，深入开展分析与研究，实现理论研究与实践工作的紧密结合。通过不断巩固金融审计研究成果，充分发挥金融审计在保障国家金融安全方面的效能。[8]

（二）相关启示

首先，本文研究结果表明，金融审计可通过揭示并抵御系统性金融风险，推动风险管理能力的持续增强，进而为金融安全提供保障，促进经济健康、稳定运行。深入分析金融审计在保障金融安全过程中所面临的制约因素，有助于为国家决策部门在推进审计体制改革时提供有益参考，使之能够科学、有序地解决诸如对系统性金融风险关注不够、金融审计监督制度不完善、金融审计专业人才与审计需求不匹配以及金融审计信息化水平不高等实际问题。基于上述分析，从国家宏观治理架构的顶层设计维度考量，制定具备战略前瞻性的政策框架与制度体系，能够系统性地引导国家审计机构适时推进组织架构的革新与治理体系的优化，进而驱动金融审计模式优化升级。这一战略举措不仅为中央审计体系现代化转型提供了制度保障，也为地方审计机构在完善金融审计监督效能、革新金融审计运行机制以及促进金融业务专项审计模式转型等方面提供了创新性的理论指导与实践路径。具体而言，通过构建分层递进的政策支撑体系，既能够确保国家审计机关在制度变革中保持战略定力，又能够激发地方审计部门在金融创新监管中的活力，最终形成上下联动的金融审计治理新格局。[9]

其次，本文研究主要聚焦于国家审计对金融安全的保障作用。然而，内部审计作为审计体系的重要组成部分，在保障我国金融业有序发展方面也发挥着不可忽视的作用。后续研究可将视角进一步拓展至内部审计在维护金融安全方面的作用发挥，或者深入探讨国家审计与内部审计在保障金融安全方面的协同效应，以此助力审计工作更加有效地保障国家金融安全。

参考文献

[1] 叶陈云，张健，叶陈刚．金融审计促进金融风险防控与经济稳健发展的研究现状及趋向[J]．财会通讯，2021（17）：14-19.

[2] 郑石桥．金融审计本质：一个理论框架［J］．财会月刊，2018（23）：126-131.

[3] 许奕，张宝贤．国家审计促进经济高质量发展的路径分析——基于系统性金融风险防范视角［J］．财会通讯，2022（11）：134-138.

[4] 张凤元，吕平章．金融审计防范系统性金融风险的路径探究——基于审计署审计结果公告的分析［J］．会计之友，2020（8）：49-54.

[5] 叶陈云，叶陈刚，李享．国家审计化解系统性金融风险的核心功能、约束因素与治理路径研究——基于双向战略协同视角的理论分析［J］．财会通讯，2023（11）：13-19+109.

[6] 叶陈云，邢铭强．中国式现代化情境下金融审计维护金融安全的制约因素及纾解路径［J］．商业会计，2024（1）：53-56.

［7］刘静，许谢楠，潘俊．审计赋能维护国家金融安全的机制与路径——基于国家审计与内部审计协同视角［J］．财会月刊，2023，44（17）：88-93.

［8］王家华，丁文彬．研究型金融审计推进国家金融高质量发展的现实思考［J］．财会月刊，2022（13）：113-116.

［9］张杰，张梦婷，叶扬．论金融审计大项目助推金融系统健康发展［J］．财会月刊，2024，45（9）：90-95.

“两业”融合对企业供应链效率的影响

——基于风险防控视角的经验证据

王嘉丽*

摘　要： 本文以 2010～2022 年 A 股制造业上市企业为研究对象，基于风险防控视角探究“两业”融合对制造业企业供应链效率的影响效应及作用机制。结果显示：“两业”融合能够显著提高企业供应链效率；机制检验发现，“两业”融合主要通过降低供求波动风险、信息不对称风险以及融资风险等传导机制对企业供应链效率起到促进作用；异质性分析表明，“两业”融合更能提升大型企业及非国有企业供应链效率。为进一步提高“两业”融合水平，从而提高企业供应链效率，一要加强顶层设计，完善制度保障；二要形成产业链协同创新机制；三要推进信息基础设施建设。

关键词：“两业”融合　供应链效率　风险防控

一　引言

党的二十大报告强调着力提升产业链供应链韧性和安全水平。新时代背景下，以美国为代表的发达国家对我国制造业相关产业进行技术封锁，使我国的产业链供应链遭受了一定程度的冲击，我国产业链存在部分环节缺失或不稳定的风险。因此，确保产业链供应链不断链、不堵塞、不僵化，已成为供给侧结构性改革以及建设现代化产业体系的关键任务[1]。

制造业是国民经济的重要载体，在维护产业链供应链安全稳定方面起着重要作用。就微观企业而言，供应链安全稳定的关键在于提高上下游企业在产品设计、仓储运输、原材料采购、营销服务等环节的效率，从而实现供应链效率的提升[2]。然而，当前我国供应链上下游企业间尚未形成高效的协同机制，供需匹配精度不足导致库存冗余与资源错配现象频发；与此同时，制造业物流系统面临资源要素配置结构性矛盾，存在

* 【作者简介】王嘉丽，西安理工大学讲师，西安交通大学经济学博士，研究方向为产业融合、企业创新。

设施利用率低、运输网络集约化程度不足等问题。因此，破解产业链供应链现代化转型瓶颈，构建高效协同的供应链运行体系，既是构建新发展格局的战略支点，更是微观层面增强企业核心竞争力的关键路径，对突破制造业“大而不强”困境具有重要意义。

当前，在数字经济的推动下，社会各领域的交织与融合已达到了前所未有的高度，现代服务业，如物流、电子商务、现代金融等，与以新材料、生物医药等尖端技术为代表的制造业，正深度交叉融合，二者的融合不仅推动了前沿科技的飞速发展，更释放出了巨大的聚合效应，为社会进步和发展注入了新的活力。制造业与服务业融合发展（以下简称“两业”融合），能够充分发挥我国完整工业体系和现代服务业产业配套优势，促进服务业与制造业的协同发展，提高服务的质量和效率，从而提升制造业供应链的整体效率[3]。

尽管国内外学者在“两业”融合经济效应的研究上已经取得了一些有参考价值的成果，但总体来看，该领域仍处在初步的探索阶段，尚未形成全面而深入的理论分析和实证研究的框架体系。此外，由于存在路径依赖，企业习惯于“服务内置化”，导致“两业”融合的程度不够深、范围不够广，目前仍处于点状开花的态势，主要局限于领先企业的先行探索，尚未快速成长为推动动能转换和结构转型的关键力量。为了更好地指导制造业企业实践，需要进一步揭示“两业”融合如何影响制造业企业供应链效率。

本研究基于产业融合理论与供应链相关理论，构建涵盖2010~2022年沪深A股制造业上市企业的面板数据库，创新性揭示制造业与服务业融合对企业供应链效率的作用机理。本研究的边际贡献在于：第一，突破传统单一效益分析范式，将风险机制纳入“两业”融合与供应链效率的研究框架，为企业制定融合发展战略提供决策支持；第二，发现“两业”融合主要通过降低供求波动风险、信息不对称风险以及融资风险等传导机制影响企业供应链效率；第三，论证了“两业”融合对企业供应链效率的差异化影响。以上分析为促进“两业”融合，实现供应链效率提升提供了实证依据和政策启示。

二 理论分析与研究假设

（一）“两业”融合、供求波动风险与供应链效率

供应链系统的复杂性与产品附加值显著正相关，在高端制造领域（如半导体、航空装备），供应链网络通常呈现多层级、强耦合特征，当关键节点企业遭遇供应中断时，风险会通过全球生产网络的拓扑连接产生级联放大效应[4]。更值得关注的是，现代供应链的模块化分工特性使得风险穿透性增强，即便三级供应商的微小扰动，也可能通过牛鞭效应引发全链震荡，这种非线性风险扩散模式凸显了复杂网络系统脆弱性治理的紧迫性[5]。此外，在供应链上，供求波动风险对供应链效率有重要影响，需求

信息会逐步出现扭曲和滞后的情况，致使上游企业所获取的需求信息与实际需求之间的偏差显著大于下游企业，进而引发库存积压、产能过剩或有效供给短缺等一系列问题，最终对企业供应链效率产生不良影响[6]。

"两业"融合能够降低供求波动风险，主要表现在以下几个方面。其一，"两业"融合使得企业能够更加精准地把握市场需求动态。制造业企业通过与服务业深度融合，借助服务业提供的市场调研、数据分析、客户反馈等服务，能更深入地了解消费者需求变化和市场趋势，从而有针对性地进行生产计划调整和产品创新，降低因需求误判而导致的供求不匹配风险，提高市场响应速度和适应性，降低供求波动幅度。其二，"两业"融合有助于优化供应链管理。制造业企业将服务环节融入供应链，能更好地协调供应商、分销商等各方资源，实现供应链的协同运作和快速响应。"两业"融合，能够优化物流、仓储、配送等环节，提高供应链的效率和稳定性，降低因供应中断、物流不畅等导致的供求波动风险，保障生产的连续性和产品的及时供应，增强企业应对市场供求变化的能力。其三，"两业"融合能够促进企业服务模式创新，为客户提供个性化、定制化的解决方案。服务模式创新能够更好地满足客户多样化的需求，减少因产品单一化而引发的供求失衡风险，拓展市场空间，提升企业在市场中的竞争力，从而有效降低供求波动给企业带来的不利影响。

根据上述分析，本文提出以下假设：

假设1："两业"融合降低企业供求波动风险，进而提升企业供应链效率。

（二）"两业"融合、信息不对称风险与供应链效率

供应链管理相关研究认为，信息不对称是影响企业拓展供应链资源的关键要素[7]。"两业"融合能够降低信息不对称风险，主要表现在以下几个方面。

其一，信息共享。"两业"融合可以促进企业之间的信息共享。通过共享信息，企业可以更好地了解市场需求、供应链状况和客户反馈，从而减少信息不对称。制造业企业通过"两业"融合强化了主体间的知识共享和研发合作，拓展了制造业企业产品和业务流程边界，企业得以将自身业务范围由制造环节向上下游服务环节延伸，在开拓上游个性化研发和定制化服务的同时，也拓展了下游各类增值业务，赋予产品新的功能，培育企业异质性竞争力[8]。其二，数据驱动决策。"两业"融合以信息化赋能制造业发展为重点，通过收集、分析和利用大数据，企业可以更好地了解市场和客户需求，降低信息不对称风险，优化生产和服务流程，提高供应链的效率和响应能力。其三，"两业"融合能够打通供应链资源壁垒，促进区域间资源充分流动，降低信息不对称，进而提升供应链效率。通过"两业"融合，不同产业领域之间的联系更加紧密，资源得以更高效地整合与协同利用。供应链资源壁垒被打破

后，各类优质资源能够在更广阔的范围内自由流动，这使得资源能够快速找到最适宜的利用场景，实现价值的最大化。

根据上述分析，本文提出以下假设：

假设2："两业"融合降低企业信息不对称风险，进而提升企业供应链效率。

（三）"两业"融合、融资风险与供应链效率

融资风险会影响供应链上各环节的正常运转，导致供应商减少供货甚至停止合作，进而影响原材料的稳定供应，导致供应链效率下降、生产周期延长、交货延迟等问题。

"两业"融合可以降低企业融资约束及风险，主要表现在以下几个方面。其一，服务业中的金融业作为企业生产规模扩张的基础，对企业发展具有重要意义。合理、良性地发展金融业有利于企业拓宽融资渠道，降低企业融资约束，使企业更加灵活、有效地制定生产决策[9]。其二，中国政府出台了一系列政策引导更多金融市场资源用于促进科技创新，引导金融业与制造业深度融合。通过创新民营企业债券融资支持工具，拓宽企业直接融资渠道，助力加快培育经济增长新动能新优势。此外，政府还通过规范创新供应链票据、标准化票据等产品，强化产业链和供应链的稳定性，有效降低民营企业融资成本①。其三，从金融科技支持角度来看，以现代信息技术手段为支撑的金融服务业能够帮助制造业企业拓宽信息获取渠道、提升信息分析能力，为企业投资活动提供支持，降低企业融资约束风险[10]。数字金融发展降低了金融服务门槛和成本，可以为更多制造业企业提供高效便捷的融资服务，为缓解企业融资约束提供了可能。通过金融科技的有效运用，资本要素得以更加自由地流动，从而减少企业在融资过程中所面临的约束，提高资本市场在信贷资源配置方面的效率，还为企业的供应链稳定及效率提升提供坚实的资本保障[11]。

根据上述分析，本文提出以下假设：

假设3："两业"融合降低企业融资风险，进而提升企业供应链效率。

三 实证设计

（一）模型设定

本文建立如下面板回归模型，以实证检验"两业"融合对企业供应链效率的影响：

① 资料来自《推动中国金融市场高质量发展 助力加快建设金融强国》，http://www.pbc.gov.cn/redianzhuanti/118742/5118184/5134061/5125685/index.html。

$$Supply\_eff_{it}=\beta_0+\beta_1 Conv_{it}+\gamma X+\mu_i+\eta_t+\varepsilon_{it} \tag{1}$$

其中，被解释变量$Supply_eff_{it}$代表 i 企业在第 t 年的供应链效率，核心解释变量$Conv_{it}$表示企业所在地区的"两业"融合水平，X 为计量方程所添加的一系列控制变量，用于防止遗漏变量所带来的内生性问题。μ_i为个体固定效应，η_t为年份固定效应，ε_{it}为计量方程的随机误差项。

（二）变量选取

被解释变量为企业供应链效率（*Supply_eff*）。合理的库存管理是提高供应链效率的核心所在[12]，因此本文使用库存周转率作为企业供应链效率的替代变量，库存周转率等于企业营业成本占存货净额平均余额的比重[13]。

核心解释变量为"两业"融合（*Conv*）。行业分类上，制造业选取《国民经济行业分类》（GB/T 4754—2017）中的制造业（C13~C43）进行研究；服务业选取交通运输、仓储和邮政业（G），信息传输、软件和信息技术服务业（I），金融业（J），租赁和商务服务业（L）、科学研究和技术服务业（M）五大行业进行研究。同时，从产业规模、经济效益、社会贡献、成长潜力四个方面分别衡量制造业与服务业综合发展水平，使用耦合协调度模型测算 2010~2022 年分省制造业与服务业耦合协调度，衡量"两业"融合水平[14]。

第一，产业规模指标方面，选取制造业及服务业的总产值或增加值、固定资产投资总额、就业人数分别来衡量制造业及服务业的产业规模。第二，经济效益指标方面，考虑到各个地区制造业与服务业发展程度的差异，本文使用产值总额/制造业（服务业）就业人数、工资总额/制造业（服务业）就业人数这两项指标来反映区域内产业发展的经济效益。第三，产业的综合发展水平还需要考虑社会贡献，即产业的发展是否能够在较长时期内呈现稳定的增长态势，能否持续提供税收和就业岗位。因此，本文选用利税总额（税收收入总和）和产值利税率来衡量社会贡献。第四，从产业成长潜力的角度看，产业在时间序列期内能够保持增长率的提升，则是产业良好发展的重要指标。本文使用产值（增加值）增长率、就业人数增长率、固定资产投资总额增长率等指标来衡量产业的成长潜力。

本文选取的控制变量主要包括：企业规模（*Size*）、资产负债率（*Lev*）、总资产回报率（*ROA*）、企业相对价值（*TobinQ*）、企业现金流量（*Cashflow*）、企业成长（*Growth*）、第一大股东持股比例（*Top*1）、企业年龄（*Age*）以及固定资产占比（*Fixed*）。

（三）数据说明

本研究以 2010~2022 年省级数据及 A 股制造业上市企业为分析对象构建基础数据

库。省级数据来自2011~2023年《中国统计年鉴》《中国工业统计年鉴》[①] 及地方统计年鉴，微观企业财务数据源于CSMAR与Wind金融终端。数据预处理包含三阶段标准化操作：（1）筛除被特别处理（*ST/ST）的上市企业；（2）对绝对值型变量实施对数化转换（加1后取自然对数），以降低异方差效应；（3）采用双侧1%分位数截尾法减弱极端值干扰。经数据清洗与匹配，获得包含24775个观测值的非平衡面板数据集，各变量描述性统计结果详见表1。

表1　变量描述性统计

变量	观测值数量	均值	标准差	最小值	中位数	最大值
Supply_eff	24775	4.662	0.809	-5.911	4.640	12.640
Conv	24775	0.572	0.183	0.220	0.574	0.894
Size	24775	21.980	1.173	19.59	21.810	26.430
Lev	24775	0.384	0.195	0.027	0.373	0.925
ROA	24775	0.048	0.067	-0.375	0.046	0.254
TobinQ	24775	2.093	1.340	0.802	1.665	13.650
Cashflow	24775	0.049	0.067	-0.224	0.047	0.266
Growth	24775	0.170	0.365	-0.653	0.116	3.808
Top1	24775	0.336	0.141	0.081	0.315	0.758
Age	24775	2.877	0.346	1.099	2.944	3.611
Fixed	24775	0.219	0.134	0.002	0.194	0.736

四　实证结果与分析

（一）基准回归

基准回归结果如表2所示，列（1）显示，在不添加控制变量的情况下，“两业”融合（*Conv*）对企业供应链效率（*Supply_ eff*）影响的估计系数为0.521，且通过了1%水平的显著性检验，表明“两业”融合可以显著提高企业供应链效率。列（2）在添加了企业层面的控制变量，并控制了企业固定效应和年份固定效应后，“两业”融合（*Conv*）的估计系数为0.324，并且通过了1%水平的显著性检验，表明“两业”融合以促进建设现代化产业体系为核心，能够成为我国制造业供应链效率提升的“新引擎”，并能有效防控我国制造业面临的“脱钩断链”风险。

① 2012年及以前为《中国工业经济统计年鉴》。

表 2 基准回归结果

变量	(1)	(2)
	Supply_ eff	*Supply_ eff*
Conv	0.521*** (6.070)	0.324*** (3.982)
Size		0.039*** (5.824)
Lev		0.233*** (9.006)
ROA		-0.581*** (-10.947)
TobinQ		0.007** (2.551)
Cashflow		-0.479*** (-10.950)
Growth		-0.281*** (-40.250)
*Top*1		0.135*** (3.264)
Age		-0.061* (-1.697)
Fixed		0.006 (0.189)
Constant	4.362*** (88.889)	3.740*** (21.497)
企业固定效应	YES	YES
年份固定效应	YES	YES
N	24775	24775
R^2	0.834	0.853

注：(1) ***、**、*分别表示在1%、5%和10%的水平下显著；(2) 括号内为t值；(3) 回归结果根据Stata 17估计结果整理得出。

(二) 内生性处理

基准回归过程存在三个方面的内生性问题，分别为互为因果、测量误差以及遗漏变量。为克服这些问题，本文增加了相关的控制变量，并且对企业和年份固定效应予以控制，从而降低遗漏变量带来的风险。在这一部分，本文参考已有研究[15]，将解释变量"两业"融合的滞后一期（*IV*）作为工具变量，运用两阶段最小二乘法进行回归，以克服内生性问题带来的估计偏差。

表3报告了加入工具变量后，使用两阶段最小二乘法的回归结果。列（1）和列（2）的回归结果显示，加入工具变量 *IV* 后，Kleibergen-Paap rk LM 统计量大于10，且P值为0.000，由此证明选择的工具变量通过不可识别检验。此外，Cragg-Donald Wald F统计量和 Kleibergen-Paap rk Wald F 统计量均大于 Stock-Yogo weak ID test 10%水平下的临界值16.38，证明模型不存在弱工具变量问题。列（2）的回归结果显示，第二阶段在加入工具变量后，"两业"融合对企业供应链效率的影响仍显著为正。上述检验结果说明，本文选择的工具变量是合适的，使用工具变量后可以缓解内生性问题。

表3 工具变量回归结果

变量	(1)	(2)
	第一阶段	第二阶段
	Conv	*Supply_eff*
IV	1.031*** (5.913)	
Conv		0.333*** (10.191)
不可识别检验 (Kleibergen-Paap rk LM)	177.582***	
弱识别检验 (Cragg-Donald Wald F)	181.259	
弱识别检验 (Kleibergen-Paap rk Wald F)	205.156	
控制变量	YES	YES
企业固定效应	YES	YES
年份固定效应	YES	YES
N	24775	24775
R^2	0.977	0.873

注：(1) 括号内为t值；(2) ***、**、* 分别表示在1%、5%和10%的水平下显著。

（三）稳健性检验

1. 延长观测窗口

考虑到"两业"融合对企业供应链效率的影响存在一定的滞后性，本文延长了解释变量的时间考察窗口。将核心解释变量"两业"融合指标进行滞后1~2期处理，检验结果如表4列（1）和列（2）所示。研究发现，滞后1~2期后，"两业"融合对企业供应链效率的影响均表现为显著的正向促进作用。这表明"两业"融合对企业供应链效率存在动态影响效应，能够产生较为显著和持久的影响。

2. 剔除直辖市样本

考虑到北京、天津、上海、重庆四个直辖市往往在经济、社会和文化等方面受到更多的政策倾斜和支持，这可能会使该地区“两业”融合程度与其他城市存在较大差异。表4列（3）显示了将直辖市样本予以剔除后的回归结果，列（3）中 *Conv* 的估计系数为0.292，并且在1%的水平下显著为正，进一步验证了本文的假设。

3. 选取高技术制造业企业样本

高技术制造业具备研发投入强度大、投资风险较高等特性，在其产品的制造流程中，供应链效率起到关键作用。基于此，本文依据证监会2012年的上市公司行业分类标准和《国家重点支持的高新技术领域》的相关规定，筛选高技术制造业企业样本，对计量方程（1）重新回归。回归结果如表4中列（4）所示，*Conv* 的估计系数为0.340，且在5%的水平下显著，进一步证明了研究结论的稳健性。

表4 稳健性检验

变量	(1)	(2)	(3)	(4)
	延长观测窗口		剔除直辖市样本	选取高技术制造业企业样本
	Supply_eff	*Supply_eff*	*Supply_eff*	*Supply_eff*
L. Conv	0.445*** (4.711)			
L2. Conv		0.464*** (4.110)		
Conv			0.292*** (3.463)	0.340** (2.290)
控制变量	YES	YES	YES	YES
企业固定效应	YES	YES	YES	YES
年份固定效应	YES	YES	YES	YES
N	20556	17534	21296	9290
R^2	0.867	0.874	0.853	0.857

注：（1）括号内为t值；（2）***、**、*分别表示1%、5%和10%的水平下显著。

五 机制检验及异质性分析

（一）机制检验

1. 供求波动风险

在供求波动风险指标的衡量上，借鉴巫强和姚雨秀[16]的做法，利用企业生产波动对需求波动的偏离来衡量供求波动程度（*Supply_fluc*），以表示企业面临的供求波动风险。具体计算方法如下：

$$Supply\_fluc = \frac{\sigma(Production_{it})}{\sigma(Demand_{it})} - 1 \tag{2}$$

$$Production_{it} = Cost_{it} + Inv_{it} - Inv_{it-1} \tag{3}$$

其中，*Supply_fluc* 表示供求波动程度，$\sigma(Production_{it})$ 和 $\sigma(Demand_{it})$ 分别表示生产量标准差及需求量标准差。$Cost_{it}$ 表示企业营业成本，Inv_{it} 表示企业年末存货净额。*Supply_fluc* 指数越大，表示企业供求波动风险越高。检验结果如表5列（1）所示，“两业”融合对企业供求波动程度的影响在1%的水平下显著为负，表明“两业”融合可以显著降低企业供求波动风险，进而提升企业供应链效率，本文假设1得到验证。

2. 信息不对称风险

在信息不对称指标度量上，参考杨继军和李艳丽[17]的研究，利用公司个股的交易数据来构建证券市场上非知情交易者与知情交易者之间关于企业价值的信息不对称程度，通过分析财务报表，提取流动比率指标（LR）、非流动比率指标（ILL）以及收益率反转指标（GAM），并对 LR、ILL、GAM 原始指标提取第一主成分，捕捉它们的共同变异信息，记为信息不对称指标（*ASY*），用来衡量投资者与企业之间的信息不对称程度，该指标数值越大，代表企业与投资者之间的信息不对称程度越高。根据表5列（2）的回归结果，“两业”融合能够显著降低信息不对称风险，进而提升企业供应链效率，假设2得以验证。

3. 融资风险

本文使用企业债务融资成本来衡量企业融资风险，其中债务融资成本为企业通过发行债券或贷款等方式筹集资金时所需承担的最低回报率。在债务融资中，企业会向债券持有人或贷款机构借入一定的资金，承诺在一定时间内支付利息和偿还本金。本文参考陶云清等[18]的做法，采用利息支出与企业总负债的比值来度量债务融资成本（*FC*）。根据表5列（3）的回归结果，“两业”融合能够显著降低企业融资风险，进而提升企业供应链效率，假设3得以验证。

表5 机制检验

变量	(1)	(2)	(3)
	供求波动风险	信息不对称风险	融资风险
	Supply_ fluc	*ASY*	*FC*
Conv	−0.282*** (−4.911)	−0.030*** (−3.711)	−0.157*** (−5.243)

续表

变量	(1)	(2)	(3)
	供求波动风险	信息不对称风险	融资风险
	Supply_ fluc	*ASY*	*FC*
控制变量	YES	YES	YES
企业固定效应	YES	YES	YES
年份固定效应	YES	YES	YES
N	24775	24775	24775
R^2	0.564	0.742	0.885

注：(1) 括号内为 t 值；(2) ***、**、* 分别表示在 1%、5%和 10%的水平下显著。

(二) 异质性分析

1. 企业规模

企业规模是影响企业供应链效率的重要因素。一方面，大型企业更有能力开展投资活动和采用先进的供应链技术，如物流管理系统、库存控制系统等，以优化供应链流程，提高效率。但另一方面，随着企业规模的扩大，供应链的复杂性也可能增加，管理大型供应链可能需要更复杂的协调和沟通机制，会导致效率下降。基于此，本文将企业规模的中位数作为区分企业大小的标准，大于中位数的上市企业定义为大型企业，小于中位数的定义为中小型企业，分样本考察"两业"融合对企业供应链效率的影响。回归结果如表 6 列（1）和列（2）所示，"两业"融合对大型企业供应链效率的影响显著为正，对中小型企业的影响则不显著。可能的原因在于，大型企业一般可以与物流供应商建立长期合作关系，实现物流流程的优化和成本的降低，而中小型企业由于规模较小，可能无法获得与大型企业相同的规模效应。此外，大型企业通常拥有更强的技术实力和研发能力，能够更好地应用信息技术和数字化手段来推动"两业"融合，以优化供应链管理系统，实现供应链的可视化和智能化管理。

2. 产权性质

上市企业的产权性质同样对企业供应链效率具有显著影响。国有企业受益于政府的支持，供应链相对具有稳定性。非国有企业往往面临供应链不确定性风险，非国有企业所处的市场环境竞争激烈，市场需求的突然减少或增加可能导致企业库存积压或产能不足，增加供应链的管理难度和成本。此外，快速的技术更迭会导致现有供应链的产品或技术过时，需要企业及时进行技术升级和供应链调整，否则会面临被市场淘汰的风险。基于此，本文进一步分析在不同产权属性下"两业"融合对企业供应链效率的影响。将样本根据股权性质划分为国有企业以及非国有企业，回归结果如表 6 列（3）和列（4）所示，"两业"融合对非国有企业供应链效率的影响显著为正，对国有企业的影响不显著。原因在于，“两业”融合过程中，非国有企业能够引入新的技术、管理模式和业务模式，推动供应链的创新和升级，进而提高供应链的灵活性和响应能力，更好地满足市场需求。

表6 异质性检验

变量	(1)	(2)	(3)	(4)
	大型企业	中小型企业	国有企业	非国有企业
	Supply_ eff	*Supply_ eff*	*Supply_ eff*	*Supply_ eff*
Conv	0.570*** (4.847)	-0.065 (-0.571)	0.335 (0.984)	0.293*** (3.176)
控制变量	YES	YES	YES	YES
企业固定效应	YES	YES	YES	YES
年份固定效应	YES	YES	YES	YES
N	9760	14507	7174	17601
R^2	0.893	0.874	0.850	0.855

注：(1) 括号内为t值；(2) ***、**、*分别表示在1%、5%和10%的水平下显著。

六 结论与政策启示

（一）研究结论

本文基于2010~2022年分省分行业数据和沪深A股制造业上市企业匹配得到的微观企业数据样本，研究了“两业”融合对制造业企业供应链效率的影响，得到以下结论：第一，“两业”融合对制造业企业供应链效率具有显著的正向提升作用，这一结论在经过工具变量内生性检验以及延长观测窗口、剔除直辖市样本、选取高技术产业制造业企业样本等一系列稳健性检验后依然成立；第二，机制检验表明，“两业”融合主要通过降低供求波动风险、信息不对称风险以及融资风险等传导机制对企业供应链效率起到促进作用；第三，异质性分析表明，“两业”融合对不同规模、不同产权性质的企业供应链效率具有差异化影响，“两业”融合更能促进大型企业及非国有企业供应链效率的提升。

（二）政策启示

研究结论对于促进我国制造业与服务业深度融合发展，维护产业链供应链安全稳定，促进供应链效率提升及现代化建设，实现由制造大国向制造强国转变有着积极的政策启示。

首先，加强顶层设计，完善制度保障。为了推动"两业"融合，关键是要切实提升现代服务业的发展水平。一是应当重点关注研发设计、信息技术、数字金融、智慧物流等现代服务业领域，并引导企业根据产业发展的需要调整业务结构，打破传统的"大而全""小而全"模式。二是加大对制造业企业数字化转型的支持力度，提供专项资金用于信息化建设、技术改造等，提升制造业企业的生产智能化水平和供应链协同能力。三是完善市场监管机制，强化对供应链全流程的监督，确保市场秩序规范，营造公平竞争的市场氛围。

其次，形成产业链协同创新机制。一是产业链的上下游协同创新。应深化制造业与服务业之间的供需对接，通过构建集成研发设计、知识产权保护、信息化服务等在内的综合服务平台，整合制造业与服务业内部各要素间的相互关联与互补优势，推动资源的高效共享。二是企业之间的协同创新，支持产业链上的各企业建立利益共享、风险共担的产业技术联盟，形成优势互补、分工明确的协同创新机制。三是支持龙头企业发挥示范作用，带动产业链上下游企业融合发展。

最后，推进信息基础设施建设。一是加强物流基础设施建设，优化物流园区布局，提升物流配送效率。加大对智能物流设施的投入，推广应用物联网、大数据、云计算等技术，实现物流全过程的可视化和智能化管理。二是完善工业互联网、物联网等网络体系，提高供应链各环节信息的互联互通和共享水平，降低信息获取成本和交易风险。三是加快交通基础设施建设，优化交通运输环境，提升货物配送的效率与稳定性，降低物流成本。

参考文献

［1］陶锋，王欣然，徐扬，等．数字化转型、产业链供应链韧性与企业生产率［J］．中国工业经济，2023（5）：118-136.

［2］张晨霞，俞萍萍．国内市场分割与供应链效率——基于企业库存视角［J］．国际商务（对外经济贸易大学学报），2022（3）：123-139.

［3］中国社会科学院工业经济研究所课题组，张其仔．提升产业链供应链现代化水平路径研究［J］．中国工业经济，2021（2）：80-97.

［4］洪银兴，王坤沂．新质生产力视角下产业链供应链韧性和安全性研究［J］．经济研究，2024，59（6）：4-14.

［5］Ivanov D, Sokolov B, Dolgui A. The ripple effect in supply chains: Trade-off 'efficiency-flexibility-resilience' in disruption management[J]. *International Journal of Production Research*, 2014, 52(7).

［6］孙兰兰，钟琴，祝兵，等．数字化转型如何影响供需长鞭效应？——基于企业与供应链网络双重视角［J］．证券市场导报，2022（10）：26-37.

［7］Bauer A M, Henderson D, Lynch D P. Supplier internal control quality and the duration of customer-supplier relationships[J]. *The Accounting Review*, 2018, 93(3): 59-82.

［8］韩民春，刘瞳．"两业"融合对企业加成率的影响——来自制造业上市公司的经验证据［J］．经济经纬，2024，41（4）：123-136.

［9］王孝松，周钰丁，朱丹，等．去工业化与企业出口国内增加值［J］．数量经济技术经济研究，2023，40（10）：71-92.

［10］Vial G. Understanding digital transformation: A review and a research agenda[J]. *The Journal of Strategic Information Systems*, 2019, 28(2): 118-144.

［11］彭俞超，王南萱，邓贵川，等．数字经济时代的流量思维——基于供应链资金占用和金融获利的视角［J］．管理世界，2022，38（8）：170-187.

［12］刘骏，张义坤．数字化转型能提高企业供应链效率吗？——来自中国制造业上市公司年报文本分析的证据［J］．产业经济研究，2023（6）：73-86.

［13］张倩肖，段义学．数字赋能、产业链整合与全要素生产率［J］．经济管理，2023，45（4）：5-21.

［14］宋林，王嘉丽，李东倡．“两业”融合与先进制造业全要素生产率［J］．西安交通大学学报（社会科学版），2024，44（2）：77-90.

［15］刘广．中国制造业企业金融化与资本配置效率研究［J］．经济学家，2023（12）：36-45.

［16］巫强，姚雨秀．企业数字化转型与供应链配置：集中化还是多元化［J］．中国工业经济，2023（8）：99-117.

［17］杨继军，李艳丽．数字化转型、信息不对称缓解与出口关系稳定性［J］．国际贸易问题，2024（9）：70-86.

［18］陶云清，李琼琼，孙楠．智慧城市建设与企业债务融资成本［J］．中南财经政法大学学报，2023（3）：123-135.

数字政府建设中政企合作的风险与防范

周　伟　闫　洁*

摘　要：在我国数字政府建设进程中，政府通过与企业合作，统筹行政和技术两种力量，提高政府自身治理能力，但数字政府建设中的政企合作面临多重风险。本文基于构建的风险分析框架，从权力和权利两个维度出发分析当下政企合作中存在的信息壁垒、寻租、利益分歧和责任划分不明确的风险，并从政府、企业、公众三个维度提出风险防范对策，即政府部门应该建立利益协调机制，企业应该明晰合作责任划分，公众应该加大监督力度。

关键词：数字政府　政企合作　数字治理

数字政府建设是国家治理体系和治理能力现代化的重要引擎，深刻影响着我国政府治理模式和公共服务形态。习近平总书记强调要加强政企合作、多方参与，加快公共服务领域数据集中和共享，推进同企业积累的社会数据进行平台对接，形成社会治理强大合力。中共中央、国务院印发的《数字中国建设整体布局规划》指出要提升数字化服务水平，加快推进“一件事一次办”，推进线上线下融合，加强和规范政务移动互联网应用程序管理。[1]从当前我国数字政府建设的实践探索来看，政企合作是政府数字化转型的重要模式之一，政企合作对提高数字政府建设效率，降低数字政府建设成本具有重要意义。

一　问题提出与文献综述

政企合作是指政府与企业基于一定的目的进行合作，成立公私合营企业或建立公私合作项目，政府在合作中通常提供某种形式的政策保护、部分启动资金，或者以土地入股，以及以政府购买的方式提供需求[2]。我国政企合作大多存在于大型基础设施建设项目，这种政府和社会资本合作的模式也称 PPP 模式，该模式通过构建政府机构

* 【作者简介】周伟，西北政法大学政治与公共管理学院副教授，研究方向为地方政府治理；闫洁，西北政法大学商学院（管理学院）硕士研究生。

与市场主体的长效协作机制，以公共产品供给和公共服务提升为目标，形成贯穿项目规划、融资、建设及运营全过程的契约化合作体系，旨在实现公共项目的综合效益。[3]政企合作成功的必要因素之一就是设计合理的风险分配及承担机制。规避政企合作风险，重要的是“加强对我国对公共项目公私合作过程中所涉及的私人部门准入的具体条件的论证”[4]。

由于数字政府建设具有“平台驱动性”[5]，需要基于一定的软硬件及技术标准和算法系统来实现用户之间的网络交互[6]，从而使政府公共服务向一体化靠近，因此数字政府建设中的政企合作的模式也由传统的公共项目建设资金的融资模式[7]，转变为政府技术合作模式。政府将数字政府的相关业务板块，尤其是信息技术业务板块通过招投标的方式承包给互联网企业，同时也将数据处理平台搭建、数字系统开发和数字系统运维[5]等方面的工作部分或全部委托给企业方，政府与互联网企业之间形成一种新型的技术合作或技术外包关系。这种合作模式使得在线政务从最初的政府网站单向提供信息服务，逐步转变为跨越不同政府部门和层级的信息服务集成[8]，实现了更高效的信息共享和服务协同。这种合作模式不仅使政府服务效率得到了显著提升，同时也推动了政府部门职能的转变。

伴随着数字政府建设的进程不断推进，政企合作不仅存在于政府与企业之间，更多存在于政府与在互联网、大数据等技术上具有优势的组织和社会团体之间[9]。准确识别政企合作过程中存在的风险并提前进行风险管理，可提高政企合作成功概率，降低因合作失败而造成的财政损失。政府与企业的合作随着各省份数字政府的建设不断深入，围绕政企合作的风险也从之前的“声誉约束、利益分配不均[10]、建立更加完善的风险评估机制”转为“政府权力转移、合作信息壁垒”等方面。当前数字治理中的政企合作面临双重安全挑战。一方面，政府治理权能向平台企业迁移催生市场准入壁垒，诱发政治安全隐患[11]，导致国家治理效能与公共权威弱化[12]。另一方面，技术供应商可能通过自身“便利性”滥用政企合作优势地位，擅自对公民个人信息实施商业化利用[13]。学者韦欣基于数字治理安全框架的系统性研究指出，政企合作的风险主要表现为契约履行偏差引发的制度性风险、公私领域交互衍生的传导性风险以及数据全周期管理缺位导致的信息安全风险[14]。

综合来看，目前学界对于政企合作及其风险的相关研究为本文提供了丰富的理论支撑。当前我国学者对政企合作模式的风险识别、分担、评价机制已经进行了较为成熟的研究，但对政企合作风险的相关研究仍停留在公私合营融资模式的风险分担与防范层面。由于政府与企业在数字政府建设进程中的相关“权力”和“权利”存在冲突和耦合，故而在数字政府建设过程中政企合作面临更为复杂的风险。本文以此建立“三元主体-双重耦合”风险分析框架，并从三元主体的“权力”和“权利”耦合角度分析合作中可能存在的风险，对于维护政企双方合法权益，加快数字政府建设具有重要意义。

二　数字政府建设中政企合作的风险分析框架

在数字政府建设进程中，政企合作存在多元复杂的风险，本文从“政府、企业、公众”三元主体的角度出发，结合“权力-权利”双重耦合视角，分析目前我国数字政府建设进程中政企合作存在的风险。结合生命周期理论以及政企合作风险的动态属性，构建风险分析框架（见图1），以期揭示当下政府与企业合作风险的多层次、多阶段的特征，探索出适应当前形势的立体化政企合作风险治理体系。

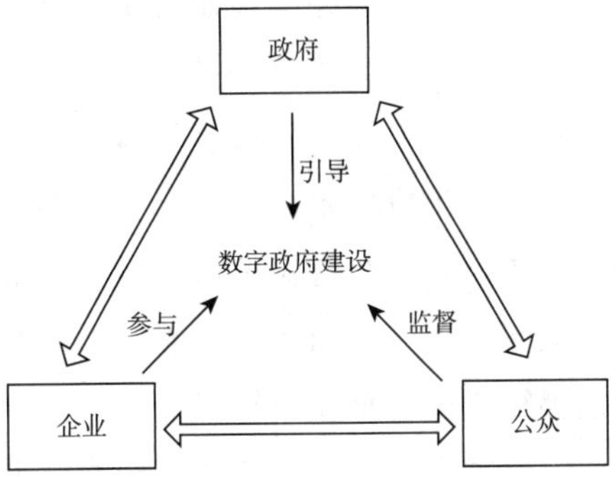

图1　“三元主体-双重耦合”风险分析框架

（一）“政府-企业-公众”三元互动框架

数字政府建设的本质属性就是以人工智能、云计算、大数据等现代信息技术的广泛应用重构我国社会主体之间的互动范式。信息技术的广泛应用促进“政府-企业-公众”三元关系的结构性调整，催生公共治理领域的范式转型。在此背景下，需确立政府、企业与公众的三元主体架构。

在数字治理的三元主体架构中，政府部门的公共价值导向、企业的商业利益诉求与公民个体的权利保障期待的价值取向不同。价值取向的异质性叠加主体间差异化的行为范式，导致政府、企业、公众三者之间的互动关系变得尤为复杂。因此，研究视角应着重于解析多元主体交互过程中的价值冲突传导机制，以及由此衍生的协同治理障碍与系统性风险。政府作为社会公共利益的代表，其目标是通过数字政府建设提高公共服务效率和质量，保障社会公平正义。企业尤其是平台型企业，追求的是经济效益和市场竞争力的提升。而公众则期望通过数字政府建设获得更加便捷、高效、个性化的服务。三者在价值追求上的差异，以及在行动逻辑上的不一致，导致在合作过程中可能出现利益冲突、责任划分不明确、法律法规不完善等问题。这些问题若不加以妥善处理，将严重影响数字政府建设的进程和效果。因此，构建有效的风险分析框架对于识别和管理政企合作中的潜在风险至关重要。

在数字政府建设主体两两互动关系视角下，基于数字治理主体交互的三维分析框架，可构建“政府-企业-公众”三元互动框架，其互动机制呈现以下特点。一是公共性与市场性相冲突。我国政府以实现公共服务的效率和公平为基本价值取向，因此具有政治性和公共性，在与技术企业进行合作时更关注公共利益的实现。而企业基于市场价值理性，在合作中具有“经济人”属性，追求合作项目的经济收益。政府的公共性与企业的市场性差异导致双方在数据资源分配、技术标准制定等关键环节产生摩擦。二是政府回应性与公众权益合法性相平衡。在政府与公众的互动中，政府应以“数字惠民”为数字经济发展的核心追求。公众的数字权利保障程度、公共服务获得感等成为衡量数字政府建设的价值尺度。这就要求政企合作项目必须建立起双向利益协调机制，确保技术应用始终服务于公民权利。三是企民互动导致的公众利益侵蚀。这是因为技术企业在政企合作中获得的“准行政赋权”具有双重效应[6]。由于政企合作关系中企业与公众的互动具有隐蔽性，合作过程中企业利用技术优势形成数据垄断、通过算法黑箱侵蚀公众知情权，公众的权利和利益受到侵害。这就要求构建公民数字权利的法治保障框架，强化政企协作的民主问责。

（二）“权力-权利”双重耦合

传统的风险治理二分法仅将政企合作中的主要风险划分为“政府权力的让渡”与“企业权利的侵害”[6]，但随着国家治理能力的现代化程度不断提升，基于西方治理语境的类型划分已难以适应我国数字政府建设的实践逻辑。当下政企合作中的权力异化与权利侵蚀在数据流动、算法决策等技术治理实践中产生“双重嵌入效应”，形成了具有中国特色的复合型风险治理结构。在我国政府数字化建设的进程中，随着国家对政府治理能力现代化要求的提升，政企合作的风险愈发难以简单地用“权力”或“权利”的单一标签来定义。实际合作进程中，两类风险相生相伴，无法简单区分。当前我国政府与企业的关系一直难以彻底摆脱“父子式”关系的历史惯性[7]，从而导致我国的政企合作进程缓慢。

数字治理领域中政企合作的“权力-权利”关系正在经历范式重构。政府数字化转型的加速推进催生了“政府-企业-公众”三元主体互动新范式，传统科层制下清晰的权责边界日益模糊。第一，企业凭借其技术资本、数据垄断优势、算法迭代能力，在政企合作的进程中形成议价优势，导致治理权能发生非对称性转移。这种转移往往以“技术赋能治理现代化”的合法性为掩护，实际上大幅度提升了政府治理权威虚化与公众监管能力空心化的系统性风险。第二，由于资本扩张的逻辑与公共价值目标相冲突，企业可能将获得的“准公共权力”转化为超额租金，并开展寻租活动。第三，公众在数据生产要素分配中的边缘化地位，使其面临“数字剥夺”与“权利坍缩”的双重困境。因此，在探讨数字政府建设过程中政府与平台企业合作的风险时，需要准确识别风险形态，构建“权力-权利”动态平衡的新型分析范式，建立数字主权清单，明确技术应用的权责边界，创新算法审计与穿透式监管机制，遏制技术权力越界，通过制度创新实现治理的“权力-权利”再平衡，达成政企合作的最终价值目标。

三 数字政府建设中政企合作的风险识别与案例分析

数字政府建设中的政企合作在实践中也面临复杂的风险，正视合作风险，合理进行风险识别及管理，可以加快数字政府建设进程，若合作风险得不到妥善识别和规避，便会直接导致合作失败。下文基于“三元主体-双重耦合”风险分析框架，进行政企合作的风险识别，并对成功案例进行简要分析。

（一）基于权力维度的风险识别

1. 政府为维护或巩固自身权力产生信息壁垒

在与政府合作的过程中，企业在项目设计、管理及后期平台的运营与维护等环节，均需依赖政府各部门的多层次信息数据支持。特别是在对政务信息服务平台进行升级时，企业必须与政府各级部门进行数据对接。然而，当前跨系统、跨组织、跨业务、跨层级及跨地域的数据协同管理与共享机制尚不完善，尤其是政府系统内部存在的上下层级与横向部门间的“行政壁垒”（如条块分割、部门间壁垒），导致数据资源难以实现有效整合与共享。这种“数字信息壁垒”与“数字信息孤岛”现象，严重阻碍了政府与科技企业之间的合作进程。以浙江省为例，尽管该省近年来已将800多个省级部门的信息系统整合至统一的政务云平台，并汇集了超过190亿条、涵盖3000多种类型的数据，但由于这些数据分属不同职能部门，且数据格式差异显著，各职能部门的异构系统难以兼容这些多样化的数据，从而导致海量数据无法实现真正的互通共享。即便是在数据归集工作开展得较好的地区，由于可共享数据的质量参差不齐，也常常陷入“数据虽聚却不通，虽通却不用”的尴尬境地。

2. 政府出于权力扩张的自利动机进行寻租

权力寻租是指政府利用其行政权力在合作中向企业寻求“租金”从而实现权力扩张和官员自身利益最大化。这是政府与企业合作的产物，由于政府对合作内容和项目具有干预权和管理权，其以权力为筹码谋求经济利益，使部分企业获得竞争优势。在政企合作过程中，某些地方官员试图通过非生产性活动来追求利益，这种现象往往涉及政府与市场之间的不正当交易，造成对公共利益和社会效率的损害。这种行为不仅扭曲了市场竞争机制，还导致资源配置的低效和不公。

（二）基于权利维度的风险识别

1. 政府与企业合作中存在利益分歧

政府部门与企业的利益诉求不同是政企合作的首要风险。由于政府部门追求的是公共利益，在与企业合作的过程中以提高公共服务效率、实现公共利益为主要目标。企业是具有“经济人”属性的营利性组织，需要通过与政府的合作获取经济效益。在政企合作过程中，企业会承担一定的公共服务职能，但其以盈利为目标的本质属性不会改变。政府和企业追求的利益存在公与私的差异，这成为影响政企合作的一大风险因素。

2. 政府与企业合作中的责任划分不明确

在政府与企业的实际合作进程中，往往会出现一对多的情况，使得政府与企业之间的关系变得错综复杂。在合作前期，如果没有清晰的责任边界，那么容易使政府与企业在合作过程中产生分歧，也会使企业与政府及政府相关部门之间的沟通变得困难。政府与企业的合作一般涉及多个职能部门，如果没有明确规定每个职能部门负责监督和管理的板块和流程，便会导致管理上的“真空地带”[7]，使合作进程受到影响。

（三）政企合作案例分析

广东省在推进数字政府建设的进程中，有效利用互联网技术企业的技术专长，与华为、腾讯及三大电信运营商开展了深度合作，共同构建了“粤省事”与“广东政务服务网”等综合性在线政务服务平台。“广东数字政府”的运营实体——数字广东公司，由三大电信运营商与腾讯公司联合出资成立，并同华为签署了战略合作协议，从而确立了“1+3+1”模式[12]的政企合作框架，其中腾讯公司扮演了核心引领者的角色。值得注意的是，尽管这一政企合作框架以政府为主导，但在平台的实际运营与维护中，政府主要承担监督管理的职能，其将平台的建设与运营任务委托给企业，政府转变为该平台的使用者和评估者。

截至2024年5月底，“粤省事”平台已成功为公众和企业提供了超过184万项的政务服务，除行政征收类事项外，94.4%的服务项目实现了网上办理，99.94%的服务项目达到了“最多跑一次”的标准，而93.07%的服务项目更是实现了“零跑动”。此外，广东省全省范围内的政务服务事项实施清单共计1839977项，从实施层级的分布来看，省级层面实施了3978项，市级层面实施了54958项，区县级层面实施了237014项，镇街级层面实施了416300项，而村居级层面则实施了1127727项，具体分布见图2。

广东省政府与互联网技术企业合作，研发出中国首个集成民生服务小程序——“粤省事”，并直接对接公安部互联网，使“粤省事”小程序成为政府与群众的“连接器”，为其他省份的数字政府建设提供了良好的思路，确立了广东省在数字政府建设中的领跑地位。

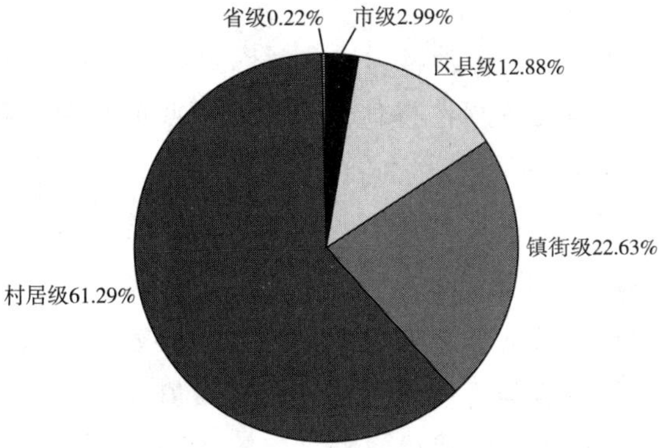

图 2　广东省政务服务事项实施清单分布情况（截至 2024 年 5 月）

数据来源：广东省政务服务和数据管理局。

四　数字政府建设中政企合作的风险防范

政企合作是一个长期复杂的过程，需要政府与企业等主体进行深度磨合，从而提升政府的治理能力，推动社会各个领域高质量发展。基于本文的“政府-企业-公众”三元互动分析框架，尝试从政府、企业、公众三方面入手，提出相应措施，以期对规避数字政府建设中政企合作面临的风险起到一定的作用。

（一）政府应建立利益协调机制，提高政企合作的可能性

为有效增强政企双方在公共信息服务领域的协作动力，需构建系统化的利益协调机制，涵盖分配与补偿双重机制。在利益分配层面，其一，建立基于多主体权益平衡的分配框架，通过政企协议明确数据资源使用权限与收益分配规则，保障政府部门、合作企业及社会公众等多元主体的合法权益；其二，推行联盟式收益统筹机制，将跨部门协作产生的综合收益纳入共享池，依据各参与主体的资源投入与贡献度实施差异化分配，通过转移支付实现权责利的对等。在利益补偿层面，可设立专项发展基金强化经济支撑。其一，财政补贴方面，通过税收减免、贴息贷款等政策工具降低企业参与成本，重点支持信息基础设施建设与运营维护；其二，激励机制方面，设立阶梯式奖励制度，对数据共享成效显著或技术创新突出的企业给予专项奖励；其三，风险补偿方面，建立合作项目风险评估体系，对因政策调整或公共利益需要导致企业受损的情况实施补偿。通过制度设计保障企业的可持续发展能力，提升政企合作效能，最终实现公共信息资源的高效整合与创新应用。

（二）企业应明晰合作责任划分，增强政企合作的稳定性

在数字政府建设的进程中，清晰的责任承担机制是化解政企合作潜在风险的关键。建立完善的责任承担机制首先要划清责任的边界，即政府和企业各自需要承担的责任范围，明确“红线”与“底线”[13]。完善的责任承担机制主要包括两个方面：内部责任以及外部责任。具体而言，内部责任指政府各部门内部的责任。在与企业的合作过程中，明晰政府各职能部门的责任可以降低政企合作的阻力。因此在合作过程中，应该以制度或文件的形式将涉及的各职能部门的责任边界确定下来，从而避免各职能部门推诿责任。外部责任指政府与企业双方的责任，政府与企业合作之前应该通过协议的方式，明确政府与企业双方的权利和义务。

（三）公众应加大监督力度，保障政企合作公平性

首先，提升公众的数字素养，强化公众监督权的使用意识，凝聚社会力量进行政务信息公开监督。通过开展数字素养教育，提高公众对信息技术的理解和应用能力，使他们能够更有效地参与到政务信息的监督中来。其次，鼓励和支持第三方监督机构的成立，通过这些机构的专业评估和监督，进一步确保政企合作的公正性和透明度。再次，构建全民参与的数字化治理生态，开展“数字社区普及行动”与“数字乡村赋能工程”，通过场景化教学提升居民数字技能与安全素养，依托基层自治组织建立“数字议事厅”，实现需求反馈与信息传递的闭环。最后，完善社会协同的监督体系，引导公益组织设立数字权益保障工作站，提供常态化咨询服务与法律援助；建立数字治理公众参与指数评估机制，将社会监督效能纳入政企合作考核体系，从而打破“政府-企业”二元协作模式，形成政府主导、企业赋能、公众参与的良性互动格局。

结 语

政企合作在数字政府建设中发挥着至关重要的作用，是推动我国政府治理能力现代化的关键保障。面向未来，政企合作需要政府、企业、公众三方主体在多维度上协同推进，形成全面且系统的合作框架。地方政府在借鉴先进省份政企合作的成功经验时，应当充分考虑自身的地域特色、发展水平和实际需求，既要学习先进经验，又要勇于创新，从而探索出适合自身的政府数字化转型路径，为政府治理能力现代化贡献独特的智慧和方案。

参考文献

[1] 中共中央 国务院印发《数字中国建设整体布局规划》[N]. 人民日报，2023-02-28（001）.

[2] 郑序. 深化政企合作竞逐未来产业新赛道 [N]. 温州日报，2024-01-04（001）.

[3] 聂辉华. 从政企合谋到政企合作——一个初步的动态政企关系分析框架 [J]. 学术月刊，2020，52（6）：44-56.

[4] 叶晓甦，徐春梅. 我国公共项目公私合作（PPP）模式研究述评 [J]. 软科学，2013，27（6）：6-9.

[5] 李晴，郁俊莉，刘海军. 数字政府建设中政企合作的困境与出路 [J]. 科技管理研究，2023，43（15）：46-52.

[6] 王张华. 政府与平台型企业合作模式及其风险管控研究论纲——基于数字治理的视角 [J]. 湘潭大学学报（哲学社会科学版），2023，47（4）：61-69.

[7] 蒋敏娟. 地方数字政府建设模式比较——以广东、浙江、贵州三省为例 [J]. 行政管理改革，2021，142（6）：51-60.

[8] 王张华，周梦婷，颜佳华. 互联网企业参与数字政府建设：角色定位与制度安排——基于角色理论的分析 [J]. 电子政务，2021（11）：45-55.

[9] 韦欣. 数字治理领域的政企合作及风险应对 [J]. 求索，2022（3）：182-188.

[10] Patrick Dunleavy. Digital era governance: IT corporations, the state and e-government[M]. Oxford: Oxford University Press, 2006.

[11] 逯峰. 广东"数字政府"的实践与探索 [J]. 行政管理改革，2018（11）：55-58.

[12] 余凌云. 数字政府的法治建构 [J]. 中国社会科学院大学学报，2022，42（1）：90-108.

[13] 俞可平. 中国如何治理 [M]. 北京：外文出版社，2018.

[14] 刘新平，王守清. 试论 PPP 项目的风险分配原则和框架 [J]. 建筑经济，2006（2）：59-63.

智慧城市视角下城市暴雨内涝灾害防治研究

——以西安市为例

王爱霞　李　颖*

摘　要：城市暴雨内涝灾害不但危及民众的生命财产安全，而且影响整个城市的交通运行和规划建设。本文基于智慧城市视角，以西安市为例，从预警、处置、善后三个阶段分析我国城市在暴雨内涝灾害防治方面存在的问题，提出增强内涝防治预警意识、加强城市排水系统建设、提升内涝监测精准度、创新社会协同机制等一系列防治对策，以期为城市暴雨内涝灾害防治提供新的思路，提升城市暴雨内涝灾害应急管理能力，加快智慧城市的建设进程。

关键词：智慧城市　城市内涝　内涝灾害防治

一　引言

在全球变暖、城市化快速推进的背景下，区域性暴雨频发，城市内涝问题引起了国家和各级政府的高度关注，有效解决城市内涝已成为保证我国城市安全发展的首要任务[1]。2024 年 3 月住房城乡建设部办公厅发布了《关于做好 2024 年城市排水防涝工作的通知》，指出 2024 年防汛形势依然严峻，极端天气气候事件偏多，发生区域性和阶段性内涝灾害的可能性较大，并从多个方面对城市排水防涝工作进行了部署，旨在有效应对可能出现的内涝灾害，保障人民群众生命财产安全[2]。通过对近几年国内重要城市内涝灾害进行调研，发现平原地区是城市内涝灾害的多发地，由于地势低，易形成积水，城市周边又不具备泄洪的条件，平原地区城市内涝灾害较为严重[3]。

国内学者对城市暴雨内涝灾害的防治措施以及评估等方面进行了大量研究。孔锋在透视变化环境下分析了当前中国城市暴雨内涝灾害的特征，并提出了提高排水设防标准，强化城市科学规划的政策建议[4]；陈鹏和赵剑伟通过构建城市暴雨内涝灾害起源分析模型，提出通过加强特殊中央隔离带设置、排水管网更新换代、加快海绵城市

* 【作者简介】王爱霞，西北政法大学商学院（管理学院）研究员，研究方向为应急管理与数字信息；李颖，西北政法大学商学院（管理学院）硕士研究生。

建设等措施实现有效的内涝灾害防治[5]；王艺基于动态 CGE 模型，对特大城市外洪内涝灾害的经济损失进行了评估[6]；施加福等学者通过构建内涝水动力模型，快速估算应急救援的可达性，为应急救援响应能力的评估提供了参考[7]。到目前为止，国内关于城市暴雨内涝灾害防治的研究成果比较丰富，大多是运用不同理论或从不同视角对城市暴雨内涝灾害的应急管理体系及风险进行研究，而基于数字治理、智慧治理研究视角的成果比较少，这为我们对本主题的深入研究留下了一定的空间。

从提出建设智慧城市开始，到智慧城市示范工程的建设，再到推进新型城镇化建设，西安在智慧城市建设方面取得了一定的成效[8]。西安市作为中国西北地区的重要省会城市，又处于典型的平原地区，随着城市地铁、地下停车场的大量修建，加之极端天气的频繁出现，城市暴雨内涝灾害事件频频发生。2024 年入汛以来西安市先后经受 4 次长历时、大范围、高强度降水过程和 4 次局地短时特大暴雨[9]，危及公众的财产和人身安全，影响了城市化建设进程。因此，本文以西安市为例，基于智慧城市视角对我国城市暴雨内涝灾害防治过程中存在的问题进行分析，并提出针对性的措施，以期运用智能化系统进行监测与预警、智能调度与处置、信息发布与公众参与以及灾后评估与恢复，实现监测可视化、数据精准化、更新实时化，帮助城市更加有效地应对暴雨内涝灾害的挑战，保障城市的安全和可持续发展[10]。

二　智慧城市视角下西安市暴雨内涝灾害防治现状

每年 6~8 月为西安市多雨时期，暴雨内涝和局地短时强降雨极易导致内涝灾害。例如，西安市长安区靖宁路与西部大道十字路口由于地势低洼、雨污分离管道承载量不够，在强降雨天气下极易发生内涝灾害。韦曲老街作为当地著名的历史街区，地势较低且排水不畅，突降暴雨也常常导致积水严重。2024 年西安市也发生了多起暴雨内涝灾害（见表 1），为了有效防治城市暴雨内涝灾害，西安市政府办公厅印发《西安市中心城区排水防涝能力提升工作实施方案（2024—2025 年）》，旨在通过两年努力，实现“大雨不积水，暴雨不看海，大暴雨不成灾”的目标。

表 1　西安市 2024 年典型暴雨内涝事件统计

时间	降雨情况	受灾情况	处置情况
7 月 5 日	共 187 站出现降水，最大累计降水量为 45.2 毫米；最大小时雨强出现在西咸新区龚家湾村站（28.1 毫米）	长安区西部大道靖宁路、高新区太白南路科技二路等路段积水严重	西安市应急管理局发布预警信息，要求各区县应急管理局督促相关单位全面排查山洪灾害危险区和地质灾害隐患点，逐处逐个细化和完善人员转移避险预案。加强监测，提前预警，确保预警信息到村、到户、到人。坚持专业监测和群测群防相结合，重要隐患点安排专人 24 小时值守。强化各部门间的协同配合，全力开展人员转移避险，做好灾害应对工作

续表

时间	降雨情况	受灾情况	处置情况
7月19日	多地出现中到大雨，强降雨主要集中在西安市偏东偏北地区；新城区、碑林区、莲湖区、雁塔区、灞桥区、未央区等主城区有分散性短时暴雨	主城区多个区域均出现了不同程度的内涝现象；道路积水严重，导致交通受阻，部分车辆被淹	启动防汛Ⅳ级应急响应，市水务局组织指导排水管网运营单位加强积水抽排，及时疏通淤堵的市政排水管网，市公安部门维护区域治安，开展治安管理工作，密切监视道路积水及交通运行情况，强化道路巡查，做好交通疏导和管制工作
8月21日	在2021年8月21日至22日的降雨中，草滩监测站的最大累计降雨量达到了105.6毫米	北三环、南稍门十字、明光路29街口等路段积水严重	启动防汛Ⅲ级应急响应，各城区对辖区易滑坡地带居民做好防汛安全宣传和劝导群众安全撤离工作，同时对灞河两岸进行巡查，及时清除杂物，保障车辆行人安全通行
9月29日	全市共343站出现降水，其中81站降水量大于50毫米；最大累计降水量出现在未央区徐家湾街办，达到81.5毫米	引发城市内涝、山洪、中小河流洪水及滑坡、泥石流、崩塌等地质灾害气象风险较高	启动防汛Ⅳ级应急响应，加固处理可能发生洪水倒灌的薄弱部位，安排充足的抢险物料、抽排机泵和防汛抢险人员，根据路况采取交通管制措施，在积水路段实行交通引导，组织人员安全转移

资料来源：《西安晚报》、中国新闻网、华商网等。

（一）暴雨内涝灾害预警管理

目前西安市建立了城市内涝防治管理系统，共纳入21个政府相关部门和18个企业，接入物联网水位监测、实时雨量监测等设备519个，视频监控153路，重点防范易涝点位131个[11]。应用“西安城墙数字方舱”等管理平台，汇聚天气预报、雨量、水位等要素，结合关键区域的监测点位和智能感应设备，实现了实时数据监测和智能分析。这些平台的应用不仅提高了预警的准确性和时效性，还提升了内涝防治工作的智能化水平[12]。但是在具体预警管理过程中，还存在一些问题。在2024年8月7日暴雨内涝事件中，西安市气象台及相关部门虽然密切关注雨情变化，提前分析研判并发布了多个预警信号，确定城市内涝气象风险等级为Ⅲ级。但是暴雨天气突发，可预报时效短，导致预警信息不够准确，影响了应急处置的效果。一些老城区排水设施存在管道老化、渗漏等隐患，排水能力不足，难以应对强降雨天气，使得预警系统的监测和预警效果受到一定限制。各个部门在数据共享时存在一些障碍，有的部门未建立预警系统或者预警系统未更新无法及时获得最新准确消息，影响了城市暴雨内涝的预警管理工作。

（二）暴雨内涝灾害处置管理

西安市在暴雨内涝应急处置方面严格落实“防汛四项机制”要求，借助网格化平台做好风险隐患的闭环处置，与运管服指挥协调系统实现无缝对接，将监测到超过警戒值的积水点位通过数字城管平台立案派遣到各区各路进行治理。及时做好“防抢撤”工作，提前落实好危险区人员避险转移、重点部位硬隔离等措施。但在 2023 年 9 月 11 日的暴雨内涝事件中，长安区、高新区等城区受到冷空气影响，形成突发局部强对流暴雨天气，多路段积水严重。加之老街地势较低，常年排水不畅，商铺及周边全部停水停电，部分商户遭受到了不同程度的损失。由于暴雨发生突然，应急响应的速度不够快，救援力量没有及时到达现场，部分居民和商户也未及时采取有效的防范措施，加深了内涝的危害程度。

（三）暴雨内涝灾害善后管理

西安市储备了如编织袋、铅丝、救生艇等抢险物资，并加强了对物资储备点的精准管理和实时监控。通过在智能管理平台上实时监控应急物资储备点，确保在关键时刻能够迅速调配所需物资。在处置工作结束后，西安市政府组织力量进行灾后恢复与重建工作，包括对受损设施的修复、对受灾群众的安置和救助等[13]，但是资金短缺、物资不足或政策执行不力等问题导致进展比较缓慢。在 2023 年 9 月 11 日暴雨内涝事件中被影响的商户因为修复重建进程缓慢而在很长一段时间内无法正常经营。并且相关部门在与群众和商户进行沟通时存在沟通方式单一、沟通效果不佳等问题，也影响到了善后工作的顺利进行。在进行灾后数据评估时由于各部门数据监测方法和设备不同，报送数据存在差异，在很大程度上影响了数据评估的精准度，无法反映真实的损失情况，出现了规划不合理、规划和重建方案与实际需求不符等问题，影响重建工作的质量和效果。

综上所述，虽然西安市在暴雨内涝防治方面已经有了比较完善的智慧化城市内涝防治管理系统，取得了一定的成效，但通过近几年西安市对典型暴雨内涝事件的防治过程来看，还存在应急准备不充分、基础工程设施不到位、应急响应速度缓慢、社会协同机制不完善、善后管理机制不健全等一系列问题。

三　智慧城市视角下城市暴雨内涝灾害防治存在的问题

随着城市化进程的加快和极端天气的频繁出现，我国许多城市在暴雨内涝灾害防治过程中均面临着和西安市同样的挑战。2021 年 7 月郑州特大暴雨事件、2023 年 7 月重庆市万州区特大暴雨事件、2024 年 6 月南京暴雨事件的发生反映了我国城市暴雨内涝灾害防治工作还存在明显的不足。因此，下面本文将分阶段对我国城市在暴雨内涝防治过程中存在的问题进行探讨。

（一）城市暴雨内涝灾害防治预警阶段

1. 缺乏内涝防治意识

由于城市暴雨内涝灾害防治意识不强，认识不到位，相关部门在暴雨内涝灾害防治预警工作中对预警信号不重视，未能及时关注并采取相应措施。有些部门还未建立完善的预警系统，或者预警系统存在明显的技术缺陷，无法准确、及时地发布预警信息。在预警期间，有些工作人员缺乏对城市内涝灾害的深入了解和认识，对其可能带来的危害和影响估计不足，也未对潜在的内涝风险进行全面、系统的评估。并且有些部门未对工作人员进行有效的内涝预警培训，导致工作人员对预警信号的理解和应对能力有限，在实际应对中缺乏经验和默契，难以迅速、有效地开展救援工作。在2023年9月11日西安市暴雨内涝事件中，由于防灾意识较薄弱，相关部门在暴雨来临前没有做好充分的防范准备，导致长安区韦曲老街被淹，造成了严重的内涝灾害。所以内涝防治意识的不足是影响预警效果的一个重要因素。

2. 排水系统不畅通

在暴雨内涝灾害发生时，基础工程设施和排水系统的建设尤为重要。在一些城市老城区，由于基础设施建设不到位，突发性暴雨来临时，缺乏必要的防洪排涝手段；地下管网排水系统设计不合理或者维护不及时，出现管道破裂等问题，导致水流无法迅速排出，从而形成内涝。西安市靖宁路和西部大道十字路口区域由于雨污分离管道承载量有限，在遇到强降雨天气时雨水经常无法及时排出，积水严重。许多城市老城区的管道老化或者新城区管道发生故障后未能及时维修，导致暴雨突然来临时无法有效应对从而造成一定的损失。有些城市的排水系统建设标准低，标准要求城市一般地区排水设施的设计暴雨重现期为0.5~3年[14]，而一些城市规划的地下管网排水设施暴雨重现期不足五年，表面管道的排水量只能应对五年一遇的暴雨。这些问题不仅会造成行车抛锚、房屋受损等严重后果，还会影响城市的正常运行，甚至危及公众的人身和财产安全。

3. 监测设备更新滞后

在一些城区的低洼地带、河道交汇处等，水位监测站点使用的监测设备已经老化，精度和稳定性下降，影响预警的及时性和准确性。由于资金、技术等方面的限制，许多城市部分区域的监测设备更新滞后，没有运用现代科技手段提高监测能力[15]。西安市新城区、碑林区、莲湖区等老城区，由于历史原因，部分区域的监测设备没有及时更换，再加上现有的水位监测方法不够精准，监测结果不准确，相关部门无法精准预测重点防范点位和进行应急部署。通常在内涝发生后，需要对内涝防治过程中涉及的人和车等目标是否被淹进行识别并明确具体的内涝情况，再通过一系列通信手段和大数据技术将现场的情况实时上报给上级部门。但是现实中无法在内涝发生的第一时间监测到被淹目标，从而延误救援的最佳时机，不利于救援活动的及时进行。

（二）城市暴雨内涝灾害防治处置阶段

1. 指挥调度效率低

在暴雨等极端天气发生时，指挥调度效率低，导致决策传达不到位，无法迅速制定并实施有效的抢险救灾方案，并且指挥调度体系还不够完善，应急响应速度缓慢，无法迅速调动人力、物力和财力进行抢险救灾，最后造成不可估量的损失。2018 年 6 月西安市暴雨内涝事件和 2024 年 6 月南京市暴雨内涝事件都是由于部分区域在指挥调度方面存在问题，信息传递不畅，救援力量调配不及时，从而影响了救援的及时性和有效性。另外现有的防汛指挥系统局限于各自的部门、行业和专业管理领域，在需要联动各个部门进行防汛工作时，因为信息传递渠道不畅，导致关键信息无法及时、准确地传递到决策层和执行层，无法形成合力。

2. 信息共享机制不健全

在暴雨内涝灾害发生时，虽然各地区建立了信息共享机制，但是信息共享机制并不健全。相关部门的信息通报存在延迟，影响了应急响应的速度和效果，并且公众也无法及时获取暴雨内涝灾害信息，导致避险和自救能力受限。公共事业管理部门、气象部门、水利部门等部门在暴雨预警、内涝监测等方面的信息共享存在障碍，一些降水监测、预报以及城市易涝积水点等基础信息需要及时交换，但在实际操作过程中对这些信息的利用和响应不够充分，各部门之前存在沟通不畅或协调不足的问题，导致预警和响应措施未能及时到位。2023 年重庆市万州区也遭遇特大暴雨，在处置过程中也存在灾情协调困难、配合衔接不畅、信息共享不及时的实际问题[16]，导致处置效果不佳。

3. 社会协同机制不完善

面对复杂多变的防汛形势，如何更好地协调各方资源、优化力量配置，仍是一个需要解决的问题。2024 年 8 月西安市新城区、碑林区等多个区域降雨量达 50 毫米以上，引发了城市内涝，虽然对经开西铜路元朔大道桥等路段实施了管控或封闭措施，但由于社会协同机制不完善，各部门、非政府组织以及公众难以迅速形成合力，应急响应的时间延长，从而错过了最佳的处置时机。多元主体协同治理的意识淡薄，在进行防汛应急管理时缺乏主动性和积极性，降低了社会协同共治的效果。2024 年 8 月辽宁葫芦岛暴雨内涝事件造成 25 人死亡或失踪，此次暴雨事件中由于政府部门协作机制不健全，所以未能及时采取有效措施保护公众的安全[17]。由于政府对社会组织的支持不足、社会组织自身能力有限，在城市暴雨内涝灾害中，社会组织的参与度往往不高，导致救援力量不足。公众主动参与的意愿低，对灾害的认知和应对能力有限，认为这是政府和相关单位应该做的事，和自身无关，导致政府和公众之间的交互程度低。社会组织和志愿者在发生暴雨内涝灾害时往往处于无序状态，难以形成有效的救援力量，也无法建立起社会协同机制。

（三）城市暴雨内涝灾害防治善后阶段

1. 灾后数据评估不精准

内涝防治工作结束后都需要进行总结评估，但部分评估结果未能得到充分利用，不同城区、不同部门之间的报送标准存在一定差异，导致数据难以统一汇总和分析。2022 年 7 月西安市遭遇暴雨袭击，多处路段严重积水，包括曲江踏青路、未央北三环师道口涵洞、长安西部大道靖宁路十字等区域，交通几乎瘫痪，由于暴雨范围大，部分偏远或受灾较轻的区域未被纳入评估范围，导致损失数据偏低。并且现有的统计手段无法满足快速、准确的数据收集需求。在内涝防治损失评估方面也缺乏科学的方法和标准，导致评估结果主观性强、准确性差。部分区域仍然采用传统的经验评估方法，无法准确反映实际损失，某些隐性损失（如生态环境破坏、社会影响等）难以量化，导致评估结果存在偏差。

2. 善后管理机制不健全

如果缺乏一套完善的善后管理机制来规范工作流程、确保资源合理分配和有效利用，就会出现工作混乱、资源浪费等问题。各城市相关部门在暴雨内涝防治过程中对于善后管理机制的建立和完善不够重视。目前的善后管理机制还不够健全，导致在实际操作过程中出现部门之间协调合作不畅、跨区域调度难度大等问题，这些问题将严重影响灾后的恢复重建进程[18]。2024 年 7 月 29 日，西安市遭遇突发暴雨，西咸新区部分区域降雨量达 30~50 毫米，多处路段积水严重，交通受阻，对城市的基础设施造成损害，但部分区域的恢复重建工作进展缓慢，并且未能及时征求和考虑居民的意见和需求，没有实现很好的重建效果。由政府财政紧张或社会捐赠不足等原因造成的资金短缺，也会影响恢复重建的进度。另外，恢复重建工作涉及多个部门、单位和地区的协作与联动，在实际的内涝防治善后工作中存在部门和区域间沟通不畅、职责不明确等问题，导致工作衔接不紧密，进而影响恢复重建的效率。这些问题不仅会影响公众的正常生活，还会影响公众对政府的信任度，所以需要各级政府重视暴雨内涝防治善后工作，健全相关善后管理机制。

3. 雨污分流不彻底

城市暴雨内涝灾害发生后，大量垃圾会被暴雨冲散到街道和河流等区域，如果没有及时采取有效的善后处置手段，就会引发环境卫生问题，不仅影响城市的美观和形象，还可能成为疾病传播的源头。积水如果长时间不处理也会导致一些老城区的建筑物地基松动，墙体开裂，还会导致城市电力设施受损，如电线杆倾斜等，影响城市的正常运转和居民生活。西安市雁塔区小寨区域虽然进行了积水点改造，但是雨污分流问题并未得到有效解决，暴雨内涝发生后大量生活污水和雨水混合在一起，占据雨水管道的行洪断面，导致排水不畅，再加上城市应急处理能力不足，严重影响雨污分流的效果。

四　智慧城市视角下城市暴雨内涝灾害防治优化对策

针对城市暴雨内涝防治中出现的问题，以智慧城市的视角针对预警、处置、善后阶段提出优化对策，以期使城市暴雨内涝防治工作更加科学、精准和有效。

（一）城市暴雨内涝灾害防治预警阶段

1. 增强内涝防治预警意识

通过邀请相关专家或相关部门的工作人员进行专题培训，讲解内涝防治知识、预警信号识别、应急响应流程方面的内容。相关部门在暴雨内涝处置前应明确内涝防治工作的责任分工和责任人，确保每个环节都有人负责、有人落实。建立责任追究制度，对失职渎职的行为进行严肃处理。定期对相关部门的内涝防治工作进行检查和评估，对发现的问题和不足要及时督促整改，确保工作落到实处。咸宁市建立了完善的应急救援体系，利用气象监测设备和技术手段，实时监测降雨情况和内涝风险，确保在灾害发生时能够迅速响应。同时，还需要定期对救援人员进行专业技能培训和开展应急演练，检验应急救援方案和预案的有效性，发现问题并加以改进。相关部门应完善内涝防治预警系统，健全应急预警机制，与气象、水利等部门保持密切联系，及时获取预警信息。预警系统应具备快速响应、准确传递信息的能力，让预警信息第一时间传达到相关人员。制定明确的预警信息发布标准和响应流程，确保相关人员能够认识到预警信息的重要性。

2. 加强城市排水系统建设

完善城市基础设施，结合国土空间规划和流域防涝重点，逐步完善排涝体系，加大对城市排水系统建设的投入，对部分区域的老旧排水管网进行维护和改造。对一些年久失修、功能失效的排水管网进行彻底排查和更新，确保城市排水系统畅通。同时应高标准规划，做好和原有排水系统的有效衔接，避免造成排水瓶颈[19]。海南省在空间狭小、大型排涝设备无法使用的区域采取“找井插泵、接力抽排”的战法开展作业，全时段做好大型泵组装、故障排查处置、油料供应补充等工作。通过推进海绵城市的建设进程，建设软性透水地面，增加城市透水面积，有效缓解城市积水。利用雨水花园、蓄水池等积水设施，加强城市对雨水的调蓄能力。利用科学技术手段提升城市排水系统的智能化水平，通过安装监控摄像头、智能传感器等设备，实时监测排水系统的运行情况。建立排水信息化管理系统，对排水管道进行实时动态监控，从而提升城市排水系统的运行效率和管理水平。

3. 提升内涝监测精准度

及时检查并更新各个区域的监测设备，同时引入高精度、实时性强的监测设备，用于实时监测河流和水库水位。将监测到的水位数据与气象数据、降雨量数据、历史洪涝数据等相结合，精准预测重点防范点位的积水情况，帮助预测城市洪涝的风险[20]。推广使用物联网技术，实现数据的远程传输和实时分析，同时根据地形、气候、降雨等因素，科学规划好监测点的布局，确保关键防范点位和城市重要设施都能得到有效监测。在城市的排水系统、农田排水和灌溉系统、低洼地带等易积水区域增设监测点，提高监测密度。利用大数据和人工智能技术进行分析和预测，构建综合防涝监测系统[21]。广州市配备了智能化监测管理系统，可以实时监测降雨情况和排水管道的运行状态，及时做出调整和优化。通过丰富监测方法和设备，增强水位监测能力、扩大预警覆盖范围，有效解决城市内涝智慧防治工作中监测方法不精准和监测设备更新率低的问题，提升城市的暴雨内涝防治减灾能力。

（二）城市暴雨内涝灾害防治处置阶段

1. 建立高效指挥协调系统

通过整合各部门、行业的应急资源，建立统一的指挥调度平台，明确领导之间、部门之间、层级之间的权责分工，按照权责一致、优势互补的要求，建立点面结合、前后衔接、统筹兼顾的防涝指挥调度责任体系。结合在线监测、模拟分析、移动通信技术建立高效指挥调度系统，加强系统的更新和维护工作，以适应新的灾害形势和应急需求。黑龙江省在2024年汛期落实联合值守工作制度，实现统一指挥、统筹组织，高效有序开展排水防涝工作。完善气象、水文监测网，提高预报精确度和时效性，帮助排水主管部门在暴雨期间进行紧急指挥与调度，并对出现的问题进行分析与判断。提供全过程、精细化和标准化的管理方式，将内涝造成的损失降到最低[22]。利用大数据分析技术，对历史暴雨内涝灾害数据进行挖掘和分析，为应急响应提供科学依据。根据灾情实时画面、人员伤亡和损失情况，结合保障物资储存情况和应急救援队伍的信息自动生成辅助抢险方案，以便指挥中心迅速下达指令，从而提高暴雨内涝应急处置能力[23]。

2. 健全信息共享机制

针对城市暴雨内涝防治中信息共享机制不健全、应急处置效果不佳的问题，需要建立完善的信息共享平台，加强气象、水务、城管、交管等相关部门之间的暴雨内涝信息共享，对降水量监测、预报预警、排水设施运行情况等多源信息进行实时共享。无锡经开区城运中心牵头启动建设了城市内涝数字化智能处置系统，并与区建设局、综合执法局等多个部门实现了信息共享，有效提高了城市排水防涝能力。各部门还需要建立专门的信息共享系统，制定相应的信息共享规范制度，加强各部门之间的沟通和协调。推动各部门、各系统之间的数据共享，建设统一的数据共享平台，或者利用云计算等现代信息技术手段实现数据的实时汇集、分析和共享[24]。在城市暴雨内涝灾害处置过程中各部门需要形成合力，建立快速响应机制，根据预警等级启动相应的应急预案。针对应急处置效果不佳的问题，需要加强城市暴雨内涝处置中排水、抢险、救援等多个环节的应急处置能力，以此来提高应急处置的效率和质量。

3. 创新社会协同机制

创新社会协同机制，需要拓宽公众参与渠道，明确各部门、非政府组织等的职责和协作方式，打破部门壁垒，确保在应对暴雨内涝灾害时能够迅速响应、协同作战。还要加强培训和演练工作，提高各方在应急响应时的协同作战能力。广泛促进公众和其他社会力量的参与，通过创建“应急防汛示范社区”等方式，促进公众建立内涝防治观念和提升应急能力。北京市鼓励社区居民参与内涝治理工作，通过网格化管理方式，实现对易积水点的实时监测和预警，倡导共同应对内涝灾害。由社区、企业党组织和志愿者牵头，带动公众学习防汛知识，掌握防汛技能。利用新媒体手段加强社会组织以及公众的协同，提高公众的防灾减灾意识和参与度。在官方应急信息平台上发布内涝防治预警信息，通过平台与公众进行交流，回答公众比较关心的问题。可以邀请公众参与应急演练，提高群众参与内涝防治应急管理的积极性和责任感。

（三）城市暴雨内涝灾害防治善后阶段

1. 建立数据实时监测评估平台

通过整合各部门数据资源，建立一个统一实时的数据收集、处理和分析平台，确保数据能够快速、准确地传递和共享。利用物联网和遥感技术，在关键区域部署传感器和遥感设备，实时监测水文、气象等关键指标，提高数据采集的自动化水平。在暴雨内涝防治工作结束后进行全面总结评估，分析存在的问题和不足之处，提出改进措施和建议。将评估结果及时向社会公布并接受监督，促进内涝防治工作的持续改进和提升，建立统一的数据报送标准和流程，确保各部门之间的数据能够顺畅传递和汇总。借鉴国内外先进经验建立科学的评估体系，科学制定损失评估的方法和标准，如武汉市建立了城市内涝模型，充分考虑了生态环境破坏、社会影响等隐性损失，确保了评估结果全面、客观、准确。还需要加强对评估人员的专业培训，组建一支具有丰富经验和专业知识的评估队伍[25]，加强各部门之间的沟通和协作，确保信息畅通无阻，减少信息不对称的情况。

2. 健全善后管理机制

制定完善的善后管理机制和流程，明确各部门职责和工作要求，确保资源的合理分配和有效利用，实现城市各区域和各部门资源的共享，提高资源的利用效率[26]。阜阳市对城区排水管网进行了全面排查和整治，同时对易涝点进行了整治，通过建立内涝防治设施的定期维护和检修制度，确保在暴雨内涝灾害发生后设备的正常运行，并对关键设施进行备份和冗余设计，提高了设施的容错能力。明确各部门、各单位在恢复重建中的具体职责和任务，确保责任到人，避免工作推诿和重复建设，提高恢复重建的效率。积极向政府申请恢复重建专项资金，或通过银行贷款、社会捐赠、企业投资等多种方式筹集资金，为重建工作提供有力保障。加大对恢复重建领域专业人才的培养力度，提高内涝防治人员的专业素质和技能水平，有效地解决善后管理机制不健全和恢复重建进程缓慢问题，提高善后处理工作的效率和效果。

3. 提高雨污分流能力

在城市暴雨内涝发生之后如果不及时解决环境卫生问题，就会影响整个城市的运行。城市管理部门需要联合多方及时处理城市垃圾并疏通排水口，加强对垃圾收集和处理的监管，保障排水系统正常运行。改善老城区的垃圾处理条件，加大垃圾的收集力度，减少垃圾对排水系统的影响，防止环境卫生问题恶化。对已建成的城市雨污混流管网进行改造，采用分流设计，将雨水和污水分别收集、输送。通过增加雨水口、雨水暗管等设施，将雨水导入雨水管网，从而避免雨水与污水混合。还可以引入物联网、云计算等信息技术，实现对雨水收集和污水处理的智能化、自动化管理。北京市在多个区域实施了雨污分流改造工程，通过新建雨水管道和污水管道，实现了雨水和污水的有效分离。

参考文献

［1］苏毅，王晗，马妍．海绵城市建设与隋唐长安雨洪管理体系的比较研究［J］．北京建筑大学学报，2020，36（4）：9-16.

［2］李建强，张凯，韩乐．城市防汛智慧化监测与预警［C］//水利部防洪抗旱减灾工程技术研究中心，中国水利学会减灾专业委员会，《中国防汛抗旱》杂志社．第十二届防汛抗旱信息化论坛论文集．中水北方勘测设计研究有限责任公司；中国水务投资有限公司工程技术研究院，2022：31-33.

［3］张品元，魏健芹．中国城市洪涝现状与挑战［C］//河海大学，北京水利学会，北京应急管理学会，天津市水利学会，天津市应急产业联盟．2024首届水旱灾害防御与应急抢险技术论坛论文集．黄河水利委员会上游水文水资源局，2024：7.

［4］孔锋．透视变化环境下的中国城市暴雨内涝灾害：形势、原因与政策建议［J］．水利水电技术，2019，50（10）：42-52.

［5］陈鹏，赵剑伟．城市暴雨内涝灾害起源分析与对策研究［J］．灾害学，2022，37（3）：33-36+60.

［6］王艺．动态CGE模型下特大城市外洪内涝灾害经济损失评估［J］．系统科学学报，2025（2）：163-168.

[7] 施加福，王昊，周晋军，等. 城市内涝灾害对应急救援服务可达性的影响评估 [J]. 水利水电技术（中英文），2024，55（2）：27-38.

[8] 严萌. 浅析大数据背景下西安市智慧城市的建设路径 [J]. 城市建设理论研究（电子版），2024（11）：220-222.

[9] 肖来朋，徐涛，成凤丽. 靠前一步防范风险凝聚合力有效应对 [N]. 中国应急管理报，2024-10-23（006）.

[10] 王菲露，唐雅勤，万文芳，等. 智慧城市背景下基于 Arduino 平台的城市防涝智慧管控系统研究 [J]. 智能建筑与智慧城市，2021（11）：129-131.

[11] 李文钰. 雨水调蓄池内涝削减运行规则优化方法研究 [D]. 西安理工大学，2024.

[12] 西安市：打造城市内涝防汛管理新模式 [J]. 中国建设信息化，2024（11）：20-21.

[13] 蔡玥，邹煜琳，韩金定，等. 西安城市轨道交通内涝风险思考 [J]. 运输经理世界，2022（18）：1-3.

[14] 李晨曦，张文浩. 西安市主城区内涝风险评价与防治对策分析 [J]. 国土与自然资源研究，2024（4）：56-61.

[15] 宋建辉. 城市积涝水位预测与风险目标智能识别方法研究及应用 [D]. 山东财经大学，2024.

[16] 刘亮森. 提升防汛工作的对策与建议——以重庆市北碚区为例 [J]. 水上安全，2024（17）：24-26.

[17] 田志强，刘硕，顾鹏程，等. 基于 MSPA-MCR-FLUS 模型的葫芦岛市生态安全格局构建 [J/OL]. 农业资源与环境学报，1-17 [2024-11-04].

[18] 吴浩. 提升城市应对洪涝灾害韧性 [N]. 经济日报，2024-07-28（006）.

[19] 武昕. 城市雨水排水系统弹性分析及提升措施研究 [D]. 西安建筑科技大学，2023.

[20] 郭珊，张大伟，王丽，等. 广州市内涝影响因素及防治对策研究 [C] //河海大学，河北工程大学，浙江水利水电学院，北京水利学会，天津市水利学会. 2023（第二届）城市水利与洪涝防治学术研讨会论文集. 广州珠科院工程勘察设计有限公司，2023：8.

[21] 李小宁，郑世威，胡庆芳等. 基于城市排水过程的内涝高效模拟方法 [J]. 北京师范大学学报（自然科学版），2024，60（4）：509-518.

[22] 张琳. 浅谈城市排水防涝数字信息化管控平台建设 [J]. 科技创新导报，2018，15（26）：143-144.

[23] 严文武. 城市智慧防汛业务应用系统构建 [J]. 中国防汛抗旱，2019，29（8）：10.

[24] 任晓明. 为城市防汛装上“智慧大脑” [N]. 太原日报，2023-08-19（002）.

[25] 程瑞丰，李双菊，吴凯，等. 城市暴雨内涝成因分析及解决措施 [J]. 中华建设，2023（9）：37-39.

[26] 徐千惠，王欣奕. 我国内涝治理政策梳理及探讨 [J]. 中国防汛抗旱，2024，34（6）：41-47.

气候风险、新质生产力与金融稳定性

——基于省级面板数据的研究

张 瑛 杨 丹*

摘　要：本文基于2011~2022年我国30个省级行政区样本数据，深入剖析气候风险与金融稳定性之间的关系。研究结果显示：气候风险负向影响金融稳定性，且在地域、气候风险强度和金融开放水平方面产生异质性；气候风险通过降低GDP增速来间接降低金融稳定性；新质生产力的发展程度在缓解气候风险对金融稳定性的负向影响中发挥积极作用。在实证检验的基础上，本文进一步提出应对气候风险的建议，旨在为实现经济高质量发展、维护国家金融稳定提供有益参考。

关键词：气候风险　金融稳定性　新质生产力

一　引言

世界经济论坛（WEF）连续多年发布的《全球风险报告》强调，气候变化是全球面临的最大风险之一。气候变化伴随的气候风险，作为一种非传统金融风险，相对传统金融风险更为长期和不确定，对金融市场的冲击也更加深远和广泛。

气候风险是新兴风险之一，是气候因素及社会可持续发展转型对经济金融活动带来的潜在不确定性[1]，其可划分为物理风险和转型风险。其中，物理风险是气候变化引起的直接的、可观测的影响，主要包括长久性气候的改变和极端气候事件；转型风险是与低碳经济转型相伴而生的风险，是向低碳经济转型的过程中，为应对气候变化，政策、法规、技术等变革带来的风险。

既往研究中，学者多以极端气候事件为切入点，聚焦物理风险维度，探究其对金融稳定性的影响，认为极端气候事件会对银行的稳定性产生负面冲击[2]，进而对区域金融稳定性产生显著的系统性冲击[3][4]。然而，气候变化带来的气候风险并非单维的。

* 【作者简介】张瑛，西北政法大学商学院（管理学院）副教授，研究方向为金融风险管理；杨丹，西北政法大学商学院（管理学院）硕士研究生。

现有文献主要从居民部门、企业部门、金融部门及政府部门四个主体出发，验证气候风险对金融体系的冲击机制[3][4]。而金融稳定性关乎金融市场的整体运行，对其影响机制的探讨更应从宏观层面出发，综合审视物理及转型双维度的风险要素对整个金融体系的稳健性与抗风险能力的影响。再者，新质生产力作为社会生产力的一次重大跃升[5]，其关键性、颠覆性的技术突破，能够助推传统制造业向智能化、高端化、绿色化和服务化转型，促进产业向价值链高端延伸，增强产业发展的包容性[6]，显著促进经济的高质量发展[7]，可以为减缓和应对气候风险对金融稳定性的冲击提供新的思路和解决方案。

鉴于此，本研究从宏观视角出发，探讨气候风险对金融稳定性的影响，并引入新质生产力，将气候风险、新质生产力与金融稳定性置于同一框架，分析新质生产力在气候风险与金融稳定性中的作用。本文可能的边际贡献在于：第一，利用 2011~2022 年全国 30 个省（自治区、直辖市）面板数据，通过实证分析揭示气候风险对金融稳定性的影响，以及新质生产力在其中的作用；第二，将样本根据气候风险强度、区域、金融开放水平进行划分，探究气候风险对金融稳定性影响的异质性，为应对气候风险、维护金融稳定性提供参考。

二　研究假设

（一）气候风险对金融稳定性的影响

气候风险中，物理风险和转型风险这两类风险都可能产生信用、市场、流动性、操作等相关风险[8]，引发金融资产的重估继而影响金融稳定性[9]。

物理风险可能对实物资产、供应链等产生直接的损害，引发经济作物损失、财产破坏等经济金融风险[10]，而这些问题，无疑会加剧金融机构所承受的信用、市场及流动性风险，在金融加速器及信息不对称的条件下，市场信号可能会放大气候风险[11]，影响金融稳定性。具体而言，第一，物理风险导致的实物资产贬值或毁坏，直接影响资产的价值和保险索赔，进而影响金融机构、投资者和保险公司的财务状况，导致企业融资溢价水平的提升以及整个经济活动的萎缩[12]。第二，物理风险导致的供应链中断，特别是对于依赖特定地域或资源的行业而言，将严重影响企业的交货能力，进而削弱借款人的偿债能力，提升贷款违约率，对金融机构的资产质量构成挑战。第三，频繁的极端气候事件可能导致保险公司承担更多的赔偿责任，增加保险公司的赔付压力[13]。第四，极端气候事件导致的灾后修复支出，直接增加地方政府财政压力。

转型风险则从长期视角提升了金融机构的脆弱性，加大系统性金融风险[14]。第一，为推动低碳转型，政府的一系列措施可能导致许多企业、投资者和借款人面临较高的转型成本，如强制性的环保法规可能使部分行业面临转型压力，导致企业资产贬值、盈利能力下降，进而影响信用风险评估等级[15]，增加企业经营的不确定性。第二，新兴低碳和可持续发展技术可能导致市场结构的变化。传统行业面临竞争压力，金融机构投资于这些行业的资产可能面临市场风险[16]，因为需求和竞争格局将发生变化。同时，技术快速迭代所带来的过渡风险亦不容忽视，金融机构需要关注其投资组合中的技术风险，以确保不会因为技术的迅速发展而导致资产贬值。第三，基于社会反应和消费者压力，金融机构资产价值和金融市场面临不稳定性[17]。在气候变化的影响下，消费者对气候友好型企业的偏好增加，导致高污染企业的品牌价值下降，金融机构投资于此类企业的资产价值将受到负面影响，使得金融机构的投资组合更加脆弱。基于上述分析，提出如下研究假设：

H1：气候风险负向影响金融稳定性。

（二）GDP 增速对气候风险与金融稳定性的中介效应

以往研究表明气候风险对 GDP 增速有负面影响。首先，极端气候事件往往会导致经济损失，直接削弱相关行业产值，影响相关产业对 GDP 的贡献，进而对经济增长构成压力[4]。其次，大众环保意识的提升和对高碳排放行业的限制增多，使高碳产业面临转型挑战，同时绿色经济兴起需要时间孕育[18]，导致经济增速可能放缓。最后，气候变化引发的资源短缺和环境恶化也可能引发贸易壁垒和保护主义措施[19]，进一步抑制 GDP 增长。

而 GDP 增速的放缓可能从多条路径影响金融稳定性。首先，GDP 增速的放缓直接影响企业的盈利能力和资产质量。企业盈利能力的下降使其偿债能力相应减弱，增加信用风险[20]，从而降低金融稳定性。其次，GDP 增速是市场信心的指标之一，GDP 增速放缓时，市场信心可能受到打击，导致投资者风险偏好降低，资本流动性减弱，影响金融市场的稳定性和金融机构的融资能力[18]。最后，面对 GDP 增速放缓的挑战，政府可能会采取一系列政策措施来刺激经济增长，然而，政策调整也可能带来不确定性，如果政策调整不当或市场反应过度，可能加剧金融市场的波动[21]。基于上述分析，提出如下研究假设：

H2：气候风险通过降低 GDP 增速降低金融稳定性。

（三）新质生产力对气候风险与金融稳定性的调节效应

新质生产力是一个至少涵盖科技、绿色和数字三大方面的集成体[22]。本研究将从科技生产力、绿色生产力和数字生产力三个方面分析新质生产力在气候风险与金融稳定性关系中的调节效应。

科技生产力有效促进产业价值链的延伸与升级，并促进气候风险管理能力的提升，增强金融体系抗风险能力。科技生产力与科技金融的结合，能够通过产品创新和技术革新促进产业价值链的延伸与升级。作为一种新的业务模式，科技金融能够弥补传统金融体系在满足不同类型及不同阶段企业资金需求方面的不足，显著促进制造业价值链的优化[23]。在应对气候风险时，气候监测、预警和评估技术的进步，使得金融机构能够对气候风险进行动态监测、预警及精确的量化分析，提升风险管理水平。同时，碳捕集与封存技术、清洁能源技术等关键技术的研发与应用，在为金融市场带来更加多元、更具潜力的投资选择的同时，也促进了产业链上下游的协同发展，形成良性互动的产业生态，进一步增强经济体系的韧性和可持续性，并促进科技金融的发展。

绿色生产力能够实现资源高效配置与低环境负荷，推动经济向可持续发展模式转型，增强金融体系的稳定性。绿色生产力通过推广清洁能源、提高能效等手段，降低企业和行业的碳排放强度，削弱对化石能源的依赖，推动经济向可持续发展模式转型[24]。进一步地，绿色生产力能够引导资本流向绿色低碳领域，为绿色项目及绿色企业提供有力支持，而这些绿色项目和企业通常具有较低的环境风险敞口，能够在气候风险发生时维持相对稳定的运营状态，从而为金融体系构筑稳定的资产基础，增强其抵御外部冲击的能力。此外，绿色生产力能够促进绿色金融产品的创新和发展，为投资者提供参与气候治理的新渠道，同时也拓宽绿色项目的融资渠道，提升绿色金融的整体发展水平，缓解气候风险对经济金融系统产生的严重冲击[25]。

数字生产力则以数字化技术为基础，驱动生产方式的智能化、网络化和数据化变革，为金融机构提供了更高效的金融服务手段。依托数字技术，通过建立量化模型及进行压力测试等，金融机构能够提升对气候数据的处理和分析效率，迅速识别气候风险趋势和潜在影响，降低气候风险对业务的影响。同时，借助数字技术，金融机构能为客户提供更加精准的金融服务[26]，并通过风险管理系统对客户的信用状况和风险承受能力进行评估，降低不良贷款率，提升资产质量。依托数字生产力，数字普惠金融能够打破传统金融服务的壁垒，使得金融服务更广泛、深入地惠及民众和小微企业，促进资本的有效转移，增强金融体系内部的抗风险能力，显著抑制系统性金融风险[27]。基于上述分析，提出如下研究假设：

H3：新质生产力的发展程度越高，越能降低气候风险对金融稳定性的负向影响。

三　研究设计

（一）模型构建

鉴于数据的可获得性和地区在经济体制、环境政策等方面的一致性，本文选取2011~2022年我国30个省级行政区（港澳台地区及西藏除外）为研究样本，构建基准回归模型：

$$fs_{it}=\alpha_0+\alpha_1 tc_{it}+\sum\alpha_2 Controls_{it}+Year_{it}+Province_{it}+\in_{it} \tag{1}$$

其中，i 和 t 分别表示省份和时间，fs_{it}表示第 i 个省份在第 t 时间的金融稳定性，tc_{it}表示第 i 个省份在第 t 时间的气候风险，$Controls_{it}$为控制变量，$Year_{it}$为年份固定效应，$Province_{it}$为省份固定效应，$\in_{it}$为随机误差项。系数α_1的符号和显著性是关注的重点，若α_1显著为负，表明气候风险能显著降低金融稳定性。

为探究GDP增速对气候风险与金融稳定性的中介效应，以GDP增长率作为中介变量，并在模型（1）的基础上构建如下中介效应模型：

$$gdpg_{it}=\beta_0+\beta_1 tc_{it}+\sum\beta_2 Controls_{it}+Year_{it}+Province_{it}+\in_{it} \tag{2}$$

$$fs_{it}=\gamma_0+\gamma_1 tc_{it}+\gamma_2 gdpg_{it}+\sum\gamma_3 Controls_{it}+Year_{it}+Province_{it}+\in_{it} \tag{3}$$

其中，$gdpg_{it}$表示第 i 个省份在第 t 时间的GDP增速，β_1反映了气候风险对GDP增速的影响，γ_1是在控制了中介变量 $gdpg$ 后，解释变量 tc 对被解释变量 fs 的效应，γ_2是中介变量 $gdpg$ 对被解释变量 fs 的效应。

为进一步分析新质生产力在气候风险与金融稳定性关系中发挥的调节作用，在模型（1）的基础上引入新质生产力（nip）及其与气候风险的交互项（M），构建如下调节效应模型：

$$fs_{it}=\delta_0+\delta_1 tc_{it}+\delta_2 nip_{it}+\delta_3 M_{it}+\sum\delta_4 Controls_{it}+Year_{it}+Province_{it}+\in_{it} \tag{4}$$

其中，nip_{it}表示第 i 个省份在第 t 时间的新质生产力，M 是新质生产力与气候风险的交互项，δ_3 衡量新质生产力在气候风险与金融稳定性关系中的调节效应。交互项系数δ_3的符号和显著性是关注的重点，若δ_3显著，则表明新质生产力在气候风险与金融稳定性之间发挥了显著的调节效应，若δ_3显著为正，则表明新质生产力较高的情况下，气候风险对金融稳定性的负面影响有所缓解。

（二）主要变量说明

1. 被解释变量：金融稳定性（fs）

本文的核心被解释变量是金融稳定性，用金融稳定指数衡量。如表1所示，金融稳定性指标体系涵盖银行业金融机构风险、地方政府财政水平、保险市场风险、房地产市场风险和宏观经济环境五个方面[28][29]。采取熵值法对各评价指标权重进行测算，进而得到各省份金融稳定指数。以上数据来源于《中国统计年鉴》、《中国金融年鉴》、中国人民银行、各省份年鉴等。

表 1　金融稳定性指标体系

一级指标	二级指标	指标解释	性质
银行业金融机构风险	金融机构存贷比	金融机构贷款总额/存款总额	负向
	商业银行不良贷款率	不良贷款额/贷款总额	负向
地方政府财政水平	财政自给率	地方政府财政一般预算收入/支出	正向
保险市场风险	保险赔付率	年度保险赔付支出/保险收入	负向
房地产市场风险	房地产企业资产负债率	房地产企业总负债/总资产	负向
宏观经济环境	消费者物价指数	反映居民家庭一般购买的消费品和服务项目价格水平变动情况，用于衡量通货膨胀水平	负向

2. 解释变量：气候风险（*tc*）

本文的核心解释变量是气候风险，用气候风险指数衡量。如表 2 所示，在参考张帅和阿布都瓦力·艾百[3]的研究的基础上，构建涵盖气温变化、降水量变化、日照变化、受灾情况、技术变革以及政策因素六个方面的指标体系，其中政策因素利用 Ma Yan-Ran 等[30]构建的气候政策不稳定性指数。采取熵值法对各评价指标权重进行测算，进而得到各省份气候风险指数，以上数据来源于《中国统计年鉴》、《中国气象灾害年鉴》以及各省份年鉴等。

表 2　气候风险指标体系

一级指标	二级指标	指标解释	性质
气温变化	年平均气温偏差	年气温偏离平均年气温的程度	正向
降水量变化	年降水量偏差	年降水量偏离平均年降水量的程度	正向
日照变化	年平均日照数偏差	年日照数偏离平均年日照数的程度	正向
受灾情况	自然灾害受灾人次占比	自然灾害受灾人次/省份总人口	正向
	自然灾害直接经济损失占比	自然灾害直接经济损失/各省份 GDP	正向
技术变革	各省绿色专利授权数	各省绿色专利授权数取对数	正向
政策因素	气候政策不稳定性	基于文本挖掘的涉及气候变化的政策的不确定性，反映政策环境的稳定性	正向

3. 中介变量：GDP 增速（*gdpg*）

将 GDP 增速作为中介变量，反映报告期内 GDP 相对于基期的增长程度，数据来源于《中国统计年鉴》。

4. 调节变量：新质生产力（*nip*）

借鉴卢江等[22]的做法，将新质生产力细分为科技生产力、绿色生产力和数字生产力，构建新质生产力指标体系（见表3），并采取熵值法对各评价指标权重进行测算。

表3 新质生产力指标体系

一级指标	二级指标	三级指标	指标解释	性质
科技生产力	创新生产力	创新研发	国内专利授予数	正向
		创新产业	高技术产业业务收入	正向
		创新产品	规上工业企业产品创新经费	正向
	技术生产力	技术效率	规上工业企业劳动生产率	正向
		技术研发	规上工业企业 R&D 人员全时当量	正向
		技术生产	机器人安装原始密度	正向
绿色生产力	资源节约型生产力	能源强度	能源消费量/GDP	负向
		能源结构	化石能源消费量/GDP	负向
		用水强度	工业用水量/GDP	负向
	环境友好型生产力	废物利用	工业固废物综合利用量/产生量	正向
		废水排放	工业废水排放/GDP	负向
		废气排放	工业 SO_2 排放/GDP	负向
数字生产力	数字产业生产力	电子信息制造	集成电路产量	正向
		电信业务	电信业务总量	正向
	产业数字生产力	网络普及率	互联网宽带接入端口数	正向
		软件服务	软件业务收入	正向
		数字信息	光缆线路长度/地区面积	正向
		电子商务	电子商务销售额	正向

5. 控制变量

参照现有文献，本文采用以下指标作为控制变量。

金融开放水平（*open*），用各省份外商直接投资占 GDP 的比重衡量，金融开放水平直接影响资本的流动和金融市场的稳定性。

商品房销售额（*chs*），房地产市场作为金融体系的重要组成部分，其销售情况反映市场活跃度和投资者信心，进而对金融市场产生影响，实证研究中对该数据取对数。

税负水平（*tbl*），采用税收收入与 GDP 之比衡量，政府税收政策的变化影响企业和个人的经济活动，进而间接影响金融市场的稳定性和风险水平。

固定资产投资（不含农户）增速（*gfa*），固定资产投资的增长情况反映经济扩张的速度和方向，对金融资源的分配和金融稳定性具有潜在影响。

交通设施水平（*tfl*），以各省货运量取对数衡量，交通设施的完善程度影响区域经济的连通性和效率，进而影响金融市场的运行和金融稳定性。

人力资本水平（*hcl*），以普通高等学校在校生人数与户籍数的比值衡量，人力资本是经济发展的关键因素，其水平高低直接影响创新能力和经济效率，间接影响金融市场的长期稳定性。

政府干预程度（*gi*），政府的政策导向和干预力度对金融市场有着直接的影响，特别是在应对经济波动和风险时，政府的作用尤为关键。

城镇登记失业率（*ur*），衡量经济的健康状况，高失业率可能导致信贷风险上升，影响金融稳定性。

产业结构合理性（*is*），以第三产业增加值与第二产业增加值之比来衡量，反映产业增长的质量和可持续性。

第一产业增加值（*pio*），作为基础产业，第一产业的发展状况对整体经济稳定性和金融市场的风险承受能力有基础性影响，实证研究中对该数据取对数。

主要变量的描述性统计结果如表 4 所示。

表 4　主要变量的描述性统计结果

类型	变量	符号	均值	标准差	最小值	最大值
被解释变量	金融稳定性	*fs*	0.484	0.121	0.185	0.8
解释变量	气候风险	*tc*	0.141	0.066	0.041	0.473
中介变量	GDP 增速	*gdpg*	7.529	3.192	-5	16.4
调节变量	新质生产力	*nip*	0.201	0.18	0.027	0.877
控制变量	金融开放水平	*open*	26.449	28.691	0.757	154.816
	商品房销售额	*chs*	7.818	1.014	4.668	10.024
	税负水平	*tbl*	7.818	1.014	4.668	10.024
	固定资产投资（不含农户）增速	*gfa*	9.411	10.484	-56.6	40.6
	交通设施水平	*tfl*	11.702	0.855	9.4	12.913
	人力资本水平	*hcl*	2.1	0.579	0.805	4.362
	政府干预程度	*gi*	0.259	0.111	0.105	0.758
	城镇登记失业率	*ur*	3.457	0.963	1.2	8.9
	产业结构合理性	*is*	1.356	0.746	0.53	5.28
	第一产业增加值	*pio*	7.275	1.087	4.565	9.325

四 实证结果与分析

（一）基准回归结果与分析

在进行回归之前，先进行 Hausman 检验，以实现对固定效应模型和随机效应的选择。实证检验 Hausman 的 P 值为 0.0000，故选用固定效应模型。

构建固定效应模型对假设 H1 进行验证，具体见表 5。在不添加控制变量的情况下，如列（1）所示，气候风险（*tc*）的系数为-0.0464，在 5%的水平下显著，初步表明气候风险对金融稳定性具有负向影响。加入控制变量后，气候风险（*tc*）的系数变为-0.0605，且在 5%的水平下显著，说明无论是否考虑控制变量的影响，气候风险的系数均显著为负，证实了假设 H1，即气候风险确实对金融稳定性产生负向影响。

列（2）中，控制变量金融开放水平（*open*）的系数为-0.0007，且在 1%的水平下显著，表明随着金融开放水平的提高，金融稳定性可能会受到一定程度的冲击。这可能是因为金融开放带来了更多的外部风险和不确定性，对金融体系的稳定性构成了挑战。商品房销售额（*chs*）的系数为-0.0165，且在 10%的水平下显著，表明房地产市场的波动可能会传导到金融市场，从而对金融稳定性产生影响。税负水平（*tbl*）的系数为 0.0106，且在 1%的水平下显著，表明适当的税负可能有助于增强金融体系的稳定性，这可能是因为税负政策可以调节经济活动，减少金融市场的过度波动。人力资本水平（*hcl*）和政府干预程度（*gi*）均显示出对金融稳定性的显著负面影响，这可能意味着在某些情况下，过高的人力资本或过度的政府干预可能会破坏金融市场的平衡，从而降低金融稳定性。

此外，固定资产投资（不含农户）增速（*gfa*）对金融稳定性的影响并不显著，尽管固定资产投资能够推动经济增长，但其对金融稳定性的影响可能较为复杂，受到多种因素的共同作用，因此在本次实证分析中未表现出显著影响。交通设施水平（*tfl*）对金融稳定性的影响不显著，这可能是因为交通设施水平对经济发展的影响是长期且间接的，故在短期内对金融稳定性的影响并不明显。城镇登记失业率（*ur*）的系数为负，未通过显著性检验，失业率主要反映劳动力市场的状况，虽然对宏观经济有一定影响，但对金融稳定性的影响可能较为有限。产业结构合理性（*is*）对金融稳定性的影响不显著，这可能是因为产业结构合理性是一个相对长期的概念，其对金融稳定性的影响需要在更长的时间窗口中来观察。最后，第一产业增加值（*pio*）同样未通过显著性检验，可能是因为随着经济的发展，第一产业在经济中的比重逐渐下降，其对金融市场的冲击也相对减弱。

表 5　气候风险对金融稳定性的影响

变量	(1)	(2)
	fs	*fs*
tc	-0.0464**	-0.0605**
	(-2.050)	(-2.474)
open		-0.0007***
		(-3.039)
chs		-0.0165*
		(-2.033)
tbl		0.0106***
		(2.854)
gfa		0.0002
		(1.362)
tfl		-0.0010
		(-0.027)
hcl		-0.0486***
		(-3.051)
gi		-0.3334***
		(-2.946)
ur		-0.0022
		(-0.574)
is		0.0011
		(0.079)
pio		-0.0056
		(-0.428)
常数项	0.5208***	0.7960*
	(63.023)	(1.930)
年份固定效应	控制	控制
省份固定效应	控制	控制
观测值	358	358
R^2	0.730	0.804

注：括号内为 t 值，*、** 和 *** 分别表示在 10%、5%和 1%的水平下显著，下同。

（二）稳健性检验

1. 替换解释变量

采用极端低温、极端高温、极端降雨和极端干旱四种极端气候事件代替物理风险，采用产业结构升级、地方财政环境保护支出、地方财政国土资源气象等事务支出决策数以及地方财政农林水事务支出代替转型风险，采用熵值法计算权重后得出新的气候风险（*tc*2）进行回归，结果如表6列（1）所示，回归结果与基准估计结论保持一致。

2. 调整样本周期

为检验基准估计结论在不同时间段内的稳定性，将样本周期调整为2015～2022年。其中，2015年达成《巴黎协定》，明确了全球应对气候变化的长期目标，并建立全球应对气候变化机制，这标志着全球气候治理进入新阶段。我国也承诺到2030年左右使二氧化碳排放达到峰值并争取尽早实现。调整样本周期后，结果如表6列（2）所示，回归结果仍显著。

3. 调整样本量

与其他城市相比，直辖市（上海、重庆、天津、北京）在经济发展状况上可能与其他城市存在显著差异，这可能会影响气候风险对区域金融风险的作用效果。因此，剔除这四个直辖市，以检验基准估计结论在更广泛的城市样本中是否仍然成立。结果如表6列（3）所示，回归结果仍与基准估计结论一致。

4. 增加遗漏变量

为了控制可能遗漏的重要影响因素，本文在稳健性检验中增加社会消费水平（*scl*），采取社会消费品零售总额占GDP的比重衡量。社会消费水平作为经济活动的重要指标，反映了市场消费信心，可能对金融稳定性产生一定影响。通过引入这一遗漏变量并重新进行回归分析，检验基准估计结论是否受到遗漏变量偏误的影响，从而进一步确保结论的稳健性。结果如表6列（4）所示，增加遗漏变量后的回归结果仍然与基准估计结论一致。

表6 稳健性检验结果

变量	(1)	(2)	(3)	(4)
	fs	*fs*	*fs*	*fs*
tc		-0.0591**	-0.0749***	-0.0519**
		(0.0253)	(0.0225)	(0.0248)
*tc*2	-0.0798*			
	(0.0431)			
scl				0.138**
				(0.0644)
控制变量	控制	控制	控制	控制
常数项	0.963**	1.131***	0.566	0.886**
	(0.392)	(0.417)	(0.453)	(0.376)
年份固定效应	控制	控制	控制	控制

续表

变量	(1)	(2)	(3)	(4)
	fs	*fs*	*fs*	*fs*
省份固定效应	控制	控制	控制	控制
观测值	358	240	311	358
R^2	0.815	0.798	0.841	0.822

5. 内生性检验

内生性问题主要源于解释变量与误差项之间的相关性，这种相关性可能导致普通最小二乘法的估计结果产生偏误。为克服这一问题，采用工具变量法，选取物理事件指数（*cpri*）[31]作为工具变量。第一阶段回归的结果如表7显示，工具变量 *cpri* 与内生变量（*tc*）间显著正相关，第二阶段的回归结果表明，在控制内生性问题后，气候风险（*tc*）对金融稳定性（*fs*）具有显著的负向影响，并且通过F统计量和LM统计量检验，不存在工具变量识别不足和弱工具变量问题。

表7 内生性检验结果

变量	2SLS 估计	
	第一阶段	第二阶段
	tc	*fs*
cpri	0.0020306***	
	(0.0004751)	
tc		−0.167**
		(0.076)
控制变量	控制	控制
Kleibergen-Paap rk LM		11.344*** (P-val = 0.0008)
Kleibergen-Paap rk Wald F		18.265
年份固定效应	控制	控制
省份固定效应	控制	控制
R^2	0.29	0.806

注：Stock-Yogo weak ID test critical values：10% maximal IV size 16.38。

（三）异质性分析

气候风险是一个复杂且多维的概念，受地理位置、气候条件、自然环境和社会经济等多重因素的影响，基于此，本文从气候风险强度、地区以及金融开放水平角度划分样本。

气候风险的强度直接关联到其对金融稳定性的影响。不同强度的气候风险对金融稳定性的冲击速度和强度可能存在差异，导致不同程度的农业生产与能源供应波动等。为进一步判断不同强度气候风险的影响，将气候风险依据气候风险均值进行划分，大于均值为强气候风险组，否则为弱气候风险组，回归结果见表 8。表 8 列（1）为强气候风险组，回归系数为-0.0641，通过了 10%水平下的显著检验，而弱气候风险组未通过显著性检验。

进一步，将样本依据地区划分为东部地区和中西部地区，其中列（4）为中西部地区的回归结果，回归系数为-0.0519，通过了 10%水平下的显著性检验，而东部地区未通过显著性检验，这可能由于经济发展水平、气候风险的认知度以及市场环境等存在差异。

表 8　异质性检验结果

变量	气候风险强度		地区		金融开放水平	
	(1)	(2)	(3)	(4)	(5)	(6)
	强	弱	东部	中西部	较高	较低
tc	-0.0641*	-0.116	-0.0605	-0.0519*	-0.0229	-0.0629**
	(0.0378)	(0.0874)	(0.0409)	(0.0288)	(0.0415)	(0.0282)
控制变量	控制	控制	控制	控制	控制	控制
常数项	0.947**	1.130***	0.763*	0.766**	-0.0418	0.475
	(0.394)	(0.389)	(0.446)	(0.362)	(0.470)	(0.371)
省份固定效应	控制	控制	控制	控制	控制	控制
年份固定效应	控制	控制	控制	控制	控制	控制
观测值	137	221	143	215	108	250
R^2	0.874	0.802	0.804	0.854	0.862	0.830

此外，依据金融开放水平的均值划分样本，大于均值为较高开放组，否则为较低开放组，结果显示，较低开放组的气候风险对金融稳定性的负向影响显著，而较高开放组未通过显著性检验，这可能是由于较高开放组在金融制度、风险管理等方面水平较高，能够更好抵御气候风险带来的影响。

（四）中介效应

本文利用逐步回归法检验气候风险对金融稳定性的影响机制，结果如表 9 所示。

列（1）显示气候风险会对金融稳定性造成显著负向影响；列（2）显示气候风险会对GDP 增速造成显著负向影响；列（3）验证了 GDP 增速在气候风险与金融稳定性之间的中介作用，气候风险的回归系数在 5%的水平下显著，假设 H2 得到初步验证。表 10 展示了 Sobel 和 Bootstrap 检验的结果，以进一步确定 GDP 增速在气候风险与金融稳定性之间中介效应的存在。其中 Soble Z 显著且 GDP 增速对金融稳定性的间接效应的置信区间不包含 0，进一步证明假设 H2 成立。

表 9　中介效应（1）

变量	(1)	(2)	(3)
	fs	*gdpg*	*fs*
tc	-0.0605**	-2.711**	-0.0511**
	(0.0244)	(1.314)	(0.0232)
gdpg			0.00345***
			(0.00109)
控制变量	控制	控制	控制
常数项	0.796*	-20.88	0.868**
	(0.412)	(19.69)	(0.400)
省份固定效应	控制	控制	控制
年份固定效应	控制	控制	控制
R^2	0.816	0.890	0.822
Soble Z	-1.856 (0.063)*		

表 10　中介效应（2）

效应	Z	P>|Z|	Bias-corrected（95%）CI	
间接效应	-1.68	0.092	-0.0236746	-0.0009269
直接效应	-2.13	0.033	-0.0962568	0.0017758

（五）调节效应

为使加入交互项前后的系数更易解释且更具可比性，本文将气候风险（*tc*）和新质生产力（*nip*）进行中心化处理，并生成交互项 *M* 代入模型（4），回归结果如表 11 所示，*M* 的估计系数显著为正，气候风险的估计系数显著为负，表明新质生产力的发展程度越高，越能削弱气候风险对金融稳定性的负向影响，假设 H3 得以验证。

表 11　调节效应

变量	(1)	(2)
	fs	*fs*
tc	-0.067***	-0.066***
	(0.023)	(0.022)
nip	-0.123***	-0.119***
	(0.028)	(0.028)
M		0.144**
		(0.068)
控制变量	控制	控制
常数项	0.640*	0.685*
	(0.373)	(0.374)
省份固定效应	控制	控制
年份固定效应	控制	控制
R^2	0.823	0.824

五　结论与建议

（一）研究结论

本文基于2011~2022年中国30个省（自治区、直辖市）面板数据，实证分析气候风险对金融稳定性的影响，并揭示新质生产力在其中的调节作用。研究结论如下。

第一，研究期内气候风险负向影响金融稳定性，且气候风险对强气候风险地区、中西部地区以及金融开放水平较低地区的金融稳定性的冲击较严重。这与当前全球范围内日益严峻的气候变化形势相呼应。值得注意的是，气候风险与金融稳定性之间的关系并非静态，而是呈现动态变化的特征，未来研究应进一步探讨这种动态关系，以及在不同时间尺度和空间尺度下气候风险对金融稳定性的影响差异。此外，基于不同地区受气候风险的冲击程度有别，在制定政策时需充分考虑地区差异，实施差异化的金融监管政策和风险管理措施。

第二，气候风险通过降低GDP增速降低金融稳定性。这强调了气候变化与经济活动之间的紧密联系，以及这种联系对金融体系稳定性的深远影响。在未来，金融机构和政策制定者需要密切关注气候变化对经济活动的潜在影响，加强气候风险评估和监测，制定有效的应对策略，以维护金融体系的长期稳定性。

第三，新质生产力能够削弱气候风险对金融稳定性的负向冲击。这表明了科技创新和新兴产业发展对提升金融体系抗风险能力的重要性。随着数字经济、绿色经济等新经济形态的快速发展，新质生产力有望为金融体系提供更多的创新工具和解决方案，以应对气候变化带来的挑战。未来研究应深入挖掘新质生产力的潜力，探索其在金融领域的更广泛应用。

（二）政策建议

第一，加强气候风险管理，提升金融稳定性。鉴于气候风险对金融稳定性的负向影响，政府及金融机构必须将气候风险视为重要的风险管理对象，加强对其的监测预警。为此，应建立健全气候风险管理体系，制定科学、全面的风险管理策略，以有效降低气候风险对金融体系的潜在冲击。同时，积极鼓励金融机构开展环境压力测试，将气候风险因素系统地纳入其风险管理框架之中，通过模拟不同情景下气候风险对金融稳定性的影响，提升金融机构对气候风险的识别、量化和抵御能力，确保金融体系的稳健运行。

第二，实施差异化策略，应对特定区域的气候风险冲击。气候风险对强气候风险地区、中西部地区以及金融开放水平较低地区的金融稳定性冲击更为严重，政府应在这些地区实施差异化的金融监管政策和风险管理措施，通过加强金融基础设施建设、提升金融服务水平等，引导金融机构合理控制风险，避免过度依赖与气候相关的高风险业务，以增强这些地区金融体系的稳定性和抵御气候风险的能力。

第三，促进经济稳健增长，降低气候风险影响。政府应采取积极措施，促进经济的多元化和可持续发展，以降低对气候敏感行业的过度依赖，从而增强经济的韧性和抗风险能力，积极推动产业结构的优化升级，加大对绿色经济和低碳技术的投资力度，鼓励创新和发展新兴产业，提高经济体系对气候变化的适应能力和抵御能力，为金融体系的稳定运行提供更加坚实的基础。

第四，发展新质生产力，增强金融稳定调节能力。政府应进一步加大对科技创新产业和新兴产业的支持力度，尤其要关注数字生产力、绿色生产力的发展，通过这些领域的突破和创新，提升经济系统的自我调节能力和适应性。同时，推动发展金融科技，鼓励金融机构积极创新金融产品和服务，为新质生产力的发展提供有力的金融支持，形成金融与科技良性互动、相互促进的局面，进一步增强金融体系的稳定性和抗风险能力，为经济的可持续发展奠定坚实基础。

参考文献

[1] 中国人民银行.《中国金融稳定报告（2023）》[EB/OL].（2023-12-22）.http：//camlmac.pbc.gov.cn/goutongjiaoliu/113456/113469/5177895/index.html.

[2] 郑李键，叶楠，甘悦，等.极端气候事件冲击对银行稳定性的影响研究[J].武汉金融，2024（7）：28-37.

[3] 张帅，阿布都瓦力·艾百.气候变化风险对区域金融稳定的影响研究[J].技术经济与管理

研究，2023（12）：70-74.

［4］高睿，王营，曹廷求．气候变化与宏观金融风险——来自全球58个代表性国家的证据［J］．南开经济研究，2022（3）：3-20.

［5］周文，何雨晴．新质生产力：中国式现代化的新动能与新路径［J］．财经问题研究，2024（4）：3-15.

［6］王钢，郭文旌．中国新质生产力水平测度及其对经济高质量发展的影响效应［J］．金融发展研究，2024（7）：15-25.

［7］钟业喜，吴思雨．新质生产力推动区域协调发展的困境、机理与对策［J］．重庆大学学报（社会科学版），2024（9）：1-15.

［8］李志刚．气候风险与商业银行风险管理［J］．中国金融，2021（17）：68-70.

［9］Campiglio E, Daumas L, Monnin P & von Jagow A. Climate-Related risks in financial assets[J]. *Journal of Economic Surveys*, 2023, 37(3): 950-992.

［10］米晓文，邱晔华．应对气候变化引发金融风险的宏观审慎管理［J］．经济研究参考，2021（17）：114-127.

［11］中国人民银行西安分行课题组，魏革军．气候变化对系统性金融风险的影响研究——兼论应对气候变化的宏观审慎管理［J］．金融发展研究，2023（1）：57-65.

［12］王遥，王文蔚．环境灾害冲击对银行违约率的影响效应研究：理论与实证分析［J］．金融研究，2021（12）：38-56.

［13］张帅，陆利平，张兴敏，等．金融系统气候风险的评估、定价与政策应对：基于文献的评述［J］．金融评论，2022，14（1）：99-120+124.

［14］杨子晖，李东承，陈雨恬．金融市场的“绿天鹅”风险研究——基于物理风险与转型风险的双重视角［J］．管理世界，2024，40（2）：47-67.

［15］谭林，高佳琳．气候变化风险对金融体系的作用机理及对策研究［J］．金融发展研究，2020（3）：13-20.

［16］陈国进，王佳琪，赵向琴．气候转型风险对企业违约率的影响［J］．管理科学，2023，36（3）：144-159.

［17］马正宇，宋玉娟．气候变化对金融稳定的影响：理论阐释［J］．南方金融，2023（3）：19-36.

［18］马正宇，秦放鸣．气候变化影响金融稳定的传导机制研究［J］．金融发展研究，2021（2）：35-43.

［19］符大海，王妍，张莹．国际贸易中的碳壁垒：发展趋势、影响及中国对策［J］．国际贸易，2024（4）：25-35.

［20］李泽广，黄远标．气候风险冲击与信贷融资收缩的“加速器”效应［J］．财经理论与实践，2024，45（3）：2-10.

［21］迈克尔·巴尔，王宇．论新形势下的货币政策与金融稳定政策及其相互影响［J］．金融发展研究，2023（12）：32-37.

［22］卢江，郭子昂，王煜萍．新质生产力发展水平、区域差异与提升路径［J］．重庆大学学报（社会科学版），2024，30（3）：1-17.

［23］李智，董思睿．科技金融、技术转移与制造业价值链攀升［J］．科技进步与对策，2024，41（14）：38-48.

［24］齐承水．如何理解“新质生产力本身就是绿色生产力”［J］．经济学家，2024（7）：15-23.

［25］王俊勇，李心丹．绿色金融助力防范化解系统性金融风险［J］．学海，2019（5）：147-152.

［26］石先梅．数字技术赋能金融强国建设的内在逻辑与实践路径［J］．当代经济管理，2024，46（11）：87-96.

［27］李优树，张敏．数字普惠金融发展对系统性金融风险的影响研究［J］．中国特色社会主义研究，2020（Z1）：26-34.

［28］王劲松，余韵，武文慧．我国省域金融稳定指数构建、时空变化与政策研究［J］．经济问题，2023（9）：60-69.

［29］何剑，祝林．宏观杠杆率、金融稳定与货币政策调控——基于中国金融稳定指数的构建［J］．暨南学报（哲学社会科学版），2023，45（12）：110-128.

［30］Ma Yan-Ran, Liu Zhenhua, Ma Dandan, et al. A news-based climate policy uncertainty index for China[J].*Scientific Data*, 2023, 10(1): 881.

［31］Guo Kun, Ji Qiang, Zhang Dayong. A dataset to measure global climate physical risk[J].*Data in Brief*, 2024, 54.

食品安全背景下危机喧嚣对组织社会评价的影响机制及路径*

杨　洁　杨煜蓉**

摘　要：危机喧嚣作为一种印象管理技术，在组织应对危机中起到重要作用。本文基于印象管理理论，采用实验法验证了危机喧嚣与组织社会评价间的关系，通过模糊集定性比较分析，以20个食品安全危机事件为样本，探讨危机喧嚣影响组织社会评价的作用机制。结果表明，危机喧嚣与组织社会评价之间存在正相关关系，同时社会认知关切起到中介作用，并且危机喧嚣要素组合对组织社会评价具有联动效应。本研究认为，组织应重视社会认知关切的中介作用，采取综合手段提升组织社会评价。

关键词：食品安全危机　危机喧嚣　组织社会评价　社会认知关切

一　引言

近年来，随着食品安全和生态环境污染等一系列问题的加剧[1]，食品安全危机越来越受到利益相关者的广泛关注。食品安全危机不仅对广大人民群众的健康造成了威胁，而且关乎涉事组织的生存，甚至影响整个社会的可持续发展[2]。食品安全危机一旦发生，容易在短时间内引发公众对组织的广泛关注和讨论，进而对组织社会评价产生影响。对组织而言，应对危机是维护组织声誉、保障长远发展的必要条件。一方面，组织应该针对危机特点迅速采取措施进行管理，在短时间内将危机最小化，防止其对组织产生负面影响；另一方面，危机会影响利益相关者对组织的评价[3]。在对危机应对中组织如何引导利益相关者的关注点，如何提升利益相关者对自身的印象成为组织

* 【基金项目】2024年国家社会科学基金后期资助项目——企业社交媒体危机互动话语维度构建及利益相关者评价（24FGLB028）；2024年西北政法大学本科生教育教学改革研究项目——服务“双循环”跨境电商专业来华留学生人才培养模式研究（XJYBZ202424）。

** 【作者简介】杨洁，管理学博士，副教授、硕士研究生导师，陕西省青年科技新星，西北政法大学长安青年学术骨干，研究方向为组织危机回应与政府应急管理；杨煜蓉，西北政法大学商学院（管理学院）硕士研究生。

关注的重点。

李超认为对组织自身来说，保障食品安全能够有效避免因食品安全危机引发的经济损失和利益相关者对组织社会评价的降低[4]。目前学界的相关研究多集中于危机管理的类型对组织社会评价的影响方面，如高学德和王镇江将危机管理分为“管理型”和“关切型”，进而研究危机事件的应对对公众信任水平和评价的影响，丰富了对危机管理效果及其影响路径的研究[5]；魏玖长等通过分析不同食品企业所采取的危机策略的差异性，研究其对于组织声誉的影响，研究发现企业为维护自身积极、正面的形象，会采取相应危机策略来修复利益相关者的组织印象进而影响组织社会评价[6]。由此可见以往研究大多将重点放在危机管理的分类和效果上，在组织应对危机过程中的自我表述和对组织社会评价的影响机制方面研究较少。基于此，本文结合印象管理理论，将危机喧嚣作为一种印象管理技术对组织社会评价进行进一步研究。

为了明确组织如何通过危机喧嚣影响社会评价，以及这种影响的机制和路径，本文首先进行文献的梳理，为后续的理论和实证分析奠定基础；其次提出假设并通过实验法来进行主效应和中介效应的检验；最后利用 fsQCA 方法，采用组态视角，从整体角度探索危机喧嚣多个要素的协同作用，以及产生不同组织社会评价结果的多条实现路径，揭示组织社会评价生成的核心条件、内在机理。

二　研究假设

印象管理来源于社会心理学，是指个体为了获得他人对自己期望的良好印象而采取的特定行为，印象管理的研究逐渐扩展到了组织行为和管理领域。印象管理策略是组织通过言语或非言语等形式，有意识或无意识地控制利益相关者对企业自身印象的方法[7]。印象管理与人们为创造和维持理想印象而表现出的行为有关[8]，它使组织能够与利益相关者进行互动，从而提升应急管理的效果，但由于公众对组织在危机中如何塑造印象知之甚少，因此本文认为组织或危机管理者通过危机喧嚣进行自我表述是一种重要的印象管理技术。印象管理文献已将自我表述确立为一种技巧，它可帮助个人在受众心中建立能力印象[9]。现有的研究将印象管理分为防御性印象管理和获得性印象管理[10]，其中获得性印象管理指的是组织主动通过讨好、展示成就等方式，强化在利益相关者中的正面形象感知。基于此，本文结合获得性印象管理和 Kuratko 等人的观点[11]，将危机喧嚣定义为组织为应对危机和招揽利益相关者而采取的紧急、非正统行动，有助于在不确定的条件下解决当下的问题。根据 Rudic 等人[12]的发现，喧嚣逐渐成为外界对组织的一种刻板印象，因此那些在危机应对中进行危机喧嚣的组织会唤起外界的认同感，换句话说，组织的行为符合利益相关者对组织应对危机的工作和行为方式的期望[11]，这种一致性会使外界对组织做出积极的社会评价。鉴于期望与表现出的行为之间的一致性，利益相关者更有可能认为组织是有能力的。

利益相关者对组织进行评价是一种普遍现象，这是组织与外界交流的必然产物[13]。组织社会评价是指社会公众基于对组织的感知而对组织做出的评价，同时社会评价与危机应对战略紧密联系[14]。当利益相关者感受到组织在应对危机过程中的自我表述即危机喧嚣时，他们会认为与自己的期望一致，会提升组织社会评价。相反，如果组织展现出较低水平的危机喧嚣，这可能不符合利益相关者的期望，从而导致组织社会评价降低。因此，本文假设如果组织在应对危机时将危机喧嚣作为一种印象管理技术，那么利益相关者对于组织的社会评价会更高。

H1：危机喧嚣与组织社会评价正相关。

为了进一步明确内在机制，本文认为利益相关者的社会认知关切是危机喧嚣与组织社会评价之间关系的中介。社会认知理论（SCT）是社会心理学的重要理论之一，该理论主要探讨环境、个体及其行为的相互决定关系，是指个体如何理解和解释社会环境中的信息，以及这些信息如何影响他们的态度、信念和行为。进行危机喧嚣要以认知研判为先导，所以危机管理过程要充分考虑应急策略可能对利益相关者的社会认知产生的影响，防止产生二次危害[15]。在危机管理过程中，社会认知就是利益相关者对组织的行为动机、道德标准等的解读，并据此形成对组织的看法和态度。危机的管理过程具有高度的不确定性[16]，而利益相关者对危机喧嚣所产生的社会认知关切有可能会降低这种不确定性。组织社会评价也有可能会受到信息的间接影响，信息在转化成利益相关者的感知时还要经过社会公众认知的过滤[17]。组织利用危机喧嚣，传递有关应对危机能力的信息，同时也会引起利益相关者的反应并形成社会认识关切。因此当组织进行危机喧嚣时利益相关者会产生一种认同感，这种认同感会使利益相关者产生社会认知关切，进而形成对整个组织的印象并影响组织社会评价。因此，做出如下假设：

H2：危机喧嚣与组织社会评价之间的关系受到利益相关者社会认知关切的中介作用。

根据有关信息处理的社会认知文献，社会认知关切可以分为理性、情感和道德关切[18]。理性关切与危机下组织实现价值的能力有关，反映了受众对组织能力或价值进行合理评估的努力；情感关切关注的重点是利益相关者对危机和组织的感受，是指利益相关者对组织的行动及其结果的情感判断；道德关切代表了利益相关者对组织规范和价值观的判断。之所以将这些信息处理形式区分开来，是因为它们是利益相关者将刺激转化为感知的三种不同方式，这些关切点相互影响，帮助利益相关者理解组织采取的危机喧嚣，最终形成组织社会评价，据此，本文提出以下研究假设：

H2a：危机喧嚣与组织社会评价之间的关系受到利益相关者理性关切的中介作用。

H2b：危机喧嚣与组织社会评价之间的关系受到利益相关者情感关切的中介作用。

H2c：危机喧嚣与组织社会评价之间的关系受到利益相关者道德关切的中介作用。

三　危机喧嚣对组织社会评价影响的实证研究

（一）实验设计与被试

本实验采用情景模拟法并使用虚拟品牌进行研究，以消除真实品牌相关因素的干扰。随机安排被试者接触模拟情景，以保证较高的内部效度。本文虚构了一家食品企业A，采用单因素两水平（危机喧嚣：有危机喧嚣/无危机喧嚣）的组间实验设计，旨在检验当食品安全危机发生后危机喧嚣的采取情况对该组织社会评价的影响以及利益相关者社会认知关切的影响。通过Credamo见数网站平台以在线问卷调查的方式招募了200名被试者，剔除14份无效问卷，最终收回186份有效问卷。

（二）实验流程与测量

被试者随机进入有危机喧嚣组和无危机喧嚣组，按照指令依次完成以下实验流程：（1）阅读与想象A企业发生食品安全危机的情景；（2）阅读与想象A企业在发生危机后采取危机喧嚣或未采取危机喧嚣的情景；（3）完成社会评价和社会认知关切方面的问卷；（4）完成人口统计学信息（包括职业、年龄等）。

根据研究的需要，参考Pollock等的研究观点[18]，在问卷中采用四个题项对因变量组织社会评价进行测量，包括组织声誉（在危机发生并且A企业采取或未采取“喧嚣”后，我认为企业有能够提供商品或服务的能力）、组织名人效应（在危机发生并且A企业采取或未采取“喧嚣”后，我认为企业能引起我的高度关注和积极的情感反应）、组织合法性（在危机发生并且A企业采取或未采取“喧嚣”后，我认为企业的社会价值观和规范等是适当的）和组织地位（在危机发生并且A企业采取或未采取“喧嚣”后，我认为企业的社会地位等级如何）。本文对中介变量利益相关者的社会认知关切从理性关切、情感关切和道德关切三个方面[18]进行测量。其中，社会认知关切采用三者的加权平均数来表示。问卷使用Likert7级量表（1=非常不同意，7=非常同意）进行打分。

（三）数据分析与假设检验

1. 主效应检验

以危机喧嚣为自变量，组织社会评价为因变量，进行独立样本 t 检验和 ANOVA 检验，结果显示在发生食品安全危机的情况下，相较于无危机喧嚣组被试，有危机喧嚣组被试的组织社会评价更高，危机喧嚣对组织社会评价的主效应显著，即危机喧嚣与组织社会评价正相关（$M_{有喧嚣}=5.75$，$SD_{有喧嚣}=0.773$；$M_{无喧嚣}=5.13$，$SD_{无喧嚣}=1.280$；$t=5.032$；$p=0.000<0.001$），H1 得以验证。

2. 中介效应检验

为探讨危机喧嚣对组织社会评价的显著正向影响的内在机制，在研究中进一步引入利益相关者的社会认知关切作为中介变量代入结构方程模型，采用 Bootstrap 方法[19]进行中介效应检验，具体数据如表 1 所示。

表 1　中介效应检验

类别	数值	标准误	t 值	p 值	95%CI	
					LLCI	ULCI
总效应	0.619	0.123	5.033	0.000	0.376	0.861
直接效应	0.076	0.106	0.719	0.473	−0.132	0.284
中介效应（社会认知关切）	0.543	0.107	—	—	0.337	0.756
中介效应（理性关切）	0.564	0.113	—	—	0.332	0.754
中介效应（情感关切）	0.479	0.106	—	—	0.346	0.693
中介效应（道德关切）	0.536	0.109	—	—	0.296	0.748

本文将理性关切、情感关切和道德关切得到的问卷结果进行加权平均计算来表示社会认知关切，结果表明，社会认知关切的中介效应显著（LLCI = 0.337，ULCI = 0.756，不包含 0），中介效应值为 0.543。控制中介变量社会认知关切后，危机喧嚣对组织社会评价的影响不再显著（LLCI = −0.132，ULCI = 0.284，包含 0），证明社会认知关切在危机喧嚣和组织社会评价之间起到完全中介作用，H2 得以验证。

使用同样的步骤分别对理性关切、情感关切、道德关切进行中介效应检验，表 1 中只列出中介效应的数据，可知置信区间都不包含 0，表明三者的中介效应都显著。综上，H2a、H2b 和 H2c 都得到验证。

（四）结果讨论

以上研究表明，在食品安全危机发生后，危机喧嚣与组织社会评价正相关，主效应得以验证，社会认知关切在这一过程中起到中介作用，并且理性关切、情感关切和道德关切都起到中介作用，中介效应得以验证。

四 危机喧嚣对组织社会评价影响的组态研究

由于组织社会评价往往并非单一因素线性作用的结果，而是多种因素交织、共同作用的产物。为了更全面地捕捉和解析危机喧嚣与组织社会评价之间的复杂关系，特别是探究不同条件组合下可能产生的不同结果，本文决定引入模糊集定性比较分析（fsQCA）方法，以“多重复杂因果协同”逻辑深入研究受危机喧嚣影响的组织社会评价的具体作用机制。

（一）研究方法

本文采用 fsQCA 方法进行进一步研究的原因如下。(1) 以往的定量研究往往着眼于大样本数据和变量间存在的单向线性关系，没有深入分析在多个条件交互作用下产生的协同或替代效应。而定性比较分析（QCA）的研究对象是中小样本，目的是探索多条件下的因果关系，能够有效解释现象是如何产生的。(2) QCA 会将选取的案例看作一个整体，再通过得到的组态研究不同条件变量组合的意义以及其中的因果复杂性。(3) 条件变量和结果变量都是连续变量，不符合清晰集和多值集的使用条件，因此，fsQCA 在对样本数据进行校准后，采用隶属分数进行表示，得出具有相同结果的多种组合方式。

（二）样本的选择

样本选取要遵循以下要求。(1) 保证案例总体具有充分的同质性，即案例需要有足够的影响力，以确保问题具有研究意义。(2) 确保案例间的差异性。在样本集中同时包含具有“高”和“非高”的条件与结果的案例，避免出现过高的相似性，以保证研究结论的可解释性。(3) 保证案例数据具有相对完整性，选择数据易获取且可用性强的案例，以保证研究过程中的数据支撑。按照以上标准，本文确定了以下 20 个食品安全危机事件，见表 2。

表 2　样本案例集

序号	案例名称	序号	案例名称
1	瑞幸咖啡回应喝西梅美式腹泻	6	哈尔滨啤酒被曝检出呕吐毒素
2	青岛啤酒厂工人被曝在原料仓小便	7	茉酸奶回应产品配料表存在问题
3	蜜雪冰城客服回应员工在水池洗脚	8	巴奴火锅子品牌使用不合规羊肉卷
4	新京报曝光麦当劳给过期的食材贴标签	9	胖东来“擀面皮加工场所卫生环境差”事件
5	央广网曝光淀粉肠使用鸡骨泥以次充好	10	书亦烧仙草频繁更改食材效期标签、使用隔夜食材

续表

序号	案例名称	序号	案例名称
11	梅菜扣肉里的“糟心肉”	16	三只松鼠被曝吃出“油炸壁虎”
12	百果园使用腐烂变质水果做果切	17	福州曼玲粥店将吃剩排骨再下锅
13	麦趣尔纯牛奶违规添加香精	18	山姆会员店寿司致多人上吐下泻
14	海天酱油被曝国内和国外配料采用双重标准	19	好丽友蛋黄派被检出金黄色葡萄球菌
15	必胜客被曝后厨乱象	20	益禾堂奶茶中发现标签事件

（三）变量的界定与测量

1. 条件变量的界定与测量

（1）合法性。

目前学者们主要从战略与制度这两种角度出发来研究组织合法性[20]，持战略观点的学者认为组织合法性是组织的一种资源，企业获取组织合法性的目的是借助这种战略资源从外部利益相关者那里赢得更多帮助企业生存和发展的其他资源；持制度观点的学者则将组织合法性视为一种集体意识或认知，企业可以通过遵守社会规范、采取符合社会期待的行动等手段来获取组织合法性以适应环境变化。危机发生后组织可以通过喧嚣合法性来提升利益相关者的认同感，进而影响组织社会评价。

（2）回应态度。

从组织进行危机喧嚣的内容中可以看出其对事件的重视程度，同时这也会对利益相关者的观点和看法产生影响[21]。本文先通过句法识别的方法来判断组织回应内容中文本的情感倾向，并结合实际情况做出矫正，最终进行积极、一般和消极 3 种态度区分。

（3）企业社会责任。

企业社会责任（CSR）要求企业在追求赢利、履行对股东及员工的法律义务之外，还需积极回应消费者、社区及环境的要求。这意味着，企业不应局限于追求利润最大化，而应更加注重生产过程中人的价值，同时重视对消费者、社区和环境的贡献。在应对危机过程中喧嚣企业社会责任，不仅可以通过负责任的行为获得社会的认可和支持，还能建立起良好的声誉和品牌忠诚度。

（4）信息披露程度。

信息披露是组织和利益相关者全面沟通信息的桥梁。利益相关者对组织信息的获取，主要是通过大众媒体阅读各类临时公告和定期报告，其将这些信息作为抉择的主要依据[22]。组织采取危机喧嚣时对信息披露程度的控制也可以在很大程度上影响利益相关者对组织的社会评价。

条件变量的测量方法见表 3。

表 3 条件变量的测量方法

名称	测量	相关说明
合法性	回应中包含合法性的信息量	包括召开新闻发布会、发布官方网站声明、官方微博声明中提到是否按照法律法规要求处理危机及是否给予受影响方适当的补偿的次数（若相同声明内容在多个平台发送则只计算一次）
回应态度	组织对已发生危机回应文本的态度	积极赋值为 0.95，一般赋值为 0.50，消极赋值为 0.05
企业社会责任	企业后续进行的体现 CSR 的事件数量	在发生食品安全危机后，涉事组织公开开展的慈善捐赠、环保活动等公益活动次数
信息披露程度	事件信息对公众的公开程度	信息完全公开编码为 1，非完全公开编码为 0，以组织公布的调查情况公告内容为准

2. 结果变量的界定与测量

本文参照 Piazza 和 Perretti 的做法[23]，使用媒体报道中正文的情感评分来表示组织社会评价情况。本文选取的媒体来源是知微事见网站上统计的参与案例的重要媒体，收集媒体的报道并统计正文中的情感句子数，之后使用数行者数据库根据媒体报道的"调整后正文情感评分"判断媒体报道的情感倾向，该评分是将文章中正面和负面情感句子数，经过公式（1）计算得到，通过累加评分计算组织社会评价。

$$调整后正文情感评分=\log_{10}\left(1+\frac{正面句子数-负面句子数}{正面句子数+负面句子数+1}\right)$$

（四）变量的校准

在应用 fsQCA 方法的过程中，对模糊集中的连续性数据进行校准是进行组态分析的前提。本文遵循已有研究中的三值模糊集校准法，采用完全隶属点、交叉点和完全不隶属点进行校准，分别为 0.95、0.50 和 0.05。同时，为将所有案例纳入分析并且避免校准时的中间值（0.5 分位点），当模糊集隶属度出现 0.5 时改为 0.501。结果变量与条件变量的校准见表 4。

表 4 结果变量与条件变量的校准

类别	要素名称	校准锚点		
		完全隶属点	交叉点	完全不隶属点
结果变量	组织社会评价	55.64	21.05	3.41
条件变量	合法性	6	2	1
	回应态度	0.95	0.501	0.05
	企业社会责任	4.96	2	1
	信息披露程度	1	—	0

（五）实证结果与分析

1. 单个条件的必要性分析

参考以往研究，本文先进行单个条件的必要性分析，在QCA方法中，用一致性来衡量前置条件的必要性，一致性表示被分析的案例在多大程度上共享了导致结果发生的某个条件。当一致性大于0.9时，该条件就是结果发生的必要条件。本文采用fsQCA4.0软件进行单个条件的必要性分析，结果如表5所示。

表5　单个条件的必要性分析

条件	高组织社会评价		非高组织社会评价	
	一致性	覆盖率	一致性	覆盖率
合法性	0.714	0.630	0.624	0.704
~合法性	0.665	0.580	0.672	0.598
回应态度	0.611	0.702	0.543	0.595
~回应态度	0.648	0.597	0.728	0.619
企业社会责任	0.755	0.701	0.425	0.485
~企业社会责任	0.545	0.487	0.538	0.687
信息披露程度	0.609	0.724	0.465	0.559
~信息披露程度	0.391	0.302	0.535	0.539

由表5可以看出，各变量的一致性水平都低于0.9，说明单个条件不构成高组织社会评价或者非高组织社会评价的必要条件。因此，本文认为组织社会评价是多个条件共同作用的结果，有必要将多个前因条件进行组合分析。

2. 条件组态的充分性分析

组态分析致力于研究若干条件构成不同组态而引发某种结果的充分性，使用一致性水平对组态的充分性进行衡量，本文参考Fiss的研究[24]，将组态一致性阈值设置为0.8，将PRI一致性阈值设置为0.75，并根据样本数量将频数阈值设置为1。fsQCA4.0会输出复杂解、简约解和中间解这三种复杂程度不同的解，本文将简单解和中间解都出现的条件认为是核心条件，将只在中间解出现的条件认为是辅助条件。条件组态的充分性分析结果如表6所示。

表6　条件组态的充分性分析

条件	高组织社会评价		非高组织社会评价	
	组态1	组态2	组态3	组态4
合法性	●	■	⊗	⊗
回应态度		●	⊗	●

续表

条件	高组织社会评价		非高组织社会评价	
	组态 1	组态 2	组态 3	组态 4
企业社会责任	●	⊗	●	⊗
信息披露程度	▲	●		■
一致性	0.82	0.89	0.93	0.88
覆盖度	0.21	0.17	0.24	0.22
唯一覆盖度	0.13	0.20	0.08	0.11
总体一致性	0.83		0.92	
总体覆盖度	0.52		0.64	

注：●表明核心条件存在，⊗表明核心条件缺失，■表明辅助条件存在，▲表明辅助条件缺失，空白部分表示该条件既可以出现也可以不出现。

由表 6 可知，单个组态的一致性和总体一致性都高于 0.8，说明解的可靠性较高。总体覆盖度为 0.52 和 0.64，说明组态 1 和组态 2 可以解释约 52%的案例，组态 3 和组态 4 可以解释约 64%的案例。

（1）高组织社会评价组态分析。

组态 1 中，合法性和企业社会责任发挥了核心作用。该组态表明，在食品安全危机发生后，对于危机事件没有被完全披露的组织来说，无论针对危机的回应态度是否积极，只要组织在进行危机喧嚣时强调会按照法律法规处理危机和给予受影响群体帮助，并且后续能够采取相关行动提升企业社会责任感，该危机喧嚣类型就会形成高组织社会评价。结合现实案例，此类危机喧嚣通过强调合法性，降低利益相关者对组织道德和理性方面的担忧，组织虽然没有及时地公布危机相关细节，但是通过一些慈善捐助活动、环保宣传活动等改善利益相关者的印象，通过实际行动获得高组织社会评价。

组态 2 中，回应态度和信息披露程度发挥了核心作用。该组态表明，在食品安全危机发生后，对于没有做出履行企业社会责任相关行为的组织来说，企业通过一系列渠道发布公告进行积极回应并且内容涉及合法性相关举措，同时披露危机的有关信息时，该危机喧嚣类型会形成高组织社会评价。结合现实案例，危机发生后利益相关者从组织的积极回应中看出其对危机的重视程度，该行为也是一种积极的自我表述。从印象管理的视角出发，这是危机管理者为管理和维持期望印象而将危机喧嚣作为一种印象管理技术做出的行为，同时完全公开危机的相关信息有助于满足利益相关者掌握具体情况的情感需求进而获得高组织社会评价。

（2）非高组织社会评价组态分析。

组态 3 中，食品安全危机发生后无论信息披露程度如何，只要组织进行危机喧嚣时没有采取提升合法性的措施并且发布相关公告时持消极态度，即使开展了能够体现企业社会责任的相关活动，也会导致非高组织社会评价的结果。结合实际案例，这种危机喧嚣的处理方式意味着组织不正面进行解答，没有打消外界的疑虑，即使开展了体现企业社会责任的相关活动，也会使利益相关者认为该行为是在转移外界关注点，因此会使组织社会评价处于非高的状态。可以认为，危机喧嚣中消极的回应态度和未采取合法性措施是导致该结果的主要原因。

组态4中，对于信息完全披露的组织，即使对发生的食品安全危机回应态度积极，但是没有采取合法性措施也没有开展体现企业社会责任的相关活动，最终也会导致非高组织社会评价的结果。在实际案例中，如果组织的危机喧嚣只是公布了有关危机的信息但是没有向利益相关者展示应对危机的能力，会降低利益相关者的预期并引起对组织的道德关切，进而使组织社会评价处于非高的状态。

3. 稳健性检验

为验证结果的可靠性，本文借鉴相关研究，通过调整一致性阈值和校准阈值两种方式进行稳健性检验。在其他条件不变的情况下，将一致性阈值分别调整为0.75和0.85，然后把校准的完全隶属点、交叉点和完全不隶属点调整为0.90、0.50和0.10，两种方法下组态总体一致性未发生明显改变，说明本文研究结论比较稳健。

五　结论与展望

（一）研究结论

本文选取食品安全危机作为研究背景，结合印象管理理论，探讨了在食品安全危机发生的情况下危机喧嚣对组织社会评价的内在影响，并进一步阐释社会认知关切的中介机制。具体地，本文选取了20个食品安全危机事件，从组态视角探究危机喧嚣的要素及其组合对组织社会评价的影响机制。本文得出以下研究结论。

（1）在食品安全危机发生后，危机喧嚣对组织社会评价有显著影响，相较于无危机喧嚣的组织，采取了危机喧嚣的组织更容易提升利益相关者对组织的社会评价。实验结果显示，当利益相关者感受到危机喧嚣时会认为组织行为与自己的期望一致，从而做出积极回应，组织通过危机喧嚣展现出的危机处理能力也能够吸引利益相关者，从而提升组织社会评价。

（2）社会认知关切在危机喧嚣和组织社会评价之间起到中介作用。当组织面临食品安全危机时，危机喧嚣不仅直接影响组织社会评价，还通过激发利益相关者的社会认知关切来间接塑造他们对组织的看法和态度。同时，社会认知关切从理性、情感和道德关切三种不同的角度影响利益相关者的感知，并据此形成对组织的社会评价。因此，危机喧嚣与组织社会评价之间的关系受到利益相关者社会认知关切的中介作用。

（3）合法性在危机喧嚣对组织社会评价的影响中起到核心作用。通过本文对食品安全危机发生后的组态分析可知，合法性发挥了核心驱动作用，其他要素在合法性的主导下以多种协同方式共同驱动高组织社会评价的形成，合法性的存在可以弥补其他条件的缺失，最终提升组织社会评价。在实际应对食品安全危机时，组织要摒弃单一视角，采取合适的危机喧嚣方式提升组织社会评价。

（二）研究展望

本研究也存在一定局限性。（1）研究缺乏针对危机的多阶段分析。食品安全危机的发展是一个动态的过程，在不同的危机阶段组织所采取的危机喧嚣方式有所不同，最终生成的组态和组织社会评价水平的高低也有所不同，本文尚未考虑危机的阶段变化，因此在未来研究中可以对食品安全危机的阶段进行划分，从时间维度进行更深刻的分析。（2）研究案例数量有待增多。本文选取了20个食品安全危机案例，虽符合定性比较分析中的小样本要求，但在一定程度上弱化了结论的可推广性，未来可收集更多的相关案例进行分析，提高结论的适用性。

参考文献

［1］郭相春，钟驿林，张红霞，等．绿色金融对环境污染治理的影响研究——基于数字技术的调节作用［J］．安全与环境学报，2024，24（9）：3646-3658.

［2］胡劲松，刘玉红，马德青．食品安全危机预测下食品供应链动态策略制定及协调［J］．中国管理科学，2023，31（5）：116-131.

［3］Zavyalova A, Pfarrer M D, et al. Reputation as a benefit and a burden? How stakeholders' organizational identification affects the role of reputation following a negative event[J]. *Academy of Management Journal*, 2016, 59(1): 253-276.

［4］李超．食品企业危机分析及应对措施［J］．中国食品工业，2024（12）：62-64.

［5］高学德，王镇江．危机沟通策略对地方政府信任的影响研究［J］．公共管理评论，2024，6（3）：76-98.

［6］魏玖长，唐金亮，李义娜．企业声誉在食品行业企业危机响应过程中的作用——基于两家上市公司的比较分析［J］．管理案例研究与评论，2024，17（4）：527-540.

［7］杨洁．产品质量危机情境下公开认证的效果、印象管理风险与投资者反［J］．管理评论，2023，35（1）：75-88.

［8］Gardner W L and Martinko M J. Impression management: An observational study linking audience characteristics with verbal self-presentations[J]. *Academy of Management Journal*, 1988, 31(1): 42-65.

［9］Bolino M C, Kacmar M K, Turnley W H, et al. A multi-level review of impression management motives and behaviors[J]. *Journal of Management*, 2008, 34(6): 1080-1109.

［10］于晓宇，陈依．创业中的印象管理研究综述与未来展望［J］．管理学报，2019，16（8）：1255-1264.

［11］Kuratko D, Fisher G, Stevenson R, et al. Entrepreneurial hustle: Navigating uncertainty and enrolling venture stakeholders through urgent and unorthodox action[J]. *Journal of Management Studies*, 2020, 5(57):

1002-1036.

[12] Rudic B, Hubner S, Baum M. Hustlers, hipsters and hackers: Potential employees' stereotypes of entrepreneurial leaders[J].*Journal of Business Venturing Insights*, 2021, 15.

[13] Sharkey A J. Categories and organizational status: The role of industry status in the response to organizational deviance[J].*American Journal of Sociology*, 2014, 119(5): 1380-1433.

[14] George G, Dahlander L, Graffin S D, et al. Reputation and status: Expanding the role of social evaluations in management research[J].*Academy of Management Journal*, 2016, 59(1): 1-13.

[15] 王倩，徐顽强．应急管理效能的价值回应审视与重塑——基于社会认知逻辑的分析［J］．理论月刊，2024（2）：62-70.

[16] 唐钧，田雯．中国式现代化视域下的公共危机决策：难题分析与应对策略［J］．北京行政学院学报，2023（5）：34-40.

[17] 王利平，李颖．组织的社会评价：整合框架、动态分析和未来展望［J］．外国经济与管理，2017，39（4）：52-67+97.

[18] Pollock T G, Lashley K, Rindova V, et al. Which of these things are not like the others? Comparing the rational, emotional and moral aspects of reputation, status, celebrity and stigma[J]. *The Academy of Management Annals*, 2019, 13(2): 444-478.

[19] Preacher K J, Hayes A F. Asymptotic and resampling strategies for assessing and comparing indirect effects in multiple mediator models[J].*Behavior Research Methods*, 2008, 40(3): 879-891.

[20] Oliver C. Sustainable competitive advantage: Combining institutional and resource-based views[J]. *Strategic Management Journal*, 1997, 18(9): 697-713.

[21] 王晓婷，杨永丰．组态视角下旅游网络舆情危机的回应逻辑探究——基于32个社会性案例的模糊集定性比较分析［J］．旅游论坛，2024，17（3）：49-60.

[22] 杨波，谢乐．企业危机事件网络舆情传播态势生成机理研究——基于信息生态的多阶段fsQCA分析［J］．管理评论，2022，34（7）：339-352.

[23] Piazza A, Perretti F. Categorical stigma and firm disengagement: Nuclear power generation in the United States, 1970-2000[J].*Organization Science*, 2015, 26(3): 724-742.

[24] Fiss P C. Building beter causal theories: A fuzzy set approach to typologies in organization research [J].*Academy of Management Journal*, 2011, 54(2): 393-420.

数智技术赋能国家审计腐败治理的机制与路径

张育瑄*

摘　要：我国反腐正面临数据互通困难、腐败行为隐匿性增强等现实问题。以数智技术赋能国家审计，可以打破国家审计机关与其他职能部门间的数据壁垒，有效摆脱各职能部门间信息不对称、信息质量差等现实困境，从而实现数据互通，促进各反腐职能部门发挥协同优势。通过加快构建数智审计平台、推进审计管理体系和技术体系变革、完善法律法规制度建设等方式为国家审计机关腐败治理工作开辟新路径。

关键词：国家审计　数智技术　腐败治理

一　引言

习近平同志在党的二十大报告中指出，“腐败是危害党的生命力和战斗力的最大毒瘤，反腐败是最彻底的自我革命。”在二十届中央纪委三次全会上习近平总书记强调，经过新时代十年坚持不懈的强力反腐，反腐败斗争取得压倒性胜利并全面巩固，但形势依然严峻复杂。我们对反腐败斗争的新情况新动向要有清醒认识，对腐败问题产生的土壤和条件要有清醒认识，以永远在路上的坚韧和执着，精准发力、持续发力，坚决打赢反腐败斗争攻坚战持久战。

国家审计具有法定性、强制性和权威性等特点，作为推进国家治理体系和治理能力现代化的重要抓手，在反腐工作中理应发挥好审计监督职能。然而在全面从严治党的高压态势下，腐败行为也逐渐衍生出了新形态，愈发隐匿、复杂。这导致审计人员获取证据的难度加大，不利于反腐工作的开展与推进。数智时代，数智技术的迅速发展与广泛应用深刻重塑了生产方式、生活方式、治理方式。在教育治理领域，人工智能（AI）技术有助于规避规则滞后、机制不足等风险[1]；在城市治理领域，数字技术有助于拓宽信息渠道、克服科层治理模式的缺陷[2]；在乡村治理领域，数字技术可以为乡村创新发展提供机遇，并通过多元化治理场景与方式提升服务与治理效

* 【作者简介】张育瑄，西北大学经济管理学院博士研究生，研究方向为会计与审计。

能[3]。落脚到国家审计腐败治理领域，在智能化、数字化的时代背景下，如何通过数智技术赋能国家审计腐败治理，高效应对腐败的复杂形态，已成为亟待解决的关键现实问题。

二 文献综述

（一）国家审计与国家治理

治理（Governance）作为政治哲学谱系中的核心概念，其语义场域经历了显著的历时性演变。在古典政治学语境中，该术语主要表征为以强制性权力为主导的国家统治范式（Dominant Paradigm），强调统治主体对公共事务的单向管控。20世纪70年代末期，伴随新公共管理运动的兴起与福利国家模式的转型，治理理论逐渐突破传统“统治-被统治”的二元结构，衍生出多元主体协同共治的现代性意涵[4]。这种范式转换不仅体现在学术话语的重构上，更深刻影响着全球范围内政府治理体系的现代化进程。刘家义[5]将国家治理定义为：通过配置和运行国家权力，对国家和社会事务进行控制、管理并提供服务，以确保国家安全、捍卫国家权益、维护人民利益、保障社会稳定、推动科学发展。这一定义较为全面地阐述了国家治理的内涵与本质。他提出的免疫系统论认为国家审计的本质是国家治理这个大系统中内生的具有预防、揭示和抵御功能的“免疫系统”，在经济监督、政治监督、社会监督中均发挥着重要作用。国家审计在国家治理中发挥着基石和保障作用[6]，其通过保障国家经济安全、监督制约权力运行、推进民主法治、维护公民权益以及深化改革，有效促进国家善治[5]。

（二）国家审计与腐败治理

腐败行为本质上可界定为权力寻租活动，其核心表征是行政权力与经济利益之间的非正当交换关系[7]。作为专业化的行政监督机制，国家审计在腐败行为的预防、识别、惩处及治理闭环中具有不可替代的制度价值[8]。相较于民间审计，国家审计的法定权威性与强制执行力构成了腐败治理效能的重要保障[9]。然而，伴随国家治理环境的深刻变革，现行审计体制亟须通过增强独立性来提升监督的公正性[10]，以此实现从“治已病”向“防未病”的治理效能跃迁[11]。实证研究表明，当前国家审计已形成预防-揭示-抵御的立体化反腐功能体系，在约束权力异化、优化资源配置方面成效显著[12][13]。值得注意的是，国家审计的制度演进始终与国家治理现代化进程动态耦合，尤其在全面治理与反腐高压态势下[14]，其独立性、强制性与权威性特征与腐败治理效果显著正相关[15]。

既有研究多聚焦于国家审计的本质属性与运行机理分析，但在新型腐败治理实践中存在理论解释力不足的局限：其一，既有范式难以有效应对腐败行为的隐匿性升级与复杂化演进；其二，传统治理手段在数智时代面临技术性脱嵌困境，凸显治理范式创新的迫切性。基于此，构建国家审计与数智技术的协同治理框架，通过技术赋能与制度创新的双重驱动推进腐败治理现代化，已成为突破当前治理瓶颈的必然选择。该路径不仅契合国家治理能力现代化的战略导向，更在技术逻辑与制度逻辑的融合中开辟了反腐效能提升的新维度。

（三）数智技术与国家审计

为契合新时代国家治理体系和治理能力现代化的要求，打造服务型政府，大数据技术在政府治理创新中发挥着日益重要的作用[16]。随着大数据技术与会计智能化的快速发展，国务院明确提出要加强审计信息化建设，在此背景下，大数据审计应运而生[17]。研究表明，数智技术的应用显著提升了审计人员的数据处理与分析能力，在提升审计工作效率与精确度方面取得显著成效。同时，数智技术的应用还能够有效降低人为干预，减少因主观疏忽或故意行为导致的审计风险[18]。数智技术的独特优势为国家审计工作的开展提供了有力支撑[19]，并推动传统审计工作模式在新时代背景下的转型升级。将大数据、区块链、人工智能等数智技术与国家审计深度融合，不仅能够强化国家审计的监督职能，还能显著提升其在腐败治理工作中的精准性和实效性，为打赢反腐败斗争攻坚战持久战提供强有力的技术支撑。

三　我国反腐面临的现实困境

（一）"数据孤岛"困境

1.“数据鸿沟”现象的普遍性

当前，我国各地区经济发展水平和数字化建设程度存在显著差异，政府部门间数据存储格式与标准尚未实现统一化、规范化。这种差异直接造成了数据库建设质量的参差不齐，形成了政府职能部门之间、政府与企业之间的“数据鸿沟”。部分城市已实现政务数据的电子化管理和动态更新，建立了较为完善的数据库维护机制，部分地区仍存在数据库建设流于形式、数据更新滞后等问题，严重制约了数据效能的发挥。

2. 数据共享与开放的制度性障碍

政务信息的封闭性导致数据流动性不足，可获取性较低。各级政府部门数据库普遍存在数据碎片化、质量低下等问题，虽然表面上看数据库建设已初具规模，但实际使用价值有限。这种“数据孤岛”现象不仅阻碍了部门间的数据交叉验证与补充，也对反腐工作中的证据收集造成了实质性困难。

（二）腐败行为愈发隐匿复杂

1. 腐败形态的演变特征

在全面推进依法治国的背景下，显性腐败已得到有效遏制[20]。然而，腐败行为呈现新的特征：一是行为方式更加隐蔽，腐败分子利用制度漏洞和监管盲区，将非法行为嵌入日常公务活动；二是利益输送手段更加复杂，行贿者通过多层次、多渠道的交易方式规避监管；三是腐败网络更加严密，形成了更具组织性的利益共同体。

2. 审计监督面临的挑战

审计机关作为维护经济秩序的重要力量，在应对新型腐败时面临证据获取难、行为认定难等现实困境。这种困境的根源在于权力运行中的信息不对称：政府官员凭借职权优势形成信息垄断，而社会主体处于信息劣势地位，这种结构性失衡为权力寻租提供了制度空间。这种信息获取能力的不对等，很容易滋生信息垄断、权力寻租等腐败行为。

（三）政府部门体制机制障碍

1. 协同反腐机制不健全

反腐工作需要构建多方参与的协同治理体系，但部门利益冲突和权力博弈，导致信息共享不畅、工作协调困难，严重削弱了反腐效能。特别是在基层数字治理领域，虽然各类政务服务平台数量众多，但缺乏统筹规划，跨部门协同应用水平亟待提升。

2. 制度性漏洞与监督乏力

现行体制机制存在明显短板，这些制度性缺陷为滋生腐败提供了温床，加剧了腐败现象的蔓延。具体而言，主要表现在以下三个方面。首先，金融、财政、行政管理等关键领域的改革相对滞后。在金融领域，监管体系尚未完全适应科技金融的快速发展，存在监管真空和套利空间，为权力寻租提供了可乘之机。其次，新建立的制度框架尚待细化完善。近年来，我国在反腐倡廉制度建设方面取得了显著进展，出台了一系列重要法规和政策。然而，许多新建立的制度仍停留在框架性、原则性层面，缺乏具体的实施细则和操作指南。最后，制度执行缺乏有效监督。制度的生命力在于执行，而当前制度执行过程中存在监督乏力的问题。一方面，监督主体分散，纪检监察、审计、司法等监督力量尚未形成有效合力，存在监督盲区。另一方面，监督手段相对单一，主要依赖事后监督，缺乏事前预防和事中控制的有效机制。

四　数智技术赋能国家审计反腐的作用机理

数智技术作为数字化与智能化技术深度融合的新型技术体系[21]，具有高效性、精准性和创新性等显著特征。在数字化转型背景下，数智技术与各领域的深度融合已成为不可逆转的发展趋势。这一趋势与各级审计机关推进信息化建设、提升审计效能的目标高度契合。研究表明，将数智技术整合应用于国家审计反腐工作，不仅能够优化审计流程、提高审计质量，还能显著增强反腐工作的精准性和实效性[22]。具体而言，通过大数据分析、智能识别和预测预警等功能，有效提升审计监督的覆盖面和穿透力，从而为推进国家治理体系和治理能力现代化提供强有力的技术支撑。

（一）数据自动抓取处理助力审计提质增效

其一，数智技术应用于审计领域，能极大提升数据收集的效率和准确性。具体而言，数智技术拥有强大的数据处理能力，能够迅速且高效地从多个来源（包括但不限于企业财务系统、银行交易系统、公共数据库、社交媒体平台等）抓取数据。这一过程不仅大大缩短了传统数据收集所需的时间，还显著提升了数据的全面性、客观性和时效性。进一步，数智技术通过预设的规则和算法，自动清洗、处理数据，确保数据质量符合审计分析要求。这极大减轻了审计人员手动处理数据的负担，使他们能够将更多精力投入到数据的分析和解读中，从而提高数据处理的速度和效率。同时，数智技术对于确保审计证据的充分性与适当性也起到了至关重要的作用。一方面，数智技术的应用显著减少了人工输入与操作环节，这不仅降低了因人为疏忽或疲劳导致的数据输入错误，还通过减少人为干预，确保了审计数据的客观性和准确性，为审计结论的公允性提供了更加坚实的数据基础。另一方面，数智技术具备强大的数据校验能力，能够对数据进行一致性检查，确保不同来源的数据在格式、内容和逻辑上保持高度一致，从而有效避免数据冲突和矛盾，进一步增强审计证据的可信度和说服力。其二，数智技术还极大地拓展了审计取证的范围。在数智技术的加持下，审计人员不仅能够处理和分析更多的业务数据，还能够以更全面的视角审视被审计对象的基本情况，全方位、多维度地识别潜在的腐败问题和风险点，从深度与广度两个层面提升审计证据搜寻效率。其三，相较于传统的审计模式，数智技术让审计行为不再局限于事后审查的被动局面，而能够通过实时监控和预警系统，实现业务全流程的动态监控。这意味着，审计人员能够在问题发生之前或初期就及时发现并采取措施予以纠正，真正实现“防患于未然”。

（二）智能化数据分析助力优化风险评估

其一，数智技术可以通过对数据的清洗，去除冗余和错误的信息，提高数据质量，为腐败风险评估提供更加可靠的数据基础；通过整合来自不同渠道、不同结构的数据，形成一个全面、准确、实时的数据库，为审计人员评估腐败风险提供更为全面准确的依据。其二，数智技术可以通过对风险因素的智能识别优化风险评估。

其可通过大语言模型、机器学习算法对腐败治理案例进行学习，训练出一个腐败问题识别模型，自动监控、识别、量化潜在的风险因素。这种模型可以根据干部的职级、职位、习惯、爱好、家庭成员等实际情况进行动态调整。这种自动识别方式比人工识别更加客观准确，能够发现传统审计方法难以识别的风险因素。其三，数智技术有助于实现风险实时预测与智能预警。其通过对海量数据的收集与分析，为不同层级不同部门的领导干部设置多个风险阈值，并通过对经办业务、项目审批流程、经费使用等情况进行实时监控，及时发现风险。其四，数智技术有助于审计人员全面分析评估数据。传统审计主要依赖抽样方法，受到成本和人力制约，审计抽样本身存在一定风险性，不恰当的应用会导致审计证据缺乏适当性、审计结果不精准。而数智技术中的机器学习算法和人工智能技术可以对数据进行挖掘、提取和比对，对相关行为进行全方位的评估，从而帮助审计人员更加客观地分析风险。

（三）“智能决策”助力风险高效应对

将数智技术与国家审计深度融合，推动审计工作的智能化发展，有助于更高效地识别风险，提升反腐工作的质量和效率。其一，数智技术凭借强大的数据处理与分析能力，能够对海量的腐败案例进行系统深入的学习。在这一过程中，它不仅能够提取出腐败行为共有的特征，还能精准识别各类腐败行为的特质。当面对一个新的腐败案例时，借助智能化算法，能够在短时间内找到与新案例最为相似的历史案例，并自动调取分析这些案例所采取的应对措施，为新案例提供借鉴。这样，审计人员得以更加迅速且精确地制定针对性的审计策略。这种基于“学习效应”的分析模式，不仅提高了审计工作的响应速度，也增强了审计结果的准确性，从而在整体上优化审计效能。其二，数智技术还能够自动完成原本烦琐且耗时的审计工作。例如，数据采集、数据预处理以及风险评估等环节，都可以借助数智技术实现自动化处理。数智技术的引入，极大地减轻了审计人员的工作负担，使他们能够摆脱重复劳动，将更多的时间和精力投入到对复杂审计情形的深入分析和判断。这不仅提升了反腐工作的整体质量，也进一步推动了审计工作的专业化和精细化分工。其三，数智技术拥有强大的（结构化、非结构化）数据处理能力。通过对海量数据的深入挖掘和分析，数智技术能够为审计人员提供科学、客观的决策依据，同时，还能够运用先进的预测算法，对数据的未来走向进行准确的预测。这一功能对审计人员准确地判断审计对象的经济活动趋势和潜在风险点尤为重要，有助于精准识别相关风险，制定更为有效的审计策略和风险防范措施。

五　数智技术赋能国家审计腐败治理的路径探索

根据前文分析，数智技术通过拓宽信息来源渠道、保障数据客观准确、提供实时预测与智能预警等方式赋能国家审计腐败治理。本部分将基于作用机理，探究数智技术赋能国家审计腐败治理的路径。

（一）加快构建数智审计平台

数智审计平台的核心优势在于其强大的数据处理能力。通过完善的数据采集机制，平台能够实时、准确地汇聚来自各级政府部门的海量数据，包括但不限于财务记录、项目审批、公共资源分配等关键信息。在此基础上，平台运用先进的数据处理和分析技术，对这些数据进行深度挖掘和智能分析，以揭示数据背后隐藏的关联性和异常模式[22]。这一过程不仅有助于审计人员快速锁定潜在的腐败风险点，还能为制定更为精准的审计策略提供科学依据。

更进一步，平台将构建一个反腐大数据库，该数据库集成了各级审计机关在反腐工作中积累的大量案例、经验和知识。通过持续的数据更新和算法优化，大数据库能够不断自主学习和进化，为审计工作提供更加智能、全面的支持。无论是分析腐败行为的趋势特征，还是预测潜在的风险领域，大数据库都能发挥不可估量的作用。

除了数据处理和分析功能外，数智审计平台还应具备实时监控和风险预警功能。通过集成先进的监控技术和算法，平台能够实时跟踪和分析政务数据的动态变化，一旦发现异常或可疑情况，立即触发预警机制，向审计机关和相关监管部门发送警报。这种实时监控和风险预警功能将极大地缩短发现问题和采取行动的时间间隔，有效防止腐败行为的蔓延和扩散。

（二）加快推进审计管理体系和技术体系变革

国家审计机关需要从管理体系和技术体系两个层面进行全面升级。在管理体系方面，需要重塑审计流程，优化审计资源配置，强化审计质量控制，确保审计工作的规范性和高效性。同时，还需要加强审计人员的数字化素养和技能培训，提升其对新技术、新方法的掌握和应用能力。

在技术体系方面，数智化转型的核心在于实现审计工作的数字化、智能化和自动化。这要求审计部门充分利用前沿数智技术，对审计工作进行深度优化。例如，通过大数据技术的运用，审计部门可以实现对海量数据的快速处理和分析，发现数据中的异常和关联，为审计决策提供科学依据[23]。同时，人工智能技术可以辅助审计人员进行数据审核、报告撰写等工作，提高审计效率和质量。此外，区块链技术的引入为审计数据的真实性和不可篡改性提供了有力保障。区块链技术具有去中心化、分布式存储、可加密等特点，保障了审计数据的完整性和可信度。审计部门可以利用区块链技术构建审计数据链，将审计过程中的关键数据和信息上链存储，实现数据的可追溯和不可篡改。这不仅有助于提升国家审计的公信力，还能有效遏制腐败行为的发生。

（三）完善法律法规和制度建设

其一，制定并完善数据安全和隐私保护相关法律是保障数智审计健康发展的基石。随着数据的“井喷式”增长和结构复杂性的增加，如何保障数据的安全性和可靠性成为亟待解决的关键问题。因此，需要制定严格的数据安全和隐私保护法规，明确审计数据的收集、存储、处理和使用标准，规范数据流转过程中的安全责任和义务。这些法规应涵盖数据的加密、备份、恢复、访问控制等关键环节，确保审计数据在传输、存储和处理过程中不受未经授权的访问、篡改或泄露。

其二，制定数智审计标准和规范是推动数智审计规范化和标准化发展的关键。数智审计作为一种新兴的审计模式，其应用过程涉及多种技术和方法，如大数据分析、人工智能算法、区块链技术等。为了确保数智审计的质量和准确性，需要制定一套科学、统一、可操作的数智审计标准和规范。该标准和规范应涵盖数智审计的各个环节，包括审计计划的制订、审计方法的选择、审计数据的处理和分析、审计报告的撰写等。通过制定数智审计标准和规范，引导审计人员正确、高效地运用数智技术，提高审计工作的规范性和标准化水平。完善的规范体系是约束腐败行为的前提，为国家审计的腐败治理提供根本遵循。

结　语

腐败治理是国家治理体系和治理能力现代化的重要组成部分。随着信息技术的发展，腐败问题呈现隐匿化、复杂化、形式多样化等新特点，这对国家审计机关提出了新的挑战。数智技术具有高效性、精准性、创新性等特性，在腐败治理中能发挥独特优势。本文通过分析我国腐败治理在新时代背景下面临的现实困境与挑战，强调数智技术赋能国家审计腐败治理的必要性与紧迫性；通过分析数智技术赋能国家审计反腐的作用机理，明确数智技术在国家审计腐败治理中的应用重点；通过探索数智技术赋能国家审计腐败治理的路径，打破新时代背景下国家腐败治理的困局。通过运用数智技术，克服“数据孤岛”、隐性腐败等现实困境，缓解审计机关与其他职能部门间的信息不对称问题，进而开辟新时代背景下腐败治理工作的新路径，切实满足腐败治理的现实需要。

参考文献

［1］张静．大数据背景下的审计探究［J］．现代审计与会计，2024（7）：44-45.

［2］张继涛，范子轩．智慧社区时代城市基层治理转型：路径与趋势［J］．湖北大学学报（哲

学社会科学版)，2024，51 (2)：153-162+178.

[3] 黄朝椿．数字技术赋能乡村振兴：内在逻辑、现实困境与突破路径 [J]. 改革，2024 (7)：55-64.

[4] Rhodes R A W. The new governance: Governing without government [J]. *Political Studies*, 1996, 44 (4): 652-667.

[5] 刘家义．论国家治理与国家审计 [J]. 中国社会科学，2012 (6)：60-72+206.

[6] 蔡春，朱荣，蔡利．国家审计服务国家治理的理论分析与实现路径探讨——基于受托经济责任观的视角 [J]. 审计研究，2012 (1)：6-11.

[7] 秦荣生．深化政府审计监督 完善政府治理机制 [J]. 审计研究，2007 (1)：3-9.

[8] 李明辉．政府审计在反腐败中的作用：理论分析与政策建议 [J]. 马克思主义研究，2014 (4)：106-115.

[9] 梁毕明，陈跃沂．国家审计在国家治理中的路径及功效研究 [J]. 会计之友，2020 (13)：125-129.

[10] 赵保卿，王苹芝．我国国家审计公告制度及其效应分析 [J]. 北京工商大学学报（社会科学版)，2012，27 (5)：79-83.

[11] 王帆，谢志华．政策跟踪审计理论框架研究 [J]. 审计研究，2019 (3)：3-10.

[12] 蔡思培，程博．国家审计现代化内涵与发展路径 [J]. 商业会计，2021 (24)：35-37.

[13] 王天宇，谭艺多．国家审计服务国家治理现代化研究：主题与趋势——十八大以来的CSSCI 期刊源文献分析 [J]. 绿色财会，2021 (6)：31-35.

[14] 贺芳，王芳．有效提升审计服务国家治理能力的主要路径探析 [J]. 当代会计，2020 (14)：90-91.

[15] 陈丽红，张龙平，朱海燕．国家审计能发挥反腐败作用吗？[J]. 审计研究，2016 (3)：48-55.

[16] 赵云辉，张哲，冯泰文，陶克涛．大数据发展、制度环境与政府治理效率 [J]. 管理世界，2019，35 (11)：119-132.

[17] 刘国城，马欣萌，徐志．审计全覆盖驱动下大数据审计平台构建研究 [J]. 会计之友，2021 (11)：125-132.

[18] 宋常，黄文炳．基于国家治理新动向的国家审计若干思考 [J]. 审计研究，2015 (2)：7-13.

[19] 唐衍军，黄益，蒋煦涵．区块链技术赋能突发公共事件审计研究 [J]. 会计之友，2021 (17)：150-155.

[20] 唐衍军，蒋尧明．政府审计推进腐败治理研究——基于区块链技术赋能视角 [J]. 会计与经济研究，2020，34 (4)：46-58.

[21] 王秉．何为数智：数智概念的多重含义研究 [J]. 情报杂志，2023，42 (7)：71-76.

[22] 申孟宜，谷彬．论大数据时代的政府监管 [J]. 中国市场，2014 (36)：32-40.

[23] 李后强，李贤彬．大数据时代腐败防治机制创新研究 [J]. 社会科学研究，2015 (1)：29-36.

基于数据安全视角的生成式人工智能风险与治理*

李英楠　汪彦瑛**

摘　要：数据安全风险是生成式人工智能安全风险的重要方面，涉及数据收集、分析、存储与传输各个阶段，以数据污染、“算法歧视”、“算法黑箱”与数据泄露为表征。其治理困境体现在数据来源合法性、数据安全风险的隐蔽性以及技术发展与数据安全间的价值冲突。对此，本文指出生成式人工智能中的数据安全风险治理应当立足于发展和安全并重的理念，构建生成式人工智能企业内部合规风险防控机制，加强行政机关对数据安全风险的监管，激活司法机关数据安全合规建设职责，为生成式人工智能技术的创新提供法治保障。

关键词：企业合规建设　生成式人工智能　数据安全风险　风险治理

一　背景与问题

生成式人工智能（Generative Artificial Intelligence，GAI）是一种通过计算机算法和数据生成新的、具有实际价值的内容的新兴人工智能技术，其运作机制的核心在于学习数据的内在规律和模式进而生成新的数据实例，因此数据与算法是不可或缺的两个要素。大数据时代的到来和信息技术的发展带来了数据资源的大量增长、计算能力的显著提升与深度学习算法的突破，推动以ChatGPT为代表的生成式人工智能技术的跨越式发展，深刻改变了人类的生产和生活方式。与此同时，生成式人工智能技术在各个领域的广泛应用也引发了新的社会风险，如未经权利人许可就将其创作的内容用于数据训练、创建恶意软件代码用来从事违法犯罪活动、泄露关涉国家安全的数据等。这些安全风险对个人及企业的合法权益、社会公共利益乃至国家安全都产生了一定威胁。

---

* 【基金项目】2024年甘肃省人民检察院检察理论研究课题（GSJC2024-14-03）；甘肃省教育厅2024年高校教师创新基金项目（2024A-229）。

** 【作者简介】李英楠，甘肃警察学院法律系讲师，研究方向为数字经济治理；汪彦瑛，临夏州人民检察院一级检察官。

为应对生成式人工智能带来的新的风险挑战，2023 年 7 月，国家网信办联合工信部、公安部等七部门出台了《生成式人工智能服务管理暂行办法》，以实现推动人工智能产业发展与维护国家安全之间的平衡，但在安全风险治理方面，该条例并未过多涉及，实践中存在的安全风险问题未能得到有效解决。学界对于生成式人工智能引发的风险及其治理从不同角度进行了深入研究，有学者关注生成式人工智能风险的划分，认为生成式人工智能特有的风险包括生成式人工智能带来的个人信息风险、知识产权风险和技术滥用与信息内容安全风险三个方面[1]。有学者探讨生成式人工智能的刑事责任问题[2]。也有学者探讨利用生成式人工智能技术实施具体犯罪的定罪量刑问题[3]。总体而言，既有研究大多是对生成式人工智能引发的安全风险进行系统性分析并予以规制，在一定程度上忽视了数据在生成式人工智能运作中的基础作用，对其中存在的数据安全风险及其治理机制的专门研究较为欠缺，且对人工智能企业在数据安全风险治理中的主体作用多有忽视。鉴于此，本文基于生成式人工智能的运行机理，集中探讨生成式人工智能引发的数据安全风险，分析其治理困境，并从企业合规建设的视角出发，探寻生成式人工智能数据安全风险的有效治理路径。

二　生成式人工智能中的数据安全风险

（一）数据安全的内涵阐释

数据本质上是信息的载体，立法上对于数据安全的定义经历了从依附到独立的过程。2015 年施行的《国家安全法》提出“国家建设网络与信息安全保障体系，……实现网络和信息核心技术、关键基础设施和重要领域信息系统及数据的安全可控”，明确将数据安全作为国家安全的重要组成部分，但并未对数据安全的内涵进行具体阐释。2017 年实施的《网络安全法》将网络数据纳入网络安全的范畴，但未赋予数据安全独立地位。2021 年通过的《数据安全法》首次对数据安全概念进行了解释，即数据安全是指“通过采取必要措施，确保数据处于有效保护和合法利用的状态，以及具备保障持续安全状态的能力”。从该定义中可以归纳出数据安全的三大动态评价指标，即有效保护、合法利用及保障持续安全状态的能力。这三大指标是评估数据安全的基本维度，不仅涉及静态层面上数据本身的安全，即传统的信息安全“保密性、完整性、可用性”三要素，还涉及动态层面上的数据利用安全。

1. 有效保护

有效保护侧重于维护数据自身安全，是指通过运用必要的技术、管理和法律措施，确保数据在存储、处理、传输等各个环节免受未经授权的访问、使用、泄露、篡改或破坏。实现数据有效保护包括技术手段和制度手段两个层面，前者即数据加密、访问控制、安全审计及物理与网络安全等方式，后者则通过构建完备的、涵盖《网络安全法》《数据安全法》《刑法》等的数据安全法律制度体系来实现。

2. 合法利用

合法利用侧重于数据利用安全，是指数据在符合法律法规、合同协议和业务要求的前提下，被合理、合规地使用。数据本身不具有价值，其价值在于利用，即海量数据的汇聚、流动、处理和分析活动。数字经济的发展要求数据能够被充分开发利用，而确保数据合法利用是促进数据开发利用和产业发展的重要前提。实现数据合法利用的关键要素在于正当性，即保证数据的收集、处理、存储和传输等活动符合相关法律法规的要求，遵守与数据相关的协议，如数据共享协议、隐私政策等，并根据业务需求合理使用数据，避免数据滥用或泄露。

3. 保障持续安全状态的能力

保障持续安全状态的能力同样侧重于数据利用安全，是指通过建立健全数据安全管理体系和应急响应机制，确保数据在遭遇安全缺陷、漏洞等风险时得以保持持续的安全状态。保障持续安全状态的关键要素是可控性，即将数据大规模汇聚、流动、处理和分析活动纳入管控过程之中，将风险维持在一定可接受的水平。要具备保障持续安全状态的能力，需建立全面的数据安全管理体系，制定完善的应急响应预案和流程，确保在发生数据安全事件时能够迅速响应、有效处置，同时对数据安全状态进行持续的监控和评估，及时发现并处理潜在的安全风险。

（二）生成式人工智能运行中的数据安全风险表征

生成式人工智能中的数据安全风险超越了传统意义上的数据自身的安全风险，而是贯穿于数据流通的全过程，属于典型的动态数据利用安全①。从企业合规视域出发，企业开发运用生成式人工智能的各个阶段均可能存在数据安全风险，可据此对其风险表征加以探讨。

1. 数据收集阶段

高质量数据对生成式人工智能而言至关重要。企业在研发生成式人工智能大模型时需要向其投喂大量的、多样化的数据来进行训练和优化，这些数据都来自网络空间。因此，数据收集是生成式人工智能训练和学习的基础，在此阶段存在的安全风险主要在于数据污染，即由人为因素导致的数据质量方面的问题。数据污染包括两个层面的含义。一是实体意义上的，也就是数据可能由于各种原因被篡改、伪造或损坏，从而对其完整性、准确性和可靠性造成负面影响，如黑客通过利用程序漏洞、恶意软件植入等方式对用于训练生成式人工智能的数据进行篡改或破坏，或者训练数据中包含错

① 传统的数据安全风险，就是指数据自身安全层面的风险，主要表现为对数据自身保密性、完整性和可用性的侵害。数字经济时代的数据安全风险则超越了传统意义，不仅针对数据自身的安全，还包括多源大量数据聚合和分析可能带来的安全风险，生成式人工智能面临的数据安全风险正是此意义上的。

误信息、重复数据等质量不高的数据，甚至该数据本身存在偏差。实体层面的数据污染会导致数据集从源头上失真，进而造成生成式人工智能输出有害信息，侵害个人、企业的合法权益，甚至导致公共利益受损，危及国家安全。二是程序意义上的，集中表现为数据来源的合法性问题。虽然数据来源不合法一般不会直接造成人工智能决策失误，但是仍然会产生危害结果。例如，未经他人授权或超出授权范围收集个人信息，可能会侵害他人个人信息或者隐私权；自动采集受著作权保护的数据会侵害他人著作权；采取侵入性较强的措施或增加被爬方服务器负担非法获取计算机信息系统数据可能会构成非法侵入计算机信息系统罪、非法获取计算机信息系统数据罪；违反 Robots 协议或破坏反爬措施非法采集关涉国家安全的数据，可能会构成危害国家安全罪[4]。这些非法收集数据的行为会给企业带来一定的刑事合规风险，降低数据分析的效率，从而影响生成式人工智能的有效利用。

2. 数据分析阶段

生成式人工智能的数据分析实际上就是利用算法和模型对收集到的数据进行深入分析和挖掘，从而发现数据中所蕴含规律的过程，此阶段存在的数据安全风险主要在于“算法歧视”与“算法黑箱”。“算法歧视”是指在生成式人工智能进行内容生成时，由算法设计者的偏见或算法本身的局限性导致的对特定群体的系统的不公正对待[5]。而“算法黑箱”是指在人工智能应用中，由于数据收集的非结构化和非标准化以及数据来源不明确和处理过程透明度的缺乏，使用者难以理解模型的决策逻辑及其依据，从而无法理解其推断的理由，也无法对算法进行有效的评判和监督[6]。企业在研发生成式人工智能大模型时，需要在其中嵌入一定的算法来进行数据分析并生成新数据。在设计算法的过程中，“算法歧视”与“算法黑箱”的问题几乎是无法避免的。首先，算法的设计者必然会存在一定的个人偏好、价值取向或认知局限，在设计时很可能会将其嵌入算法中，进而对生成式人工智能的生成内容产生影响；其次，算法本身在处理复杂问题时也存在局限性，其在分析数据时可能形成一些错误的关联，导致决策结果不够公正或者生成内容不够准确①；最后，大数据时代的人工智能要求尽可能收集海量数据，然后通过算法建立数据之间的相关关系，进而生成内容，生成式人工智能在此过程中只能输出结果，而无法告知得出结论的依据。这些风险都可能导致生成式人工智能产出大量虚假信息，甚至被利用生成恶意内容，从而对人们的思维和行为产生误导和负面影响，不法分子也会通过操控算法来实施诈骗等违法犯罪行为。

3. 数据存储、传输阶段

生成式人工智能技术作为数智化时代数字技术创新的典型代表，凭借强大的数据处理能力和算法优化能力赋能各行各业。企业在运用生成式人工智能提高生产效率、

① 统计学上认为，数据分析中往往隐藏着一些错误的关联，这些关联虽然有显著的统计意义，但并不能通过客观现实的检验，这种关系被称作伪相关。样本数据的数量与数据的随机性都可能导致伪相关。

实现产业转型升级的过程必然涉及数据的存储和传输。数据存储、传输阶段存在的安全风险主要在于数据泄露。数据泄露是指数据被意外或非法破坏、丢失、更改，未经授权披露或访问、传输、存储或以其他方式处理，从而损害其可用性、完整性和保密性。在数智时代，几乎每个个体都存在物理与数字双重生活场域，虚拟与现实的界限越来越模糊，物联网蓬勃发展,人工智能的应用范围越来越广泛，大量个人数据、企业数据、公共数据被收集后储存至云端，形成海量的语料库，并在系统中快速传输，为全球用户提供服务。生成式人工智能可以收集个体消费、社交等行为所产生的数据并进行运算分析，绘制个体数字肖像。只要企业将这种技术与大数据结合，就能实现对网络用户的监控与数据分析，向其提供个性化服务从而牟取经济利益[7]。这种方式尽管有助于企业获得更多收益，但会侵害公民个人信息安全和隐私权。此外，个人数据泄露后一旦流入网络黑灰产业，将使数据主体落入电信诈骗、定向网络攻击等陷阱。企业数据的泄露可能会使其遭受财产损失，影响企业的声誉和竞争力。关涉国家安全的重要、核心数据的泄露则直接危害国家安全。

三　生成式人工智能发展中数据安全风险的治理困境

正如前文所述，生成式人工智能数据安全风险贯穿于其运行的各个阶段，也与企业数据安全合规管理全过程息息相关，影响着生成内容的合法性与准确性，也对个人、企业的合法权益和国家安全具有重要意义。要对生成式人工智能发展中的数据安全风险进行有效治理，首先需要明确其中的治理困境。

（一）数据来源合法性问题亟须解决

生成式人工智能的运行以数据为基础，尤其是需要运用大量数据训练人工智能模型，使其能够更为精准地理解相关领域的知识，继而生成更符合人类思维习惯的内容[8]，故保障训练数据的数量与质量至关重要①。在获取数量众多、内容多样、真实准确的数据的过程中，数据来源合法性问题很容易被忽视。生成式人工智能在数据训练过程中对数据的调取和处理是默认的，其数据来源主要有两种：一种是公开的、来自开放平台的数据；另一种是有知识产权的数据[9]。收集公开的、来自开放平台的数据虽不涉及权属问题，但在数据收集过程中也会涉及个人信息和隐私，在未取得数据主体知情并同意的情况下收集这些数据，或收集这些信息之后没有按照事先声明的目的使用，或超出了数据主体同意的范围非法使用的，可能会侵犯公民的隐私权。如果利用非法获取的个人信息实施有针对性的犯罪活动，很有可能构成侵犯公民个人信息

① 训练数据在数量方面要求数据规模大且结构多样化，在质量方面则要求数据具有真实性、准确性、客观性，这两个条件是生成式人工智能有效运行、生成正确内容的前提。

罪[10]。如果收集的数据属于商业秘密，企业没有尽到妥善保管的义务，导致这些数据被公开发布或恶意使用给企业带来巨大的商业损失的，可能构成侵犯商业秘密罪。此外，一些较为特殊的公开数据如政府部门公开的公共数据等还会设置反爬措施禁止爬取，破坏反爬措施爬取数据的行为同样属于非法收集数据，如果企业将这些机密泄露给他国，对我国的国家安全造成严重威胁，也可能构成危害国家安全罪。而收集存在明确的权属关系的数据则受到知识产权法的约束，从理论上来说先获得权利人授权才能使用，否则构成知识产权侵权。但是鉴于生成式人工智能收集数据的特点，要获得每个权利人的许可在实践中很难做到，即使能做到也会增加企业的合规成本。

由此可见，生成式人工智能的主要数据来源很难确保合法。我国现行立法对于生成式人工智能数据来源的合法性问题有明确要求，《生成式人工智能服务管理暂行办法》第七条规定：生成式人工智能服务提供者应当依法开展预训练、优化训练等训练数据处理活动，使用具有合法来源的数据和基础模型。《个人信息保护法》《数据安全法》等法律也要求企业在数据收集过程中保护个人信息、维护数据安全，但基本都属于原则性规定，对于数据来源合法性的认定标准、企业应当如何实现数据来源合法、主管部门如何进行安全监管、收集数据来源不合法应当承担何种责任等问题并无详细说明，致使企业数据安全合规管理工作缺乏依据，数据安全风险无法得到有效治理。

（二）生成式人工智能数据安全风险具有隐蔽性

首先，生成式人工智能的数据安全风险表现多样，包括数据污染、“算法偏见”、“算法黑箱”、数据泄露等，且隐藏在复杂的算法逻辑、庞大的数据集或极易被忽略的操作环节中，这些多样化的风险很难被直接感知，并且难以预测，往往在暴露之后才能够采取相应的应对措施，致使风险治理工作变得更加困难。此外，由于生成式人工智能具备自主学习和迭代能力，其潜在的数据安全风险还可能会随着技术的不断发展而发生变化[11]。其次，生成式人工智能运行涉及诸多环节，包括数据收集、分析、存储和传输等，各个阶段技术的复杂性都会加强风险的隐蔽性。如数据收集时存在的群体偏差、行为偏见等数据偏差在实践中很难被发现，即便其生成了错误的结果，但是由于这种错误结果与系统保持了一致性，无论是企业还是用户都很难发现这种错误。又如用户自身无法察觉个人数据在传输和存储过程中可能遭受的窃取、篡改等攻击，即使损害后果已经出现也无法获知自己的个人信息和隐私是在哪个环节遭到泄露。最后，人们对于生成式人工智能数据安全风险的认知和评估还存在一定的不足。一方面，由于技术的日新月异和应用的深入，人们对于这些风险的认知必然存在滞后性；另一方面，由于技术上的局限性，对于生成式人工智能的数据安全风险缺乏有效的评估方法和工具，难以对其加以量化和准确的评估，这也进一步增强了风险的隐蔽性。这种隐蔽性决定了作为监管机构的行政机关、司法机关难以在事前察觉风险，其介入时间往往是在安全风险发生时或者发生后。而人工智能数据安全风险一旦触发便可能迅速扩散，即便监管机关立即介入采取措施，造成的危害结果也很难得到有效弥补。可见，生成式人工智能数据安全风险的隐蔽性为监管机构的外部监管增加了困难。

（三）生成式人工智能技术发展与数据安全间的价值冲突

当前，生成式人工智能技术发展与数据安全间存在一定的价值冲突。首先，生成式人工智能的发展需要海量数据作为支撑，数据收集过程涉及个人信息、隐私权、企业商业秘密等，我国现行立法如《个人信息保护法》明确规定，处理个人信息应当取得个人同意，而生成式人工智能以大数据为基础，收集的数据规模动辄上亿，一一征求同意极大增加了企业的数据使用成本，不利于技术创新和产业发展。其次，数据的共享和流通是释放数据要素价值、提升产业创新能力的过程，同时也可能带来更多的安全风险。生成式人工智能基于数据和算法生成新的内容，具有强大的分析能力，即使本身与国家安全无涉的大量数据经过计算分析之后，也可能威胁国家安全①。最后，当今社会正处于技术爆炸的时代，生成式人工智能技术日新月异，新的数据安全风险不断出现，超出了现行立法的规制范围，这种立法的滞后性也增加了数据安全风险的治理难度，阻碍了生成式人工智能技术发展。要解决技术发展与数据安全间的价值冲突，就需要充分发挥外部监管机构的作用，将企业合规建设作为考量因素，在对违法犯罪行为进行处罚的同时激励企业建立健全数据安全管理制度，以确保企业在实现技术创新的同时维护数据安全。

四 生成式人工智能数据安全合规治理路径

生成式人工智能是一种新兴技术，当前我国对相关的风险治理以政府主导为主，以行业自治、用户监督为辅。这一风险治理模式充分发挥政策的引导作用，满足了生成式人工智能风险治理的现实需求，有助于产业创新发展，但是也存在诸多缺陷[12]。首先，政府对生成式人工智能发展缺乏必要的专业知识、专业人才和充分的信息，难以准确把握行业的发展现状和未来趋势；其次，政府治理成本较高且规制成效不佳[13]；最后，政府在对生成式人工智能风险进行治理时还面临多头管理、不同部门间职能重叠与冲突、权责分配不明确以及整体执行效率有限的体制性障碍。而人工智能企业作为推动技术发展的主要力量，其自身开展安全治理工作具有技术、管理等诸多优势，需提升其合规建设的自发性和能力；同时，人工智能企业作为市场主体具有逐利的天

① 一些包含个人行程、生物识别、邮寄地址等信息的个人数据虽然本身不涉及国家安全，但是如果这些数据属于关涉国家安全的特殊人员，生成式人工智能对这些碎片化数据进行聚合分析，就可能导致国家秘密泄露。

性，其自我规制风险、进行合规建设的内在动力不足，亦需完善外部的数据安全合规激励机制。鉴于此，针对生成式人工智能中潜藏的数据安全风险，应当立足于发展和安全并重的理念，充分发挥企业的主体作用，确保企业在生成式人工智能技术开发应用过程中的合规性，实现既有效防范数据安全风险，又推动企业创新发展。

（一）构建生成式人工智能企业内部合规风险防控机制

数据合规是数字时代企业承担社会责任、彰显社会属性的应有之义，生成式人工智能企业在技术、管理、人员、资金等方面的优势也表明企业具备通过合规建设实现自我规制以防范数据安全风险的能力。生成式人工智能企业内部合规风险防控机制就是一种事前防范风险的机制，通过事先制定和发布完善的制度以规范企业数据收集、分析、存储和传输各项行为，有利于在第一时间识别数据安全风险，并将风险消除在萌芽阶段。《数据安全法》第 27 条要求企业“依照法律、法规的规定，建立健全全流程数据安全管理制度，组织开展数据安全教育培训，采取相应的技术措施和其他必要措施，保障数据安全”。据此，可以从以下两个方面来建立生成式人工智能企业内部合规风险防控机制。

其一，将企业数据安全管理制度应用于生成式人工智能运行全流程。在数据收集阶段，企业应当熟悉相关法律法规的规定，如《个人信息保护法》《数据安全法》等，保证数据收集行为不违反法律的禁止性规定。在数据收集完成后，企业还应进行内部或外部审查，检查收集数据行为是否符合法律法规与公司的政策规定，对于发现的问题，企业需及时调整和改进收集程序，确保其始终遵守法律法规。在数据分析阶段，企业应当强化员工培训，提升员工安全意识，加强伦理道德建设，提升员工对数据安全重要性的认识和对技术伦理问题的认知能力，确保员工遵守相关的行为标准和伦理准则，防止员工恶意设计算法以达成不法目的，避免安全风险的发生。在数据存储、传输阶段，企业应当根据国家、行业对数据安全管理的基本要求，结合本行业特点制定个性化的数据分类标准。在明确标准之后，依据数据重要性的不同对数据进行识别和评估，采取公开级、秘密级、机密级等标签，对级别不同的数据采取不同的管理措施。其二，建立企业内部的数据合规组织。当前大部分企业直接在原有的法务部门基础上增加数据安全合规管理职能，这容易导致职能不清、人员专业性与能力不足等问题[14]。建立专门的数据合规组织，才可以有效打通企业不同职能部门之间的壁垒，最大限度调动企业开展内部合规风险防控机制建设的积极性，也有助于对数据安全合规管理进行监管与评估，从而确保企业内部合规风险防控机制的有效性。

（二）加强行政机关对数据安全风险的监管

行政机关对数据安全风险的监管是对生成式人工智能企业自我规制的一种补充，

本质上是一种企业合规的行政监管激励机制，即在企业进行内部合规风险防控的同时，行政机关通过行政检查、调查或者要求企业公开内部评估报告等方式，对企业自我规制的有效性进行评估，有针对性地进行行政监管，从而有效防范数据安全风险。首先，应进一步完善生成式人工智能相关法规，细化数据分级分类相关标准。虽然《生成式人工智能服务管理暂行办法》对生成式人工智能发展的若干问题进行了回应，但是由于生成式人工智能技术发展迅速、风险多样，现有的法规无法有效应对其中的数据安全风险。再加上《数据安全法》对于数据分级分类保护制度只有原则性规定，因此行政机关应完善相关法规，细化数据分级分类标准，为生成式人工智能企业数据安全风险防控提供指导。其次，行政机关应当积极与企业沟通，根据企业的经营情况，对其内部合规风险防控机制进行具体指导，并针对企业存在违规运行但还未构成刑事犯罪的情况时及时介入进行调查，督促其进行合规整改，对拒不整改的企业还可以采取责令暂停营业、罚款等措施。这些监管行为，有助于提高企业防控数据安全风险、维护数据安全的合规意识，同时保障生成式人工智能技术的有序创新。最后，为达到发展与安全并重的效果，行政机关还需发挥激励机制的作用，在维护数据安全的同时推动生成式人工智能企业的发展。对于在数据违法行为发生之前已经建立了内部合规风险防控机制的企业，在违法行为发生之后采取了积极的补救措施的，行政机关可以对其免除或者减轻处罚。此外，对于依法建立内部合规风险防控机制的企业还可予以融资便利、税收激励等奖励。

（三）激活司法机关数据安全合规建设职责

赋予司法机关数据安全合规建设职责同样是一种外部合规激励措施，属于企业合规的刑事激励机制。生成式人工智能企业严重违反数据安全规则、构成数据犯罪之后，就需要发挥司法机关的职能，从外部推进企业数据安全合规建设。司法机关以外部合规激励措施排除企业罪责的制度可分为检察机关基于起诉策略的刑事合规与法院基于量刑激励的刑事合规[15]。检察机关基于起诉策略的刑事合规主要与不起诉决定配合使用，检察机关可根据案件具体情况，对符合法定条件的企业做出不起诉决定的同时责令其实施合规整改并对整改情况进行督促。2021 年最高人民检察院发布《关于开展企业合规改革试点工作的方案》之后，检察机关对符合适用条件、具有合规意愿并提出合规计划的涉案企业启动合规考察程序，设置合规考察期，指派合规监督人，考察期结束前对合规整改情况进行评估，通过后检察机关也可以做出不起诉决定，这从本质上来说是一种附条件不起诉。虽然这两种不起诉都能敦促涉案企业进行合规管理，但是由于立法未对其加以详细规定致使其在实际使用中存在一定障碍，各个地方做法不一，影响检察机关推进企业数据安全合规建设的效果。法院基于量刑激励的刑事合规则通过法院定罪量刑的方式予以实现，企业构建内部合规风险防控机制可以成为从轻、减轻或免除刑事责任的事由，从而激励企业开展数据安全合规建设。但是同样地，法院履行合规建设职责的依据也是刑事政策，目的是促进新兴技术产业乃至整个经济社会的创新发展，而刑法中并没有对其进行明确规定。企业的合规建设并不属于法定的从轻、减轻或者免除刑事责任的事由，而仅仅属于酌定量刑环节，致使这一方式能够起到的激励作用较为有限。因此，要激活司法机关数据安全合规建设职责，还需要进一步完善相关立法或者司法解释，探索检察机关责令合规整改的适用范围、条件和期限以及法院将企业合规建设作为量刑情节的正当性。

结　语

生成式人工智能技术的问世和发展深刻地重塑了人类的生产和生活方式，同时也带来了新的风险和挑战。基于数据在生成式人工智能技术中的关键性作用，数据安全风险也成为其中最为显著的风险。此风险贯穿于生成式人工智能运行全过程，包括数据收集、数据分析、数据存储及传输等阶段，以数据污染、“算法歧视”与“算法黑箱”、数据泄露为表征。对生成式人工智能数据安全风险进行治理面临多重挑战：一是亟须解决数据来源的合法性问题；二是数据安全风险的隐蔽性增加了治理的复杂性；三是需平衡技术发展与数据安全维护之间的价值冲突。面对实践中的风险治理困境，以政府为主导的治理模式存在一定局限性，监管机构无法对生成式人工智能中的数据安全风险进行全流程有效治理。鉴于此，应秉持发展与安全并重的理念，充分发挥企业合规制度的优势，构建企业内部的合规风险防控机制，强化行政机关对数据安全风险的监管效能，并激活司法机关在数据安全风险治理中的职责，从而为生成式人工智能技术的创新提供法治保障。

参考文献

［1］傅宏宇．生成式人工智能的治理模式与风险辨析［J］．数字法治，2023（4）：191-206.

［2］何群，柯英杰．生成式人工智能刑事责任的主体资格探析：以风险防控为研究视角［J］．合肥工业大学学报（社会科学版），2024，38（4）：8-17+50.

［3］裴炳森，李欣，吴越．基于 ChatGPT 的电信诈骗案件类型影响力评估［J］．计算机科学与探索，2023，17（10）：2413-2425.

［4］丁道勤．生成式人工智能训练阶段的数据法律问题及其立法建议［J］．行政法学研究，2024（6）：16-28.

［5］马长山．迈向数字社会的法律［M］．北京：法律出版社，2021.

［6］侯东德．人工智能发展中的数据风险及治理［J］．行政法学研究，2024（6）：3-15.

［7］傅宏宇．生成式人工智能的治理模式与风险辨析［J］．数字法治，2023（4）：191-206.

［8］丁道勤．产业链视角下生成式人工智能的竞争法规制研究［J］．西北工业大学学报（社会科学版），2024（1）：99-107.

［9］张平．生成式人工智能实现突破创新需要良法善治——以数据训练合法性为例［J］．新经济导刊，2023（8）：26-28.

［10］刘艳红．生成式人工智能的三大安全风险及法律规制——以ChatGPT为例［J］．东方法学，2023（4）：29-43.

［11］章诚豪，张勇．生成式AI的源头治理：数据深度运用的风险隐忧与刑事规制［J］．湖北社会科学，2023（11）：127-135.

［12］刘霜，祁敏．生成式人工智能的刑事法律风险及其合规治理［J］．河南社会科学，2024，32（8）：47-58.

［13］谢珺，杨永兴．生成式人工智能风险治理市场机制的构造——以ChatGPT为例［J］．河南理工大学学报（社会科学版），2024，25（5）：17-27.

［14］李金珂．刑事合规视域下企业数据全生命周期安全管理研究［J］．郑州轻工业大学学报（社会科学版），2024，25（3）：88-94.

［15］周维明．刑事合规视野下数据犯罪的治理路径［J］．西南政法大学学报，2022，24（5）：128-139.

教育信息化 2.0 背景下高校信息化建设进程中的网络安全挑战与应对策略*

何　蓉　罗思源**

摘　要：在高校信息化建设进程中，智慧校园多源异构数据融合进程加速，教学行为数据、物联网感知数据与业务系统数据呈指数级增长，亟须从基础设施韧性、数据全生命周期管控及风险响应能力等多个维度重构网络安全防护体系。本文从高校网络安全角度出发，发现高校信息化建设中存在师生网络安全意识薄弱、缺乏完善的安全防护体系、缺乏完善的法律法规和行业标准、缺乏统一有效的管理机制等网络安全治理困境。对此，本文建议从规范高校网络运维策略、合理部署网络安全设备、完善网络管理制度、提升师生网络安全意识等方面构建高校网络信息安全体系。

关键词：教育信息化2.0　高校信息化建设　网络安全

一　引言

没有网络安全就没有国家安全，网络安全与信息化建设是一体之两翼、驱动之双轮。教育部发布的《教育信息化 2.0 行动计划》提出“全面推进各级各类学校数字校园建设与应用”，“做到网络安全和信息化统一谋划、统筹推进”。2021 年 7 月，教育部等六部门共同制定的《关于推进教育新型基础设施建设　构建高质量教育支撑体系的指导意见》明确提出支持有条件的学校利用信息技术升级教学设施、科研设施和公共设施，促进学校物理空间与网络空间一体化建设。

由此可见，智慧校园成为当今高校信息化建设的热点，成为推进教育信息化 2.0 的重要方式。在高校推动智慧校园建设的同时，应确保网络安全与信息化建设协同

* 【基金项目】2023 年西藏自治区高校人文社会科学研究项目“教育数字化转型背景下西藏高校教师数字素养发展路径研究”（SK2023-31）；2022 年西藏民族大学教学改革与研究项目“OBE 视域下法学课程体系建设的指向与路径研究”（2022536）阶段性研究成果。

** 【作者简介】何蓉，西藏民族大学法学院七级职员，研究方向为教务管理；罗思源，西藏民族大学网络信息技术中心工程师，研究方向为网络安全与舆情监测。

发展，达成两者之间的有机平衡与良性互动。

二　高校信息化建设现状

（一）基础设施逐步完善

网络基础设施建设作为智慧校园的基础支撑，正朝着高速、稳定、全覆盖的方向不断发展。校园网络覆盖范围不断扩大，网络带宽显著提升，有线网络普遍具备千兆甚至万兆到楼宇、千兆到桌面的接入能力，采用新一代 Wi-Fi 技术的无线网络（如 Wi-Fi6）在校园内广泛部署，教学楼、图书馆、学生宿舍、食堂等区域基本实现了无线网络的全面覆盖，教学活动都能得到良好的网络保障。

数据中心作为智慧校园的数据存储与处理核心，规模与效能不断提升。一方面，硬件设施逐步更新换代，高性能服务器、存储阵列和网络设备构建起具备强大计算能力和海量数据存储能力的基础设施平台；另一方面，数据中心的虚拟化与云计算技术应用日益成熟，通过资源整合与动态分配，提高了硬件设施的利用率，降低了运维成本，同时为各类智慧应用提供了灵活、弹性的部署环境。

物联网技术在校园中的应用日益广泛，各类物联网设备如智能传感器、智能水电表、智能门锁等纷纷入驻校园，通过采集校园内温度、湿度、光照、能耗、人员流动等各种数据为校园的智能化管理和决策提供丰富的数据来源。同时，智慧教室、智慧图书馆、智慧后勤、智慧安防等为校园师生提供便捷的服务，实现了校园物理环境与数字信息系统的实时交互。

（二）教学信息化深入推进

教学信息化水平不断提高，在线教学平台在高校中得到广泛应用，丰富了教学方式。教师们借助多媒体课件、虚拟实验室、在线课堂等工具，将抽象的知识以更加直观、生动的方式传授给学生。例如，各大高校纷纷建设或引入超星学习通、雨课堂等功能完备的在线教学平台。此外，教学管理系统的信息化改革也提高了教学管理的效率和精准度，在课程安排、学生选课、成绩管理、教学评价等环节，均实现了数字化操作，减少了人工干预带来的误差并简化了流程。

在传感技术、物联网技术、人工智能技术、虚拟现实（VR）/增强现实（AR）技术以及云计算技术蓬勃发展的背景下，智慧教室的应用重塑了教室的内部环境。智慧教室以智能教学系统为核心支撑，并结合其他多个辅助系统，成功拓宽了物理空间与网络空间之间的连接通道，增添了诸如环境感知、远程交互、智能辅助教学以及翻转课堂等一系列新颖且实用的功能，为师生营造了更加便捷、个性化、开放化与智能化的教学环境，提升了教学效果和课堂互动性，为学生创造沉浸式的学习体验[1]。

此外，智慧校园借助大数据与人工智能技术，能够实现对学生学习过程的全面跟踪与分析，为学生提供个性化的学习支持。通过对学生学习行为数据（如学习时间、答题情况、课程访问记录等）的采集与挖掘，构建学生学习画像，分析学生的学习风格、优势与薄弱环节，进而为学生智能推荐个性化的学习资源、学习路径和学习任务，实现因材施教。同时，自适应学习系统能够根据学生的学习进度和掌握程度动态调整教学内容和难度，为每个学生提供最适合的学习方案，促进学生的自主学习和个性化发展。

（三）校园管理精细化

教务管理是校园管理的核心环节之一，智慧校园中的教务管理系统在功能和智能化程度上得到显著优化。教务管理系统集成了课程安排、学生选课、学籍管理、成绩管理、教学评价等多个子模块，实现了教务管理流程的数字化和自动化。课程安排系统能够根据教师资源、教室资源、课程要求等多方面因素，快速生成科学合理的课程表；学生选课系统支持学生在线自主选课、退课，系统能够实时显示课程余量、冲突监测等信息，提高了选课的效率和准确性；教学评价系统则采用在线问卷调查、数据分析等方式，对教师教学质量进行全面、客观的评价，为教学管理决策提供数据支持，促进教学质量的持续改进。

智慧校园的学生管理系统借助大数据和移动互联网技术，实现对学生的精细化管理。学生管理系统整合了学生的基本信息、在校表现、奖惩情况、心理健康等多方面数据，构建学生综合信息库。通过数据分析，及时发现学生在学习、生活、心理等方面存在的问题，并进行干预。智慧后勤集成于信息门户，可让师生了解就餐人数，做到避峰就餐，还可以根据师生就餐频次、菜品选择及营养摄入等数据收集和分析师生的就餐消费大数据，及时掌握饮食偏好，从而优化采购决策，并依据学生消费频次、金额波动建立饮食健康档案，为困难学生参与助学金评选提供量化决策依据。此外，学校教学、办公区域通过部署智能环境调控系统，集成温湿度、光照度等多类参数，实现空间环境参数的实时感知与自适应调节，形成动态节能调控策略，达成人与环境之间的和谐自然交互。智慧图书馆借助高频 RFID 标签实现图书的数字化存储以及读写功能，紧密贴合业务实际需求，实现图书采购编目、馆藏管理、借阅管理以及报表统计等多项业务的自动化运作，并对图书借还流程予以优化，降低图书盘点与查找工作的难度与工作量[2]。智慧寝室则借助物联网等技术，让学生们能够享受到便捷的生活设施服务。

智慧科研方面，利用大数据分析、云计算等先进手段，智慧校园助力科研项目的高效推进、资源共享以及成果转化[3]。智慧资产管理系统能够对高校的各类资产进行全生命周期的智能化管理，从资产的采购、入库、调配到报废，都实现精准监控。在绿化养护领域，借助智能传感器与自动化灌溉等技术，根据植物的生长需求制定养护方案。在保洁卫生方面，通过智能清洁设备与管理平台的联动，优化保洁流程，提高校园环境卫生的整体水平。

校园安全管理系统通过整合视频监控、RFID门禁系统、入侵报警、消防报警等多个子系统，实现校园安全的全方位监控与管理。视频监控系统采用高清摄像头、智能分析算法，实现视频信号的高效网络传输、视频远程便捷播放及存储，以及视频内容的深度分析与自动预警，能够对校园内的人员、车辆进行实时识别与行为分析，如对人员闯入、车辆违停等异常情况自动报警。门禁系统实现了人员身份识别与权限管理的自动化，支持刷卡、指纹、人脸识别等多种识别方式，有效控制人员进出校园的权限和时间。这些丰富的应用共同促进智慧校园的建设，为高校的现代化发展注入强大动力[4]。

三　高校信息化建设中网络安全治理困境分析

（一）师生网络安全意识薄弱

当前，高校信息化建设速度令人瞩目，但在智慧校园的建设浪潮中，“重建设而忽视安全考量、重应用却轻视维护管理”成为一种普遍存在的现象。高校校园网络所承载的用户群体规模庞大，师生的网络安全意识淡薄，弱口令、钓鱼邮件点击、U盘随意交叉使用、涉密论文通过微信传输等高风险行为频发。

（二）缺乏完善的安全防护体系

智慧校园依托多层级物联网架构实现传感网络与通信系统的深度融合，但物联网技术在不同应用场景中的异构化部署特性（如终端协议差异、接入环境复杂）导致安全防护标准难以统一。同时，高校网络大多存在显著风险：出口链路承载高并发数据流量时，因核心设备冗余不足频发单点故障；数据中心缺乏细粒度防火墙策略，云平台虚拟机间横向通信的安全管控存在盲区。根源在于建设过程中普遍存在“技术先行、安全滞后”的现象，网络安全顶层规划与动态防护机制缺失，系统级安全监测、风险评估及主动防御能力尚未形成闭环，暴露出防护体系全局性、协同性的深层缺陷，因此，亟待构建完善的安全防护体系。

（三）缺乏完善的法律法规和行业标准

高校信息化建设的高速发展和网络安全规章制度滞后的矛盾，在很大程度上削弱了高校在面对复杂的网络环境时的应对能力与防护水平。各高校普遍尚未能构建起一套与当前快速发展态势相契合的、完备且高效的网络安全管理制度。近年来，我国加强了网络安全行业的立法保障，如2017年实施的《网络安全法》、2021年实施的《数据安全法》及《个人信息保护法》，为数据信息保护提供了法律依据，但在智慧校园安全建设方面，仍需依据国家相关法律法规，健全高校特色规章制度。校园网络与信息系统的安全、稳定及顺畅运行意义重大，建立健全相关制度机制势在必行。需构建行之有效的日常安全巡检与督导体系，科学制定网络安全管理策略体系，建立健全分级分类应急响应预案，落实网络安全工作责任制，推进师生网络安全教育培训工作。

（四）缺乏统一有效的管理机制

校园的智慧管理高度依赖业务系统的有机融合。当前多数业务系统是由各业务部门自行构建，各大业务流程并行孤立，未能实现有效协同，且因运维经费短缺，无法组建专业的管理团队，部分业务系统长期缺乏专业技术人员的维护，数据管理混乱。在智慧校园的建设进程中，应成立网信部门，开展顶层设计，深化跨部门协同，并统一数据接口标准以实现技术与业务融合，从源头确保数据质量，从而实现跨业务数据流的可信交互。

四　高校网络信息安全体系构建策略

（一）规范高校网络运维

当前高校网络的运维主要依靠学校的专职人员与服务外包团队（网络运维服务公司驻场团队），运维人员普遍存在专业能力参差不齐、人员流动性大等问题。

首先，应尽可能保证运维团队的稳定。运维团队中的工作人员应具备较强的专业技术能力和丰富的运维经验，同时熟知本校网络设计建设的具体情况，便于快速识别和处理故障点。因而应重视校方运维人员职业规划、设立相应职级晋升及奖惩激励制度以避免运维人员人才流失，只有保证运维团队的稳定才能保证网络运行能力的稳定。

其次，为满足响应及时、运行稳定以及安全可靠的网络运维要求，需规范高校网络运维策略。网络管理规章制度应明确高校网络运维的工作范畴，规范网络运维流程。如师生敏感资料收集、网络安全防护、网费收取等工作应由校方专业运维团队来负责，外包运维公司则负责日常故障维修、网络拓扑运维、IP分配及重要节日会议活动网络保障等信息不敏感工作。

最后，应发挥网络监控系统的作用，监控各节点各设备运行状态，及时发现故障问题，提供预警信息，辅助运维人员及时处理。当前网络监控系统存在兼容性较差等缺陷，无法适应校园多元异构的网络设备环境。建议各监控系统厂商在设计开发时，提升产品兼容性，开放接口，实现一套系统对接所有网络设备，便于学校进行统一调度管理[5]。

（二）合理部署网络安全设备

网络安全设备是保障校园网络安全可靠运行的基础。校园网络安全设备包括漏洞扫描器、防火墙、IDS、IPS、WAF、UTM、流量监控，以及上网行为管理及网络审计、数据库审计、日志审计、运维安全审计（堡垒机）等安全审计类产品。多数高校采购的网络安全设备没有得到有效利用，高校对安全设备的管理较粗放，缺少严谨的安全策略。为充分发挥网络安全设备作用，高校需梳理现有安全设备情况，合理部署并制定联合安全策略。随着 SDN 技术的成熟，流量编排设备可将 FW、IPS、上网行为管理等安全设备串联在网络出口链路及数据中心出口链路上，当其中某一台安全设备发生故障，数据流量启用 Bypass，绕过故障设备，直至设备恢复，实现自动切换，避免单点故障，提高设备的可用性。

随着网络安全保护策略从被动防御到主动防御的转换，高校应加强相关展示、处置、追溯类安全产品的部署。例如，网络安全态势感知类产品，能够及时发现并预判校园网终端安全问题，感知系统漏洞，监测站群系统的“挂马”、“暗链”和篡改，对动态、新型的攻击进行有效阻断，及时提供应急预案，落实威胁监测、协同防护、应急处置等安全防护要求。

此外，在利用先进的防护技术构建信息安全防护体系的同时，还应注重网络设备的优化，并制定明确的日常运维、更新计划。

（三）完善网络管理制度

高校应成立网络安全与信息化委员会，明确安全管理机构的组织体系及岗位职责，制定网络与信息安全管理办法、网络安全管理规定、应急管理规定等相关规章制度，建立完善的信息安全管理体系。落实学校、职能部门、院系分级管理责任，业务系统的规划建设及运行需遵守信息系统的相关安全策略和管理要求，制定应急演练方案，加强安全攻防演习，加强密码管理、权限管理及监督，落实网络安全岗位职责。

（四）提升师生网络安全意识

在高校信息化的规划与建设中，高校师生网络安全素养参差不齐，部分师生网络安全意识薄弱，对非法网站、钓鱼链接、恶意软件等缺乏辨别能力，个人终端设备采取弱口令、无防护措施的情况屡见不鲜。高校应通过开展网络安全讲座、网络安全宣传活动等教育与宣传相结合的形式，对师生进行网络安全普法教育，教授基本防范技能，全面提升师生网络安全意识。

（五）定期开展等级保护测评

高校应遵照《信息安全技术网络安全等级保护基本要求》（GB/T 22239—2019），

定期对门户网站、重要业务系统开展等级保护测评。依据对系统的侵害程度，制定系统保护级别，依据等级保护需求完成信息系统安全加固，定期开展备案信息系统等级保护测评工作，以控制信息系统运行风险，不断提高系统稳定性与安全性[6]。

参考文献

［1］杨萍，姚宇翔，史贝贝，王运武．智慧校园建设研究综述［J］．现代教育技术，2019，29（1）：18-24.

［2］田由辉．教育信息化2.0背景下智慧校园的网络信息安全治理研究［J］．信息技术与信息化，2020（10）：184-187.

［3］金锬．智慧校园网络信息安全问题与对策［J］．电子技术与软件工程，2021（2）：255-256.

［4］符睿．智慧校园环境下网络安全体系设计与建设研究［J］．网络安全技术与应用，2021（5）：111-112.

［5］王先军，陈钢．浅谈高校校园网运维的困境与对策［J］．网络安全技术与应用，2020（12）：95-96.

［6］莫民，曹璞．等保2.0下高职院校智慧校园网络安全体系建设研究——以深圳职业技术学院为例［J］．网络安全技术与应用，2021（7）：94-97.

《风险与危机管理研究》 征稿启事

《风险与危机管理研究》是由西北政法大学商学院（管理学院）、风险与危机管理研究中心主办的学术集刊。自2017年创刊以来，始终致力于办成国内权威、国际有一定影响力的专业学术集刊，为风险与危机管理研究者提供沟通交流的平台。

本集刊倡导严谨的学术作风、规范的研究方法，重视从中国管理实践中发现问题、凝练经验，内容涉及风险与危机管理的前沿理论探索、实践应用发现、热点问题分析等。栏目设置包括：（1）财务审计与风险管理；（2）公共政策与应急管理；（3）产业发展与资源管理；（4）劳动关系与社会保障；（5）信息安全与数字治理。

本集刊现热诚面向国内外专家、学者征稿，欢迎惠赠研究论文、译文和学术书评。本集刊执行《中国学术期刊（光盘版）检索与评价数据规范》、《中国高等学校社会科学学报编排规范》。投稿务请注意以下事项。

1. 征稿范围。各个领域风险与危机管理学术研究成果，须具有创新性、学术性、准确性、规范性和可读性，限中文投稿。

2. 字数要求。稿件一般应在8000~15000字，有重要学术价值稿件可特例。

3. 稿件信息。以下信息应独立于正文的首页：（1）论文题目、250字以内中文摘要、3~5个中文关键词、中图分类号和文献标识码。（2）作者姓名、出生年月、性别、职称、学位、工作单位、研究方向，通信地址、邮政编码、联系电话、E-mail。

4. 基金项目。获得基金资助的文章，应依次注明基金项目来源、名称、项目编号、项目主持人姓名和职称等基本要素。

5. 引文注释。注释采用尾注形式，放在正文之后、参考文献之前，以“①”的形式标注序号。参考文献实行引文实引制，一律置于文末，采用顺序编码制，以“[1]”的形式标注序号，并在正文实际引用处加注相同序号的上标。参考文献请在题名后注明文献类别（专著［M］、论文集［C］、报纸文章［N］、期刊文章［J］、学术论文［D］、论文报告［R］、标准［S］、专利［P］、电子文献［EB/OL］）。

本集刊采取编辑部初审、专家匿名复审、编辑部终审的三审评审机制，严格按照学术规范流程进行稿件审核，择优录用。（1）初审评审结果将在收到稿件的30天内通知作者。（2）进入匿名评审环节的稿件力争60天内通知作者评审结果。（3）稿件如被录用，将通知作者按照本集刊的编辑体例做最终的修改定稿。（4）本集刊不收取任何形式的审稿费和版面费。

本集刊每年两辑长期征稿，目前仅支持电子邮件投稿一种方式，是否录用以编辑部邮件回复为准。欢迎大家积极投稿。

投稿 E-mail：fxywjgl@ 126. com。

地址：陕西省西安市长安区西长安街 558 号，西北政法大学管理学院《风险与危机管理研究》编辑部，邮编：710122。

《风险与危机管理研究》编辑部

图书在版编目(CIP)数据

风险与危机管理研究. 2024 年. 第 2 辑: 第 9 卷/张荣刚主编. --北京: 社会科学文献出版社, 2025. 2.
ISBN 978-7-5228-5305-5

Ⅰ. F272. 35-53

中国国家版本馆 CIP 数据核字第 2025CX6221 号

风险与危机管理研究 2024 年第 2 辑(第 9 卷)

主　　编 / 张荣刚

出 版 人 / 冀祥德
组稿编辑 / 恽　薇
责任编辑 / 李真巧　田　康　陈凤玲
责任印制 / 岳　阳

出　　版 / 社会科学文献出版社 · 经济与管理分社 (010) 59367226
　　　　　地址: 北京市北三环中路甲 29 号院华龙大厦　邮编: 100029
　　　　　网址: www. ssap. com. cn
发　　行 / 社会科学文献出版社 (010) 59367028
印　　装 / 三河市东方印刷有限公司

规　　格 / 开 本: 787mm × 1092mm　1/16
　　　　　印 张: 15. 5　字 数: 323 千字
版　　次 / 2025 年 2 月第 1 版　2025 年 2 月第 1 次印刷
书　　号 / ISBN 978-7-5228-5305-5
定　　价 / 98. 00 元

读者服务电话: 4008918866
版权所有 翻印必究